U0819815

中等职业教育国家规划教材
全国中等职业教育教材审定委员会审定

商贸法律与案例

（第4版）

主　　编　王　炯
　　　　　赵德淳
责任主审　姚新超
审　　稿　焦津洪
　　　　　王　军

中国财政经济出版社

图书在版编目（CIP）数据

商贸法律与案例/王炯，赵德淳主编. —4版. —北京：中国财政经济出版社，2014.
中等职业教育国家规划教材
ISBN 978-7-5095-5972-7

Ⅰ.①商… Ⅱ.①王… ②赵… Ⅲ.①国际商法-案例-中等专业学校-教材 Ⅳ.①D996.1

中国版本图书馆CIP数据核字（2014）第313677号

责任编辑：洪　钢　　　　责任校对：杨瑞琦
封面设计：陈　瑶　　　　版式设计：董生平

中国财政经济出版社出版
URL：http：//edu. cfeph. cn
E-mail：jiaoyu @ cfeph. cn

社址：北京市海淀区阜成路甲28号　邮政编码：100142
电话：88190406　财经书店电话：64033436
北京财经印刷厂印刷　各地新华书店经销
787×1092毫米　16开　12.25印张　248 000字
2015年6月第4版　2015年6月北京第1次印刷
定价：20.00元
ISBN 978-7-5095-5972-7/D·0358
（图书出现印装问题，本社负责调换）
本社质量投诉电话：010-88190744
打击盗版举报热线：010-88190492、QQ：634579818

中等职业教育国家规划教材
出 版 说 明

为了贯彻《中共中央国务院关于深化教育改革全面推进素质教育的决定》精神，落实《面向21世纪教育振兴行动计划》中提出的职业教育课程改革和教材建设规划，根据教育部关于《中等职业教育国家规划教材申报、立项及管理意见》（教职成［2001］1号）的精神，我们组织力量对实现中等职业教育培养目标和保证基本教学规格起保障作用的德育课程、文化基础课程、专业技术基础课程和80个重点建设专业主干课程的教材进行了规划和编写，从2001年秋季开学起，国家规划教材将陆续提供给各类中等职业学校选用。

国家规划教材是根据教育部最新颁布的德育课程、文化基础课程、专业技术基础课程和80个重点建设专业主干课程的教学大纲（课程教学基本要求）编写，并经全国中等职业教育教材审定委员会审定。新教材全面贯彻素质教育思想，从社会发展对高素质劳动者和中初级专门人才需要的实际出发，注重对学生的创新精神和实践能力的培养。新教材在理论体系、组织结构和阐述方法等方面均作了一些新的尝试。新教材实行一纲多本，努力为教材选用提供比较和选择，满足不同学制、不同专业和不同办学条件的教学需要。

希望各地、各部门积极推广和选用国家规划教材，并在使用过程中，注意总结经验，及时提出修改意见和建议，使之不断完善和提高。

教育部职业教育与成人教育司

第4版前言

《商贸法律与案例》（第4版）是在本教材第3版基础上修订而成。

本版教材的修订在突出原有教材的简练、通俗、适用等特色，保持《商贸法律与案例》（第3版）的基本结构框架及主要内容不变的基础上，主要在如下方面进行了改进：

1. 增加了一些新的内容。如第四章第六节：产品责任法、第七节：商事组织法。

2. 对部分章节进行了重新编写。如第一章第一节法的概念的理解；第三章合同法律制度第一节合同法基本原则；第六章国际贸易法律制度第二节国际货物买卖法中的国际贸易术语解释通则2000改为了最新的国际贸易术语解释通则2010，并对其进行了详尽的解读。

3. 对大部分章节进行了删减和补充。删减了一些陈旧的知识和一些繁杂的理论叙述，补充了一些新的内容，使内容更加精炼、实用。

4. 对上一版综合案例进行了部分更新，新选案例连贯性强，贴近教材、贴近实际，更简明通俗。

这些都将有助于学生对本章内容的理解及要点的把握，有利于学习效率和效果的提高。

本次修订工作由杭州市开元商贸职校王欣、龙娟两位老师完成，由杭州市职教研究室王炯老师负责统稿。

本书在编写过程中，参阅了国内外一些专家学者的有关文献资料，并吸取了其中一些成果，因篇幅有限，未能一一列出，特在此表示衷心的感谢。

商贸法律是一门不断发展的学科，由于编写时间仓促，作者的水平和学识有限，加之国际贸易形势发展较快，书中难免存在一些疏漏和不足，恳请有关专家和读者赐教指正。

编　者

2014年12月

第3版前言

为全面贯彻落实《国务院关于加快发展现代职业教育的决定》（国发[2014]9号）和《国家中长期教育改革和发展规划纲要（2010－2020年）》，我们依据教育部2014年4月颁布的《中等职业学校国际商务专业教学标准（试行）》对中等职业教育国家规划教材进行了修订，以满足中等职业学校财经类专业教学的新需要。

中等职业教育以全面提高学生素质为基础、以培养学生能力为本位，旨在培养高素质的劳动者和中初级专门人才。商贸法律知识是我国中等职业教育国际商务专业人才培养中不可或缺的知识，为了适应中等职业学校人才培养的需要，根据教育部颁布的《商贸法律与案例》教学大纲的要求，我们组织编写了《商贸法律与案例》一书，作为中等职业学校国际商务专业的主干专业课教材。

《商贸法律与案例》以调整商贸关系的法律规范为研究对象，教材的编写突出了中等职业教育的特点，在强调商贸法律基本理论的基础上，着重突出实践性教学环节，通过大量的商贸法律案例分析，使学生在掌握有关商贸法律的基础上，提高对有关商贸法律问题的理解、掌握能力，达到融会贯通的目的。

本教材的总体知识结构包括：法的基础知识、实体法律制度和程序法律制度三大部分。法的基础知识部分主要介绍法的基本理论，为学习具体的商贸法律知识打下基础；实体法律制度部分主要介绍与国际商贸业务有关的一些重要的法律知识，主要包括合同法律制度、工业产权法律制度、票据法律制度、外贸业务法律制度和反倾销法律制度等内容；程序法律制度部分主要介绍诉讼法律制度和仲裁法律制度。上述知识结构基本上可以涵盖国际商务专业的学生应当掌握的法律知识。

本教材初版由主编赵德淳拟订编写大纲，其具体的编写分工如下（以撰写章节先后为序）：赵德淳，第一、二、三章；廖斌，第四章；于月红，第五章；李芹叶，第六、七、八章。

本次根据最新的法律、法规修订，同时，对原教材中的案例分析内容进行了较大的更新，赵德淳负责第一、二、三、四章，李芹叶负责第五、六、七、八章。由于作者水平所限，书中难免存在缺点和不足，恳请读者批评指正。在本书的编写过程中，我们参阅了国内有关专家、学者的教材，对此，我们表示诚挚的谢意。

编 者

2012年1月

目　录

第一章

法的基础知识

内 容 提 要

“依法治国，建设社会主义法治国家”方针的确立，要求未来的人才应当具备一定的法律知识，以适应法治社会的需要。商贸法律是我国中等职业教育国际商务专业人才培养中不可或缺的知识。学习商贸法律应当具备一定的法律基础知识，本章内容是全书的基础，也是学习具体商贸法律的基础。本章主要介绍法的概念、法律规范、法律关系和法律责任、法系等知识。通过本章内容的学习，为学习具体的商贸法律知识打下基础。

第一节　法的概念、特征与渊源

一、法的概念

法的概念可以从古今中外四个方面来理解。

（一）“古”

“法”在古汉语中写作“灋”（fǎ）。灋为中国古代传说中的神兽，据说它能辨别曲直，在审理案件时，它会用角去触理屈的人。据我国最早的辞书《说文解字》释义：“灋，刑也。平之如水，从水；廌（zhì）所以触不直者去之，从去”。从法的词源看，它有“平”、“正”、“直”和“公正裁判”的含义。

“律”字，据《说文解字》释义：“律，均布也”。“律”字含有提供模式，纠偏止邪，使之平均齐一、统一之意。

（二）“今”

在现代汉语中，法律通常在广、狭两种意义上使用：狭义的法律是专指全国人大及其常委会制定的规范性文件；广义的法律是一切规范性法律文件的总称。一般而言，广义的法律称为法，狭义的法律称作法律。

（三）“中”

我国古代，一直把“法”和“律”当做同义，并单独使用，一直到19世纪末20世纪初，“法律”一词才被连用。

（四）“外”

在英语中，“法”与“法律”两个术语无明显的区别，都用 law 表述。在欧洲国家的语言中，“法”的词义更为复杂，在他们的语言中，广义的法律和狭义的法律分别用不同的词来表示，但都有公平的意思。

综上所述，法是由国家制定认可的，反映统治阶级意志的，依靠国家强制力保证实施的，具有普遍约束力的行为规范的总和。这一意志的内容是由统治阶级的物质生活条件决定的，它通过人们相互的权利和义务来确认、保护和发展对统治阶级有利的社会关系和社会秩序，是统治阶级实现阶级统治和社会管理的工具。

二、法的特征

法作为一种特殊的社会行为规范，不仅具有其他社会规范的一般特征，还具有自己的特征。法的主要特征包括：

（一）法具有国家意志的属性

法是由国家制定或认可的社会行为规范。制定和认可是国家创制法的两种方式。制定，指有权制定法的国家机关在其权限范围内按法定程序创制不同的规范性文件。国家制定的法一般指成文法。认可，指有权的国家机关把社会上已经存在着的、有利于统治阶级的社会行为规范赋予一定的法律效力。国家认可的法一般指习惯法或不成文法。国家制定或认可的法律规范都是国家意志的表现，法具有的国家意志的属性，是其他社会规范所不具有的特征。

（二）法具有国家强制性

法是由国家强制力保证实施的。如果没有相应的军队、警察、法庭、监狱等国家暴力机关即国家强制力作保障，法就不可能在全社会的范围内得到实施，必然会成为一纸空文。任何一种社会历史类型的法都有国家强制力作后盾保证其实施，但它们各自的强制力的性质、目的和基础有所不同。

（三）法是以权利与义务为其主要内容

法是通过规定人们的权利与义务来实现统治阶级意志的，通过规定权利与义务把一定的社会行为规范化、具体化，指引人们的行为，调整各种社会关系。法律上的权利指法律所赋予人们的某种权能；法律上的义务指法律规定人们所必须履行的某种责任。法所规定的权利与义务同其他社会行为规范，如道德规范、宗教规范、政治规范等规定的权利与义务，有着性质上的区别。法所规定的权利与义务是由国家确认并予以保证实现的。就是说，法律具体规定了人们的权利以及侵犯了这种权利所应受到的法律制裁；同时，法律具体规定了人们必须履行的义务以及拒绝履行这种义务所应受到的法律制裁。

（四）法是明确的、具有概括性的、普遍的社会行为规范

法作为一种社会行为规范具有规范性和概括性的特征。这种规范性和概括性是严格、具体、明确的。它规定人们可以做什么行为、应该做什么行为或不应该做什么行为，对什么行为予以保护，对什么行为予以制裁等，从而为人们的行为规定出一个模式。法的概括性指它的对象是抽象的、一般的，并非是特定的、具体的人；它在同样的条件下可反复地使用。法的普遍性指在国家权力管辖和法所界定的范围之内，具有普遍的约束力。在这个范围内，任

何人的合法行为都要受法律保护，任何人的违法行为都要受法律制裁。这就是说，在法所及范围之内，它对社会的全体成员都具有约束力和保障力。法的普遍约束力不仅体现在法的遵守方面，还体现在法律制裁和法律监督方面。

三、法的渊源

法的渊源，简称法源，通常指法的创立方式及表现为何种法律文件形式，分为直接渊源和间接渊源两种。前者为成文法，后者可以是判例、惯例，甚至法理。在中国也称法的形式，即法律规范的各种具体表现形式。我国社会主义法律规范以规范性文件为主要形式。由于制定法律规范性文件的国家机关不同，文件的名称、法律效力及适用范围也不同。我国当代社会主义法的渊源主要由以下几种形式：

（一）宪法

宪法是全国人民代表大会制定的规范性文件，它规定国家的基本制度和根本任务，是国家的根本大法，宪法在我国整个法律体系中具有最高的法律效力。

（二）法律

法律指由国家最高权力机关——全国人民代表大会及其常务委员会，经一定立法程序制定的规范性文件。其法律效力和地位仅次于宪法，是制定其他规范性文件的依据。

（三）行政法规

行政法规是由国家最高行政机关——国务院根据宪法和法律制定、发布的规范性文件。它通常冠以条例、办法、规定等名称。其效力低于宪法和法律，是一种重要的法的形式。

（四）地方性法规

地方性法规是由省、自治区、直辖市以及较大的市（指省、自治区的人民政府所在地的市、经济特区所在地的市和经国务院批准的较大的市）的人民代表大会及其常务委员会根据本行政区的具体情况和实际需要制定的规范性文件。地方性法规不得同宪法、法律、行政法规相抵触，其效力仅限于本地区。

（五）民族自治地方的自治条例和单行条例

民族自治条例和单行条例是由民族自治地方（自治区、自治州、自治县）的人民代表大会依照当地民族的政治、经济、文化的特点制定的规范性文件。自治条例和单行条例可以依照当地民族的特点，对法律和行政法规的规定作出变通规定，但不得违背法律或行政法规的基本原则，不得对宪法和民族区域自治法的规定以及其他有关法律、行政法规专门就民族自治地方所作的规定作出变通规定。

（六）规章

规章是由特定国家机关或特定国家行政机关内部的职能部门在其职权范围内依法制定、发布的规范性文件。规章分为部门规章和地方政府规章。部门规章是由国务院各部、委员会、中国人民银行、审计署和具有行政管理职能的直属机构根据法律和国务院的行政法规、决定、命令，在本部门权限范围内制定的规章；地方政府规章是由省、自治区、直辖市和较大的市的人民政府根据法律、行政法规和本省、自治区、直辖市的地方性法规制定的规章。规章的效力低于宪法、法律和行政法规。部门规章之间、部门规章与地方政府规章之间具有同等效力，在各自的权限范围内施行。人民法院审理案件，可以参照规章。

（七）特别行政区的法

特别行政区的法是由全国人民代表大会制定的和特别行政区依法制定并报全国人民代表大会常务委员会备案的、在该特别行政区内有效的规范性文件。

（八）国际条约

国际条约是由两个或两个以上的国家在政治、经济、文化等方面就相互权利和义务所达成的协议。国际条约不属于国内法的范畴，但我国签订和加入的国际条约对于国内的国家机关、社会团体、企事业单位和公民也有约束力，因此，这些条约就其具有与国内法同样的拘束力而言，也是我国法的渊源。

第二节　法 律 规 范

一、法律规范的概念

法律规范是指由国家制定或认可，反映国家意志，以国家强制力保证实施，具体规定权利义务及法律后果的行为准则。法律规范实际上是对人们行为自由及其限度的规定，是对人们行为自由的认可与对人们行为责任的设定。法律规范是构成法的最基本单位，法是由法律规范构成的。

法律规范与法律条文是既有联系又有区别的两个概念。法律规范是行为规则本身，而法律条文则是法律规范的外部表现形式。法律规范是法的基本构成要素，而法律条文则是法律内容的文字表述，以“条”为基本单位。法律条文可以分为规范性条文和非规范性条文。规范性条文是表述法律规范的条文，即规定具体权利、义务的条文。非规范性条文是指并不具体设置权利、义务的条文，通常在规范性文件的总则和附则条文中，或者是在开头的几条中表述立法的根据、目的、任务、原则、概念和技术性规定等。

二、法律规范的构成

任何一个具体的法律规范通常由假定、处理、制裁三个要素组成。

假定指适用规范的必要条件。即在一个法律规范中，规定该法律规范在什么空间范围、什么时间范围内，对什么人具有法律效力的部分。只有在法律规范规定的情况和条件出现时，才能适用该法律规范的有关规定。

处理指行为规范本身的基本要求，它规定人们应当做什么、不应当做什么、允许做什么、禁止做什么、要求做什么等。在法律规范中，处理是法律规范的核心内容，任何一个具体的法律规范，都必须具备该部分内容。

制裁指违反法律规范将导致的法律后果的规定，如损害赔偿、行政处罚、经济制裁、判处刑罚等。法律规范这三个部分是密切联系不可缺少的，否则就失掉法律规范的意义。但法律规范的这三个要素可能规定在一个规范性法律文件中，也可能分别规定在不同的规范性法律文件中。并不是法律规范的三个要素都要明确表述出来。有些法律规范的假定部分经常省略，有些法律规范没有制裁部分。

三、法律规范的分类

根据不同的标准，可以对法律规范作不同的分类，其主要的分类方法有以下几种：

（一）强制性法律规范和任意性法律规范

按照法律规范表现的强制性程度划分，法律规范可以分为强制性法律规范和任意性法律规范。

强制性法律规范指规定人们必须做出或禁止做出一定行为的法律规范，强制性法律规范所规定的权利和义务明确具体，不允许任何人以任何方式加以变更或违反，强制性法律规范一般表现为禁止性规范和义务性规范两种形式。

任意性法律规范是指规定人们可以为一定行为的法律规范，任意性法律规范对于权利和义务的内容不作具体规定，允许法律关系主体自行确定其权利和义务的具体内容。

（二）禁止性法律规范、义务性法律规范和授权性法律规范

按照法律规范本身的性质分类，法律规范可以分为禁止性法律规范、义务性法律规范和授权性法律规范。

禁止性法律规范是规定人们不得为某种行为的法律规范，它禁止人们做出一定的行为。

义务性法律规范是规定人们必须做出一定行为的法律规范，它规定着人们必须做出的行为，要求权利主体必须承担一定的法律责任。

授权性法律规范是规定人们有权做出某种行为的法律规范，它规定允许人们做出的行为，法律既不禁止人们做出一定的行为，又不要求人们必须做出一定的行为，而是授权人们可以做出一定的行为。

（三）确定性法律规范、委托性法律规范、准用性法律规范

按照法律规范内容的确定性程度分类，可分为确定性法律规范、委托性法律规范、准用性法律规范、非确定性法律规范。

确定性法律规范是直接而明确地规定行为规则的内容，不需援用其他规范补充和说明的法律规范。

委托性法律规范是在法律规范中没有直接规定具体的、明确的行为规则的内容，而是规定（即授权、委托）某一专门机关制定该项规则的内容。

准用性法律规范是法律规范没有直接规定具体、明确的规则内容，而是规定当法定的情况出现时，准许引用其他的有关法律规范。

（四）调整性规范和构成性规范

按照法律规范所调整的行为是否可能发生在该规则之前，可以分为调整性规范和构成性规范。

调整性规范是对已经存在的各种行为方式进行评价，并通过设定权利和义务来调整相关行为的法律规范。

构成性规范，是以规则的产生为基础而导致某些行为方式的出现，并对其加以调整的法律规范，与调整性规范不同，在构成性规范产生以前，该规则所涉及的行为不可能出现。

四、法律部门

法律部门是根据一定标准和原则所划定的同类法律规范的总称。随着现代社会的发展，

社会关系的种类越来越多，不同的社会关系性质不同，需要用不同的法律进行调整，由此产生了法律部门的划分。调整同一类社会关系的法律规范的总和，就构成了同一法律部门。法律部门划分的标准首先是根据法律调整的对象不同，即法律调整的社会关系不同，其次是法律调整的方法，另外，还考虑一些原则。第九届全国人大常委会将我国的法律部门划分为七个门类，分别是：宪法及相关法律、民商法、行政法、经济法、社会法、刑法、诉讼与非诉讼程序法。

五、法律解释

法律制定出来后要顺利实施，需要使人们正确理解法的内容和含义，对现行法律或者法律条文的内容、含义以及所使用的概念、术语等所作的说明、理解，即是法律解释。根据解释法律的主体和效力的不同将法律解释分为正式解释和非正式解释。

（一）正式解释

正式解释又称有权解释、法定解释、有效解释或官方解释，是指特定国家机关根据法律的授权对有关法律、法规的整体或有关法律条文所作的具有法律效力的解释。正式解释包括立法解释、司法解释、行政解释三种。

1. 立法解释

立法解释一般指国家立法机关对法律所作的解释。但从广义上讲也指制定法律、法规的国家机关对自己制定的法律、法规所作的解释。在我国，对法律的立法解释权属于全国人大常委会。

2. 司法解释

司法解释指国家最高司法机关在适用法律过程中，对具体应用法律的问题所作的解释。司法解释分为最高人民法院的审判解释、最高人民检察院的检察解释及其两个机关联合作出的解释。

3. 行政解释

行政解释指国家行政机关在行使职权时，就有关法律、法规的具体应用所作的解释。

（二）非正式解释

非正式解释又称无权解释、无效解释或非官方解释，是指法定国家机关以外的非经授权的机关、团体或者个人对法律所作的不具有法律效力的解释。包括学理解释和任意解释。

1. 学理解释

学理解释指法律教育、研究、宣传工作者在法律教学、研究和法制宣传教育工作中对法律内容、含义所作的解释。学理解释对于普及法律知识，提高全社会法律意识，促进法学发展具有重要作用。

2. 任意解释

任意解释指一般公民、社会团体或者诉讼当事人、代理人、辩护人对法律的内容、含义所作的解释。这种解释对司法机关、行政机关审理案件或者处理问题具有参考价值。

第三节　法律关系和法律责任

一、法律关系

（一）法律关系的概念

法律关系指法律规范在调整人们行为的过程中形成的特殊社会关系，即法律上的权利与义务关系。法律关系包括宪法法律关系、民事法律关系、经济法律关系、行政法律关系、刑事法律关系、诉讼法律关系等。

（二）法律关系的构成要素

法律关系是由法律关系的主体、法律关系的内容以及法律关系的客体三个要素构成的。

法律关系的主体指参加法律关系，依法享有权利和承担义务的当事人。在法律关系中，享有权利的一方称为权利人，承担义务的一方称为义务人。在法律关系中，法律关系主体能够以自己的名义参加法律关系，享有权利和承担义务。任何法律关系都是在法律关系主体间形成的一种权利和义务关系，因此，权利和义务就构成了法律关系的内容。法律关系的客体指法律关系主体的权利和义务所指向的对象。法律关系中的权利和义务只有通过客体才能得到体现和落实。法律关系的客体主要包括物、行为、与人身相联系的非物质财富。由此可见，法律关系的主体、法律关系的内容和法律关系的客体是构成法律关系的三个基本要素。

这三个要素是相互联系、缺一不可的。

二、法律责任

（一）法律责任的概念

法律责任指法律关系主体由于违法行为、违约行为或者基于法律规定而应当承受的某种不利的法律后果。与其他社会责任相比，法律关系主体承担法律责任的最终依据是法律。法律关系主体承担法律责任的具体原因不同，但最终依据的是法律。同时，法律责任具有国家强制性，即法律责任的承担是由国家强制力予以保证的。与法律责任相联系的是法律制裁。法律制裁是由特定的国家机关对违法者依照其所应当承担的法律责任而实施的强制性惩罚措施。法律责任与法律制裁有密切的联系，法律责任是前提，法律制裁是结果。法律制裁的目的是强制法律责任主体承担不利的法律后果。如果法律关系责任主体主动履行了其应当承担的法律责任，就不会产生法律制裁。

（二）法律责任的种类

根据我国有关法律规定，法律责任的种类通常包括：民事责任、行政责任和刑事责任三种形式。

1. 民事责任

民事责任指民事法律关系的主体因违反约定或法定义务所承担的法律后果。根据《民法通则》的规定，法律关系主体承担民事责任的方式主要有：停止侵害；排除妨碍；消除危险；返还财产；恢复原状；修理、重作、更换；赔偿损失；支付违约金；消除影响、恢复名誉；赔礼道歉等。

2. 行政责任

行政责任指法律关系主体违反法律、行政法规的规定，依法应当承担的行政法律后果，行政责任包括行政处罚和行政处分。根据《行政处罚法》的规定，行政处罚的种类包括：警告；罚款；没收违法所得、没收非法财务；责令停产、停业；暂扣或吊销许可证、暂扣或吊销营业执照；行政拘留；法律、行政法规规定的其他行政处罚。行政处分的种类有：警告；记过；记大过；降职；留用察看；开除等。

3. 刑事责任

刑事责任指法律关系主体违反法律、行政法规的规定，构成犯罪，依法应当承担的刑事法律后果，即刑罚。根据《刑法》规定，刑罚分为主刑和附加刑。主刑的种类包括：管制；拘役；有期徒刑；无期徒刑；死刑。附加刑的种类包括：罚金；剥夺政治权利；没收财产。附加刑也可以独立适用。对犯罪的外国人可以独立适用或附加适用驱逐出境。法律规定为单位犯罪的，单位应当负刑事责任，对单位判处罚金，并对直接负责的责任人员和其他直接责任人员判处刑罚。

第四节 法　系

一、法系的概念

法系指根据法的历史传统和外部特征的不同，对法所做的分类。法系是西方法学家经常使用的一个概念，属于同一历史传统的具有某种共性的法律就构成一个法系。法系划分的理论依据主要是根据法的历史传统。很多国家的法律，在立法技术、法律术语、法律结构、法律观念意识以及相应的文化背景等方面是相同或相似的，在法系的划分上它们可以归纳为相同的类别。对于法系的划分标准，人们在认识上存在着不同的观点，比较一致的观点是将法系划分为民法法系和普通法系。

二、民法法系

民法法系是以古代罗马法，特别是以19世纪初《法国民法典》为传统而产生和发展的法律的总称。所以，民法法系通常又称大陆法系、罗马法系、法典法系或罗马－日耳曼法系。民法法系在内容上继承了罗马法的基本原则，在形式上采取了古罗马成文法典形式。民法法系以法国和德国法律为代表，但其分布范围广泛。属于民法法系的国家有法国、德国、奥地利、比利时、荷兰、意大利、瑞士、西班牙、日本，以及亚非拉美的属于法语语系、日耳曼语系和拉丁语系的一些国家。

三、普通法法系

普通法法系是指以英国中世纪的法律作为传统而产生和发展的法律的总称。普通法法系又称为英美法系、英国法系、判例法系。因为美国独立后继续沿用英国法律，故称英美法系；又因为它是以英国中世纪开始出现的“普通法”为代表的，故称普通法法系。属于英美法系的有英国、美国、加拿大、新西兰、澳大利亚、印度、巴基斯坦、缅甸、新加坡，以及其他使用英语的亚非国家、地区等。

四、民法法系和普通法法系之间的主要区别

民法法系和普通法法系都是渊源于西方国家，很多西方国家的法律都受这两大法系的影响，两大法系在经济基础、阶级本质上是一致的。但是，由于不同国家的历史传统不同，民法法系和普通法法系之间仍然存在一些区别，这些区别主要包括：

（一）法律的渊源不同

民法法系的国家一般都是制定法，即制定法是其主要的法律渊源。民法法系国家采用较系统的法典形式，制定出一系列系统的法典，法典的体系和内容包罗万象。在法律上或理论上，判例一般不被认为是正式法律的一种渊源。普通法法系国家主要采用判例法形式，但也有制定法。普通法法系的国家一般不倾向于制定成文法典，虽然进入20世纪以来，制定法也不断增加，但其形式与大陆法系的法典不同，而是单行法规汇编，其法律部门划分比较混杂。

（二）司法不同

民法法系国家的法官审理案件时，除了根据事实以外，首先是依据和服从成文法典，法官只能适用法律，不能创造法律。在处理具体案件时，法官首先考虑制定法规定的一般法律准则，然后依据该法律准则处理案件。普通法法系国家的法官审理案件时，除了确定事实以外，首先研究过去类似案件的判决，并从中抽出适用于现有案件的一般法律准则，然后按照该准则处理各个案件。强调审判要“遵循先例”，即判例。判例成为法律的一个重要渊源，即判例法。法官依据判例法，也依据制定法，并可创造法律。所有法院都要考虑有关的判例。进入20世纪后，两大法系的这一差别并不显著，民法法系国家在司法中也考虑判例的作用，普通法法系国家的制定法也在增加。

（三）诉讼程序不同

民法法系国家采用审讯制，法院判决书的推理方式一般是演绎法，即大前提、小前提，然后是结论。普通法法系国家采用辩论制，法院判决书的推理方式是归纳法，即从以前的案例和有关制定法中归纳出一般的原则，然后对本案作出结论。

此外，两大法系的区别还表现在其他方面，例如，在司法机构的设置上、在法律概念、法律术语、立法风格等方面均有差别。应当看到，进入20世纪特别是第二次世界大战后，两大法系逐渐靠拢，差别正在缩小，但由于各自的传统不同，它们之间的差别依然会存在。

复习思考题

1. 如何理解法和法律的概念？
2. 法的特征是什么？
3. 我国法的渊源有哪些形式？
4. 法律规范的分类方法有哪些？
5. 我国的法律部门有哪些？
6. 法律解释的方法有哪些？
7. 法律关系的构成要素有哪些？
8. 承担民事责任、行政责任和刑事责任的方式有哪些？
9. 民法法系和普通法系之间的主要区别是什么？

第二章

代理法律制度

内 容 提 要

代理制度是从事各种国际商贸活动、参与市场竞争必不可少的法律制度。它是促进国际贸易、开拓国外市场、扩大对外经济技术交流与合作的必要工具。各种商贸法律实务往往都涉及代理问题，在接触各种商贸法律制度之前，了解代理法律制度，对于学习具体的商贸法律制度，将会起着融会贯通的作用。本章结合国际商贸活动的实际需要，介绍了代理法律制度的适用范围、代理的种类、代理人的权利和义务、委托人的权利和义务等内容。

第一节　代 理 概 述

一、代理的概念

代理指代理人在代理权限内，以被代理人的名义与第三人实施法律行为，由此产生的法律后果由被代理人承担的民事法律制度。代替他人进行法律行为的人是代理人；法律行为由他人代理并承担法律后果的人是被代理人；与代理人实施法律行为的人是第三人或者相对人。自然人、法人等都可以通过代理人实施法律行为。

代理行为涉及多种法律关系，它是由代理人和被代理人之间的关系、代理人与第三人之间的关系以及被代理人与第三人之间的关系等构成的。其中，代理人与被代理人之间是典型的代理关系，代理人与第三人之间的关系是发生代理行为的关系，是代理法律制度的核心，而被代理人与第三人之间的关系是代理活动的后果归属关系。我国加入 WTO 以后，企业参与国际交往的活动越来越多，范围越来越广，在现代国际商贸活动中，企业的很多业务活动都要通过代理人进行。通过代理人进行必要的业务活动，可以帮助企业减少人力、物力的浪费和不必要的开支，弥补企业在某些专业知识方面的不足。代理是现代企业开展业务活动的辅助手段。为了规范代理行为，《民法通则》确立了我国代理法律制度的基本内容。

二、代理的法律特征

（一）代理行为是一种民事法律行为

代理人的代理活动能够产生民事法律后果，即在被代理人与第三人之间产生、变更或终止某种民事法律关系。凡不与第三人产生法律上权利和义务关系的行为，如代人抄写、代人整理书报等，均不属于法律上的代理行为。

（二）代理是代理人以被代理人名义从事的民事法律行为

在代理关系中，代理人只有以被代理人的名义，代替被代理人进行民事活动，才能为被代理人取得民事权利和履行民事义务。代理人与被代理人之间的代理关系不仅是一种法律关系，也是一种相互信任关系。代理人应当站在被代理人的立场上，为了被代理人的利益，忠实地履行代理行为。代理人以自己的名义进行民事活动，就不是代理活动，而是其自己的行为，其法律后果由行为人自己承担。

（三）代理是代理人在代理权限范围内独立进行的意思表示

虽然代理是以被代理人的名义进行的民事活动，但代理人有权以自己的意志，自主地决定如何与第三人确定法律关系。代理人在代理权限范围内，有权斟酌情况，独立地进行意思表示。当然，这种代理行为必须是在代理授权范围内进行。代理人非独立进行意思表示的行为，不属于代理行为。

（四）代理行为的法律后果由被代理人承担

代理人在代理权限内所实施的行为，其法律后果由被代理人承担。通过代理行为，在被代理人和第三人之间确立了一种法律关系。这是代理人和被代理人之间建立代理关系的目的所在。由被代理人承担的法律后果包括对被代理人有利和不利的法律后果。

第二节　代理的适用范围和代理的种类

一、代理的适用范围

除了法律规定和行为本身性质决定不得进行代理外，所有民事主体都可以通过代理行为从事民事法律活动，代理的适用范围是相当广泛的。适用代理的行为主要包括：

（一）代理进行民事法律行为

如代理进行买卖、租赁、借贷、借用、履行债务、接受赠与等行为。

（二）代理进行其他具有法律意义的行为

如代理进行房产登记、代办商标注册、纳税等行为。

（三）代理进行诉讼、仲裁

如代理进行民事诉讼、商事仲裁等活动。

在国际商贸活动中，企业还可以通过国际间的代理组织从事各种国际商贸活动。随着现代企业业务活动的不断扩大，代理法律制度的适用范围越来越广。

但是，依照法律规定或者按照双方当事人约定，应当由本人亲自实施的民事法律行为，不得代理。凡是依法或者依照双方约定必须由本人亲自实施的民事行为，本人未亲自实施的，应当认定行为无效。

二、代理的种类

按照代理产生的不同原因和方式，代理的种类包括委托代理、法定代理和指定代理。

（一）委托代理

委托代理是根据被代理人的委托而产生的代理。委托代理是代理制度中最重要、运用最广泛的一种，又称授权代理。在国际商贸活动中的代理，主要是委托代理。

在委托代理中，被代理人作出授予代理人代理权的意思表示，代理人接受委托，代理人和被代理人之间即产生委托代理关系。委托代理可以用书面形式，也可以用口头形式。法律规定用书面形式的，应当用书面形式。一般来说，重大法律行为的委托代理，应当采用书面形式，以利于明确代理人和被代理人之间的权利和义务。书面形式的授权委托书内容包括：代理人的姓名或者名称、代理事项、代理权限和代理期限，并由委托人签名或者盖章，注明委托日期。如果委托书授权不明的，被代理人应当向第三人承担民事责任，代理人负连带责任。

（二）法定代理

法定代理是指因法律直接规定而产生的代理。这种代理主要是为无民事行为能力人和限制民事行为能力人设定的代理。无民事行为能力人的民事活动，由法定代理人代理；限制民事行为能力人不能独立实施的民事活动，由法定代理人代理。依照我国《民法通则》规定，无民事行为能力人和限制民事行为能力人的监护人是他的法定代理人。法定代理直接由法律规定而产生，法定代理无需授权。

（三）指定代理

指定代理是指因人民法院或有关单位的指定所产生的代理。例如，在民事诉讼中，无民事行为能力人和限制民事行为能力人的法定代理人，如果不能行使代理权或者互相推诿代理责任，由人民法院指定代理人参加诉讼。

三、无权代理

无权代理是指没有代理权而以他人的名义进行的民事行为。在中国无权代理包括三种情况：一是没有代理权的代理；二是超越代理权的代理；三是代理权终止后而进行的代理。

发生无权代理时，如果经过本人追认或者本人知道他人以本人名义实施民事行为而不作否认表示的，无权代理人所进行的代理行为的法律后果由被代理人承担，视为有权代理。另外，无权代理人所进行的代理行为，如果善意相对人有理由相信其有代理权，被代理人应当承担代理的法律后果。

四、表见代理

表见代理是指无权代理人的代理行为客观上存在使善意相对人相信其有代理权的表象，因而可以向被代理人主张代理的效力。根据我国《合同法》第 49 条规定："行为人没有代理权，超越代理权或者代理权终止后，以被代理人名义订立合同，相对人有理由相信行为人有代理权的，该代理行为有效"。表见代理实质上是无权代理，是广义无权代理的一种。若无权代理行为均由被代理人追认决定其效力的话，会给善意第三人造成损害，因此，在表见的情形之下，规定由被代理人承担表见代理行为的法律后果，更有利于保护善意第三人的利益，维护交易安全，并以此加强代理制度的可信度。学术界称此种情况为“表见代理”。

第三节　委托代理中的权利和义务

一、代理人的权利和义务

（一）代理人的权利

在委托代理中，代理人的权利主要有：有权在委托人的授权范围内依法履行代理职责；有权向委托人索取其履行代理职责所必需的资料、信息，但同时负有返还或保密义务；在紧急情况下，为委托人的利益需要，有权转托他人代理，但应在事后及时向委托人说明情况；有权依照委托代理合同的约定向委托人收取报酬；有权向委托人追偿其因履行代理职责而支出的额外费用；有权依照法律规定或合同约定，请求仲裁机构或人民法院确认和追究委托人违反委托代理合同的违约责任。

（二）代理人的义务

代理人的义务主要有：代理人应履行其代理职责；如因过失而使被代理人遭受损失时，代理人应对被代理人负赔偿责任；代理人非经被代理人特别许可，不能同时兼为第三方的代理人；代理人不得与第三人串通损害被代理人的利益；代理人必须亲自完成代理工作，非经被代理人同意（除非有紧急情况），不得把代理权转托给他人；代理人应向被代理人及时报告代理活动的进展情况及结果并提交有关的文件及资料。

二、委托人的权利和义务

（一）委托人的权利

委托人的权利主要有：有权依照法律规定或合同约定督促代理人全面履行代理职责；在代理人未能依照法律规定或合同约定正确履行代理职责时，有权解除委托，并适当减免代理费用；因代理人的过错使其遭受损失时，有权请求代理人赔偿；有权要求代理人对其提供的资料、信息履行返还或保密义务；对代理人的越权代理行为，有权承认或否定。

（二）委托人的义务

委托人的义务主要有：向代理人提供有关业务资料和信息，以使代理人尽快有效地开展代理业务。如提供货样、模型、价目单、广告资料、交易条件等；支付报酬，委托人应按委托代理合同的约定向代理人支付报酬；偿还代理人因履行代理义务而支出的费用或遭受的损失。

三、委托代理关系中特殊的代理责任

代理责任是指在代理活动中造成损害的民事责任。一般情况下，在代理关系中，代理人以被代理人的名义进行民事活动，其法律后果由被代理人承担。但是，在民事代理中，也有

几种特殊的代理责任，这种特殊性表现在不仅被代理人应当负民事责任，代理人也要负民事责任，甚至被代理人不负民事责任，代理人承担全部民事责任。

（一）代理人的民事责任

（1）没有代理权、超越代理权或者代理权终止后的行为，只有经过被代理人的追认，被代理人才承担民事责任。未经追认的行为，由行为人承担民事责任。本人知道他人以本人名义实施民事行为而不作否认表示的，视为同意。

（2）代理人不履行职责而给被代理人造成损害的，应当承担民事责任。

（3）委托代理人非因紧急情形而事先又没有征得被代理人同意，事后又未被追认的情况下转委托的，由代理人对自己所转托的人的行为负民事责任。

（二）代理人与第三人的连带责任

（1）代理人和第三人串通，损害被代理人利益的，由代理人与第三人负连带责任。

（2）第三人知道行为人没有代理权、超越代理权或者代理权已终止时仍与行为人实施民事行为给他人造成损害的，由第三人和行为人负连带责任。

（三）代理人与被代理人的连带责任

（1）被代理人的委托书授权不明的，被代理人应当向第三人承担民事责任，代理人负连带责任。

（2）代理人知道被委托代理的事项违法仍然进行代理活动的，或者被代理人知道代理人的代理行为违法不表示反对的，由被代理人和代理人负连带责任。

复习思考题

1. 代理行为涉及哪些法律关系？有哪些当事人？
2. 代理行为具有哪些法律特征？
3. 哪些民事行为可以通过代理行为实施？
4. 代理的种类有哪些？它们之间有什么区别？
5. 无权代理的情形有哪些？
6. 如何理解表见代理？
7. 委托代理中代理人的权利和义务是什么？
8. 委托代理中委托人的权利和义务是什么？

第三章

合同法律制度

内容提要

合同法律制度是各种市场交易活动必须遵循的规则。市场经济是契约经济，各种市场经济主体，只要置身于市场经济之中，就不可避免地处于各种各样的合同关系之中。加入WTO后，我国有更多的机会参与国际竞争，国际贸易活动日益频繁。从事各种国际贸易活动，都要通过签订各种合同来实现。合同法律制度是从事国际贸易活动必须掌握的交易规则。本章系统地介绍了在实际工作中应当如何签订合同、如何履行合同、在合同关系中如何保护自己的合法权益、合同发生纠纷后如何解决争议等内容。

第一节　合同与合同法

一、合同的概念与分类

（一）合同的概念

《中华人民共和国合同法》（以下简称《合同法》）中所规定的合同是指平等主体的自然人、法人、其他组织之间设立、变更、终止民事权利义务关系的协议。在市场经济条件下，自然人、法人、其他组织之间存在着大量的经济业务往来，要进行买卖、承揽、运输、仓储保管、财产租赁、借款、科技成果的开发与转让等活动。加入WTO后，我国经济在全面融入国际经济之中，各种国际经济贸易活动越来越频繁，上述各项活动都要通过签订合同来实现。合同作为一种市场交易的手段，具有下列特征：

1. 合同是一种民事法律行为

民事法律行为是行为人设立、变更、终止民事权利和民事义务的合法行为。民事法律行为的本质特征是当事人的意思表示具有法律效力，即能依照当事人的意思表示发生法律后果。合同是双方或多方当事人意思表示一致的行为，是一种民事法律行为，因而能够发生当事人的意思表示所期望的法律后果。

2. 合同是双方或多方当事人意思表示一致的民事法律行为

民事法律行为可以分为单方法律行为和多方法律行为。单方法律行为是指依照一方当事人的意思表示即产生民事法律后果的民事法律行为。即只要不违背法律规定，无须对方承认或同意，就能够引起当事人所预期的法律后果，发生法律效力。如立遗嘱、放弃继承、放弃债权等行为。双方或多方法律行为是指当事人双方或多方意思表示一致、达成协议，才能发生法律效力的民事法律行为。合同是双方或多方法律行为的含义，是指签订合同，必须经过当事人之间达成协议后合同才能成立。

3. 合同是当事人之间在平等的基础上协商一致的法律行为

在市场经济条件下，合同当事人都是以平等主体的身份参加各种经济活动的，合同的当事人都有自己的经济利益。当事人之间在订立合同时，都要充分地表达自己的愿望。只有平等的当事人之间依据意思自治原则、自由协商达成的合意才是民法上的合同。合同关系的当事人法律地位是平等的，不存在领导关系，也不允许一方把自己的意志强加给对方，意思自治原则是《合同法》最重要的原则，根据此原则，一个人是否签订合同、与谁签订合同以及合同的内容都只能由他自己判断、决定，只要合同不违背法律和社会公共利益，国家机关、社会团体以及任何他人都不得妨碍、干涉。合同一经有效成立，就相当于当事人为自己设立了法律，国家的职能只在于依法保证合同的履行。

（二）合同的分类

民事权利义务关系的类型有很多，因而合同也有多种类型。根据不同的标准，可以对合同进行不同的分类。合同的分类方法有很多，其主要分类方法包括：

1. 有名合同和无名合同

根据法律是否对合同规定有确定的名称与调整规则，合同分为有名合同与无名合同。有名合同是立法上规定有确定名称与规则的合同。如《合同法》分则中规定的买卖合同、借款合同、租赁合同、融资租赁合同等各类合同。无名合同是立法上未规定有确定名称与规则的合同。对有名合同可以直接适用《合同法》分则中关于该合同的具体规定。对无名合同只能在适用《合同法》总则中规定的一般规则的同时，参照该法分则或者其他法律中最相类似的规定执行。

2. 要式合同和不要式合同

根据法律是否要求合同必须具备一定的形式和手续，可以将合同分为要式合同和不要式合同。要式合同是指法律要求必须具备一定的形式和手续才能发生法律效力的合同。不要式合同是指法律对于合同的形式和手续没有特定的要求，只要当事人双方达成合意，合同即成立。一般情况下，合同除法律有特别规定以外，均为不要式合同。

3. 双务合同和单务合同

根据合同当事人的权利和义务，可以将合同分为双务合同和单务合同。当事人双方都享有权利、承担义务的合同属于双务合同。当事人一方只承担义务，不享有权利，另一方当事人只享有权利，不承担义务的合同属于单务合同。

4. 有偿合同和无偿合同

根据当事人是否因给付而取得利益，可以将合同分为有偿合同和无偿合同。有偿合同是指当事人取得合同权利必须付出对价的合同，如买卖合同。无偿合同是指当事人取得权利无须付出对价的合同，如赠与合同。

二、《合同法》的适用范围

《合同法》是调整平等主体的自然人、法人、其他组织之间合同关系的法律规范的总称。《合同法》的主要内容包括：订立合同的原则、形式、程序；合同的主要条款；合同的效力与无效合同的确认及法律后果；合同履行的规则；合同的变更、转让、终止的条件及法律后果；违反合同的责任等内容。《合同法》的调整对象是平等主体之间的合同关系。政府从事市场经济管理活动，属于行政管理关系，不是民事关系，适用有关行政管理的法律，不适用《合同法》调整。法人、其他组织内部的管理关系，适用有关公司、企业的法律、行政法规的规定，不适用《合同法》调整。《合同法》调整的合同关系是一种债权债务关系的协议，有关婚姻、收养、监护等身份关系的协议，适用其他法律的规定，不适用《合同法》调整。

三、《合同法》基本原则

（一）平等自愿原则

合同法的平等原则指的是当事人的民事法律地位平等，包括订立和履行合同两个方面，一方不得将自己的意志强加给另一方。合同法的自愿原则，既表现在当事人之间，因一方欺诈、胁迫订立的合同无效或者可以撤销，也表现在合同当事人与其他人之间，任何单位和个人不得非法干预。自愿原则是平等原则的必然体现。

（二）诚实信用原则

诚实信用原则即公平、诚实信用原则，这里讲的公平，既表现在订立合同时的公平，显失公平的合同可以撤销；也表现在发生合同纠纷时公平处理，要切实保护守约方的合法利益，也不能使违约方因较小的过失承担过重的责任。还表现在极个别的情况下，因客观情势发生异常变化，履行合同使当事人之间的利益重大失衡，即需公平地调整当事人之间的利益。诚实信用，主要包括三层含义：一是诚实，要表里如一，因欺诈订立的合同无效或者可以撤销。二是守信，要言行一致，不能反复无常，也不能口惠而实不至。讲诚实、守信用，是合同当事人在经济往来中应遵守的原则，也是市场经济条件下的准则。

（三）公共利益原则

当事人订立、履行合同，应当遵守法律、行政法规，尊重社会公德，不得扰乱社会经济秩序，损害社会公共利益。

（四）法律约束力原则

依法成立的合同，对当事人具有法律约束力。当事人应当按照约定履行自己的义务，不得擅自变更或者解除合同。

第二节　合同的订立

一、合同的订立程序

根据《合同法》的规定，当事人采取要约、承诺方式订立合同。合同的订立又称缔约，是当事人为设立、变更、终止民事权利义务关系进行协商，达成协议的过程。《合同法》关于要约和承诺制度的规定，使合同的成立有了一个较为明确的规范，在合同的签订过程中，可以更好地明确当事人之间的责任，为合同的顺利签订提供了法律依据。

（一）要约

要约是希望和他人订立合同的意思表示。它是一方当事人向另一方当事人提出签订合同的建议和要求。发出要约的当事人称为要约人，要约所指向的对方当事人则称为受要约人。要约在不同的商业交往中还可以称之为发盘、出盘、发价、出价或报价等。

1. 要约应当具备的条件

一项要约要发生法律效力，必须具备如下条件：

（1）要约在内容上必须具体明确。发出要约的目的在于与对方当事人签订合同，要约人必须是确定的；受要约人一般也是特定的，但在一些特定的场合，要约人也可以向不特定的当事人发出要约。要约包括的内容必须具有足以使合同成立的主要条件，要约应当包括合同的主要条款，如合同的标的、数量、质量、价款或者报酬、履行期限、地点和方式等内容。要约一经受要约人承诺，合同即告成立。

（2）要约必须表明受要约人一经承诺，要约人即受该要约约束。要约是一种法律行为，要约人受到要约的约束，当要约已送达给受要约人后，在要约的有效期限内，要约人不得擅自撤回要约或变更要约内容，也就是说，如对方接受要约，合同即告成立。

2. 要约邀请

要约邀请是希望他人向自己发出要约的意思表示。要约邀请与要约不同，实践中要注意区别。要约是以订立合同为目的的法律行为，一经发出就会产生一定的法律效果；要约邀请的目的则是让他人向自己发出要约，本身不具有法律意义，不受所发邀请的约束。要约内容要明确具体，要约邀请的内容则不受此约束。寄送的价目表、拍卖公告、招标公告、招股说明书等都是要约邀请。商业广告，视其内容确定是要约还是要约邀请，若内容符合要约规定条件的，则视为要约，否则是要约邀请。

3. 要约生效时间

要约到达受要约人时生效。采用数据电文形式订立合同，收件人指定特定系统接收数据电文的，该数据电文进入该特定系统的时间，视为到达时间；未指定特定系统的，该数据电文进入收件人的任何系统的首次时间，视为到达时间。要约到达受要约人，并不是指要约一定实际送达到受要约人或者其代理人手中，要约只要送达到受要约人通常的地址、住所或者能够控制的地方（如信箱等）即为送达。反之，即使在要约送达受要约人之前受要约人已经知道其内容，要约也不生效。

4. 要约的撤回、撤销与失效

要约撤回是指要约在发出后、生效前，要约人使要约不发生法律效力的意思表示。法律规定要约可以撤回，原因在于这时要约尚未发生法律效力，撤回要约不会对受要约人产生任何影响，也不会对交易秩序产生不良影响。由于要约在到达受要约人时即生效，因此撤回要约的通知应当在要约到达受要约人之前或者与要约同时到达受要约人。

要约撤销是指要约人在要约生效后、受要约人承诺前，使要约丧失法律效力的意思表示。撤销要约的通知应当在受要约人发出承诺通知之前到达受要约人。也就是说，要约已经到达受要约人，在受要约人作出承诺之前，要约人可以撤销要约。由于撤销要约可能会给受要约人带来不利的影响，损害受要约人的利益，因此《合同法》规定了两种不得撤销要约的情形：

（1）要约人确定了承诺期限或者以其他形式明示要约不可撤销；

（2）受要约人有理由认为要约是不可撤销的，并已经为履行合同做了准备工作。

要约失效是指要约丧失法律效力，即要约人与受要约人均不再受其约束，要约人不再承担接受承诺的义务，受要约人也不再享有通过承诺使合同得以成立的权利。《合同法》规定了要约失效的情形：

（1）拒绝要约的通知到达要约人。受要约人接到要约后，通知要约人不同意与之签订合同，则拒绝了要约，在拒绝要约的通知到达要约人时，该要约失去法律效力。

（2）要约人依法撤销要约。

（3）承诺期限届满，受要约人未作出承诺。要约中确定了承诺期限的，超过这个期限不承诺，则要约失效；要约中没有规定承诺期限的，在通常情况下，要约发出后一段合理时间内不承诺的要约失效。

（4）受要约人对要约的内容作出实质性变更。发生这种情况即为反要约，反要约是一个新的要约，提出反要约就是对原要约的拒绝，使原要约失去效力，原要约人不再受要约的约束。

（二）承诺

承诺是受要约人同意要约的意思表示。承诺必须由受要约人向要约人作出，如由代理人作出承诺，则代理人必须有合法的委托手续。承诺的内容必须与要约的内容一致。承诺必须在要约规定的期限内到达要约人。承诺必须表明受要约人决定与要约人订阅合同。承诺方式附和要约的要求。

1. 承诺的方式

承诺方式是指受要约人将其承诺的意思表示传达给要约人所采用的方式。承诺应当以通知的方式作出，通知的方式可以是口头的，也可以是书面的。一般来说，如果法律或要约中没有规定必须以书面形式表示承诺，当事人就可以口头形式表示承诺。根据交易习惯或当事人之间的约定，承诺也可以不以通知的方式，而以通过实施一定的行为或以其他方式作出。如果要约人在要约中规定承诺需用特定方式的，只要该种方式不为法律所禁止或不属于在客观上根本不可能，承诺人在作出承诺时就必须符合要约人规定的承诺方式。

2. 承诺的期限

承诺应当在要约确定的期限内到达要约人。要约以信件或者电报形式作出，承诺期限自信件载明的日期或者电报交发之日开始计算。信件未载明日期的，自投寄该信件的邮戳日期开始计算。要约以电话、传真等快速通讯方式作出的，承诺期限自要约到达受要约人时开始计算。

要约没有确定承诺期限的，承诺应当依照下列规定到达：

（1）要约以对话方式作出的，应当即时作出承诺，但当事人另有约定的除外。

（2）要约以非对话方式作出的，承诺应当在合理期限内到达。

受要约人超过承诺期限发出承诺的，除要约人及时通知受要约人该承诺有效的以外，为新要约。受要约人在承诺期限内发出承诺，按照通常情形能够及时到达要约人，但因其他原因承诺到达要约人时超过承诺期限的，除要约人及时通知受要约人因承诺超过期限不接受该承诺的以外，该承诺有效。

3. 承诺的生效

承诺通知到达要约人时生效。承诺不需要通知的，根据交易习惯或者要约的要求作出承诺的行为时生效。采用数据电文形式订立合同的，承诺到达的时间同上述要约到达时间的规定相同。

承诺也可以撤回。承诺的撤回是指受要约人阻止承诺发生法律效力的意思表示。撤回承诺的通知应当在承诺通知到达要约人之前或者与承诺通知同时到达要约人。

受要约人对要约的内容作出实质性变更的，为新要约。承诺对要约的内容作出非实质性变更的，除要约人及时表示反对或者要约表明承诺不得对要约的内容作出任何变更的以外，该承诺有效，合同的内容以承诺的内容为准。

二、合同的主要条款

合同条款体现了合同内容。在合同中，当事人双方的权利和义务，除了法律、行政法规的规定以外，主要是通过合同条款来约定。合同的条款是否健全、准确，直接影响到合同能否成立、是否生效以及能否顺利履行。由于合同的类型和性质不同，不同合同的主要条款有所不同。根据《合同法》的规定，合同的内容由当事人约定，一般应当包括以下条款：

（一）当事人的名称（姓名）和住所

当事人的名称（姓名）和住所，是每一个合同必须具备的条款。当事人是合同法律关系的主体，合同中如果不写明当事人，就无法确定权利的享受者和义务的承担者，因此，订立合同，不仅要把当事人都写到合同中去，而且要把各方当事人名称或者姓名和住所都记载准确、清楚。

（二）标的

标的是指合同当事人双方权利和义务所共同指向的对象。标的是合同成立的必要条件，是一切合同的必备条款。没有标的，合同关系就无法建立。合同的标的包括：有形财产、无形财产、劳务和工作成果等。

合同对标的的规定应当清楚明白，准确无误。对于名称、型号、规格、品种、等级、花色等都应规定得细致、准确、清楚，防止差错。特别对于不易确定的无形财产、劳务、工作成果等更要尽可能地描述准确、明白。

（三）数量

数量是指标的的数量，是以计量单位和数字来衡量的标的的尺度。在大多数合同中，数量是必备条款。对于有形财产，数量是对单位个数、体积、面积、长度、容积、重量等的计量；对于无形财产，数量是个数、件数、字数以及使用范围等多种量度方法；对于劳务，数量为劳动量；对于工作成果，数量是工作量及成果数量。合同的数量要准确，应选择使用双方当事人共同接受的计量单位、计量方法和计量工具。根据不同情况要求不同的精确度、允许的尾差、磅差、超欠幅度、自然耗损率等。

（四）质量

质量是指标的的具体特征，是标的的内在素质和外观形态的综合，如商品的品种、型号、规格、等级和工程项目的标准等。合同中必须对质量明确加以规定。国家有强制性标准规定的，必须按照规定的标准执行。如有多种质量标准的，应尽可能约定其适用的标准。

当事人可以约定质量检验的方法、质量责任的期限和条件、对质量提出异议的条件与期限等。

（五）价款或者报酬

价款或者报酬，是指一方当事人向对方当事人所付代价的货币表现。价款一般是指对提供财产的当事人支付的货币，如买卖合同的货款、租赁合同的租金、借款合同中借款人向贷款人支付的本金和利息等。报酬一般是指对提供劳务或者工作成果的当事人支付的货币，如保管合同中的保管费、仓储合同中的仓储费、运输合同中的票款或者运费等。作为主要条款，在合同中应当明确规定其数额、计算标准、结算方式和程序。

（六）履行期限、地点和方式

履行期限，是指合同中规定的一方当事人向对方当事人履行义务的时间界限。它是衡量合同能否按时履行的标准。履行地点，是指合同规定的当事人履行合同义务和对方当事人接受履行的地点。履行地点关系到履行合同的费用、风险由谁承担，有时还是确定所有权是否转移、何时转移的依据，也是发生纠纷后确定由哪一地法院管辖的依据。履行方式，是指合同当事人履行合同义务的具体做法。不同种类的合同，有着不同的履行方式。有的需要以转移一定财产的方式履行，如买卖合同；有的需要以提供某种劳务的方式履行，如运输合同；有的需要以交付一定的工作成果的方式履行，如承揽合同等。履行方式还包括价款或者报酬的支付方式、结算方式等。

（七）违约责任

违约责任，是指合同当事人一方或者双方不履行合同义务或者履行合同义务不符合约定时，按照法律或者合同的规定应当承担的法律责任。违约责任是合同具有法律约束力的重要体现，在合同中非常重要，一般有关合同的法律对于违约责任都尽量作出较为详尽的规定。但法律的规定是原则的，不可能面面俱到，照顾到各种合同的特殊情况。因此，当事人为了保证合同义务严格按照约定履行，为了及时地解决合同纠纷，可以在合同中明确规定违约责任条款，如约定定金或违约金，约定赔偿金以及赔偿金的计算方法等。

（八）解决争议的方法

解决争议的方法是指合同当事人对合同的履行发生争议时解决的途径和方式。解决争议的方法主要有：当事人协商和解；第三人调解；仲裁；诉讼。解决争议的方法的选择对于纠纷发生后当事人利益的保护是非常重要的，应慎重对待。如果意图通过诉讼解决争议，可以不进行约定。如果选择适用仲裁解决，则要经过事先或者事后约定，还要明确选择的是哪一个仲裁机构，否则将无法确定仲裁条款的效力。

除法律另有规定外，涉外合同的当事人可以选择解决他们的争议所适用的法律，可以选择中国法律、其他国家或地区的法律。当他们选择用仲裁方式解决纠纷时，可以选择中国的仲裁机构，也可以选择其他国家的仲裁机构。

三、合同的形式

合同形式是合同当事人所达成协议的表现形式，是合同内容的载体。《合同法》规定，当事人订立合同有书面形式、口头形式和其他形式。法律、行政法规规定采用书面形式的，应当采用书面形式。当事人约定采用书面形式的，应当采用书面形式。

（一）书面形式

书面形式是指合同书、信件和数据电文（包括电报、电传、传真、电子数据交换和电子邮件）等可以有形地表现所载内容的形式。可见，书面形式合同，是指当事人之间采用文字约定双方权利义务关系的协议。

由于书面形式较为正规，有利于明确当事人的责任，便于检查、管理和监督，有利于加强双方当事人履行合同的责任心，促使其自觉完成合同规定的义务，从而防止和减少合同纠纷的发生。书面形式合同的最大优点是发生纠纷时举证容易，便于分清是非，可以使纠纷得到及时、公正、合理的解决。法律、行政法规规定或者当事人约定采用书面形式订立合同的，应当采用书面形式，否则，该合同不能成立。如果当事人虽未采用书面形式但一方已经履行主要义务，对方接受的，该合同成立。

（二）口头形式

口头形式合同，是指当事人之间通过对话（包括当面洽谈和电话协商）约定双方权利义务关系的协议。合同采取口头形式，具有简便、迅速、易行的优点，对于加速商品流转有着重要的作用，在社会经济生活中被广泛采用。一般来说，口头形式大都适用于由当事人一方提出订立合同的建议和合同的内容，而另一方立即表示完全接受，并且双方能够当场一手交钱，一手交货，即所谓“即时清结”的情况。

口头形式合同的缺点，主要在于一旦发生纠纷举证困难，不易分清责任，往往产生推诿扯皮现象，可能给当事人带来意想不到的麻烦。同时，也会给仲裁机构和人民法院解决合同纠纷造成困难。因此，对口头形式的使用范围，应当加以必要的限制。

（三）其他形式

除了书面形式和口头形式，合同还可以以其他形式成立。法律没有列举具体的其他形式。一般认为，不属于上述两种形式，但根据当事人的行为或者特定情形能够推定合同成立的其他形式或者根据交易习惯所采用的其他形式，也是法律上认可的合同的其他形式。

四、合同成立的时间、地点

合同谈判成立的过程，就是要约、新要约、更新的要约直到承诺的过程。承诺生效时合同成立。当事人采用合同书形式订立合同的，自双方当事人签字或者盖章时合同成立。当事人采用信件、数据电文等形式订立合同的，可以在合同成立之前要求签订确认书，自签订确认书时合同成立。法律、行政法规规定或者当事人约定采用书面形式订立合同，当事人未采用书面形式但一方已经履行主要义务，对方接受的，该合同成立。采用合同书形式订立合同，在签字或者盖章之前，当事人一方已经履行主要义务，对方接受的，该合同成立。

承诺生效的地点为合同成立的地点。采用数据电文形式订立合同的，收件人的主营业地为合同成立的地点；没有主营业地的，其经常居住地为合同成立的地点。当事人另有约定的，按照其约定。当事人采用合同书形式订立合同的，双方当事人签字或者盖章的地点为合同成立的地点。

第三节 合同的效力

一、合同效力的概念

合同效力，是指依法成立的合同具有法律约束力。《合同法》规定，依法成立的合同，对当事人具有法律约束力。当事人应当按照约定履行自己的义务，不得擅自变更或者解除合同。依法成立的合同，受法律保护。这表明，依法成立是合同具有法律效力的前提条件，因为依法成立的合同，当事人的意志符合国家的意志，国家赋予其法律效力，说明国家对这种合同关系给予承认和保护。

二、合同生效的条件

合同生效的条件，是指已经成立的合同要发生法律效力所应具备的法定要件。前面说过，当事人就合同的主要条款经协商一致，合同就成立，但合同成立并不意味着必然发生法律效力。已成立的合同只有符合法律规定的条件，才能发生法律效力。概括地说，《合同法》关于合同生效条件的规定主要有以下四个方面。

（一）合同的主体合格

合同的主体合格主要是指合同当事人要有合法的资格。《合同法》规定，当事人订立合同，应当具有相应的民事权利能力和民事行为能力。合同是当事人意思表示一致的结果，只有当事人具备了对自己行为的性质和后果的识别和判断能力，才能正确地表达自己的意思，其订立的合同才可能具有法律约束力。合同的主体包括自然人、法人和其他组织，法律对其民事行为能力的规定是不同的。对于自然人来说，应当是具有完全民事行为能力的人。限制民事行为能力人所订立的合同，除纯获利益的或者与其年龄、智力、精神健康状况相适应的以外，须经其法定代理人追认。对于法人和其他组织来说，原则上应在其营业执照核准登记的生产经营和业务范围内订立合同。对于未领取营业执照的其他组织，不得以自己的名义对外订立合同。

当事人依法可以委托代理人订立合同。代理人在代订合同时必须符合授权范围的要求，超越授权范围订立的合同，对委托人没有法律约束力。

（二）合同当事人的意思表示真实

意思表示真实，是指当事人在自觉、自愿的基础上，作出符合其内在意志的表示行为。意思表示真实是合同生效的一个重要条件。合同是当事人之间意思表示一致的产物，但仅有当事人的意思表示一致还不够，还要求当事人的意思表示必须真实，因为只有意思表示真实，当事人因意思表示一致所达成的协议才符合法律规定的要求，能够产生法律约束力。当事人在违背真实意思的情况下所订立的合同，不具有法律效力或者可以撤销。

（三）合同的内容合法

合同的内容合法，主要是指合同的内容即合同的各项条款都必须符合法律、法规的强制性规定。所谓强制性规定，是指当事人必须遵守而不得协商加以改变的规定，从本质上讲，合同是合法的民事行为，合同的内容如果违反法律规定，则该合同不具有法律效力。例如，当事人订立买卖国家重要文物、走私物品、假冒伪劣商品的合同等，都属于无效合同。

合同的内容合法，还应包括合同的内容不违反社会公共利益。在现实社会生活中，有些合同在表面上虽然不违反现行法律、法规的禁止性规定，但实质上却破坏了社会政治、经济秩序和道德风尚，有损于国家利益和社会公共利益，对这类合同宣告无效，是完全必要的。

（四）合同的形式、签订合同的程序符合规定

这是合同生效必须具备的形式要件。它是指订立合同必须采取符合法律规定的形式，履行法律规定的程序。关于合同的形式，主要有书面形式、口头形式和其他形式，在一般情况下当事人可以选择合同的形式，但如果法律对合同的形式有特别规定的，当事人必须遵从法律的规定。

关于合同的订立程序，一般来说，当事人依法就合同的主要条款协商一致，合同就具有法律约束力。但法律规定或当事人约定对合同生效在程序上有特别要求的，当事人履行了相应的程序后，如办理公证、鉴证、审查批准、登记等，合同才生效。

三、无效合同

（一）无效合同的概念

无效合同，是指当事人虽已订立，但因缺乏有效条件而不能发生法律效力的合同。如前所述，合同只有具备法定的有效条件，才能生效，当事人订立合同的目的才能实现。无效合同，国家不予承认和保护，对当事人没有法律约束力。无效合同的当事人不仅不能实现其订立合同所预期的目的，而且还要承担由此所产生的不利法律后果。

（二）无效合同的种类

《合同法》规定，有下列情形之一的，合同无效：

（1）以欺诈、胁迫手段订立合同，损害国家利益。欺诈是指当事人一方故意隐瞒真实情况或故意提供虚假的情况，欺骗对方当事人，诱使对方作出错误的意思表示而签订合同。胁迫是指当事人一方以将来要发生的损害或者直接向对方当事人施加威胁，使对方当事人产生恐惧而签订合同。

（2）恶意串通，损害国家、集体或者第三人利益。恶意串通的合同是指合同当事人双方在明知或者应当知道某种行为将会损害国家、集体或者第三人利益的情况下而故意共同实施该行为。

（3）以合法形式掩盖非法目的。以合法形式掩盖非法目的是指合同当事人的行为在形式上是合法的，但是在内容上是非法的。

（4）损害社会公共利益。

（5）违反法律、行政法规的强制性规定。

在规定上述合同无效的同时，《合同法》还规定了两项免责条款无效：一是造成对方人身伤害的；二是因故意或者重大过失造成对方财产损失的。在上述两种情况下，当事人的行为都具有一定的社会危害性。同时，这两种行为也构成了侵权，即使在没有合同关系的情况下，受损害方也可以要求对方承担侵权责任。任何一方当事人不能以合同约定的方式，剥夺对方合同以外的权利。

（三）无效合同的确认和处理

无效合同影响到国家、社会和当事人等各方面的利益，因此，对其确认是一件十分严肃的事情，不是随便哪一个单位和个人都可以行使这种权力的。根据法律规定，无效合同的确认权归人民法院或仲裁机构。

无效合同，从订立的时候起就没有法律约束力。合同被确认无效后，合同尚未履行的，不得履行；正在履行的，应当立即终止履行。合同被确认部分无效的，如果不影响其余部分的效力，其余部分仍然有效。合同无效，不影响合同中独立存在的有关解决争议方法条款的效力。

对于无效合同的财产后果，应当根据合同无效的具体情况以及当事人过错的有无和大小，分别作出处理：

1. 返还财产

合同被确认无效后，当事人依据合同所取得的财产应当返还给对方。这是因为无效合同从订立时起就没有法律效力，应当使当事人的财产关系恢复到合同订立前的状态。返还财产有两种情况：一种是双方返还。通常对当事人一方不是故意侵犯对方利益，而是由于缺乏有关的法律知识，如不了解办理必要的手续等，造成合同无效的，可以由双方各自返还从对方取得的财产。另一种是单方返还。在当事人一方故意违法的情况下，其应将从对方取得的财产返还对方，而对方当事人从故意违法方取得的财产，应追缴收归国库所有。这是因为故意违法方的行为不仅损害了对方当事人的利益，而且有损于国家利益、社会公共利益，因此有必要对其予以制裁。在应返还财产情况下，如果财产已不存在或者已被第三人合法取得，不能返还的，或者没有必要返还的，应当折价补偿。

2. 赔偿损失

合同被确认无效后，也会产生赔偿损失的问题。如果合同无效是由当事人一方的过错造成的，有过错的一方应赔偿对方因此所受的损失；如果当事人双方对合同被确认无效都有过错，则双方应当按照责任的主次、轻重，分别承担经济损失中与其责任相适应的份额。

3. 财产收归国家所有或者返还集体、第三人

对当事人故意订立的损害国家、集体或者第三人利益的合同，因其社会危害性严重，法律规定了较为严厉的制裁措施，即将当事人因此取得的财产收归国家所有或者返还集体、第三人。

四、可撤销合同

（一）可撤销合同的概念

可撤销合同，是指欠缺生效要件，一方当事人有权请求人民法院或者仲裁机构予以变更或者撤销的合同。可撤销合同的法律效力取决于当事人的意志，它是一种相对无效的合同。《合同法》关于可撤销合同的规定，体现了市场经济条件下公平交易的要求，同时又体现了合同当事人意思自治的原则。在可撤销合同中，合同当事人的意思表示不真实，其可撤销权由当事人行使，其他人无权主张撤销该合同。具有撤销权的当事人，对撤销权的行使拥有选择权。

（二）可撤销合同的种类

1. 重大误解的合同

重大误解的合同，是指当事人因自己的过错对合同的内容发生错误认识而订立的合同。在重大误解的合同中，当事人对合同的重要内容发生了错误的认识，而且误解是由于当事人自身认识上的错误造成的，该合同的履行将会给误解方造成较大的损失。

2. 显失公平的合同

显失公平的合同，是指一方当事人利用优势或者利用对方没有经验，而订立的内容明显不公平的合同。显失公平的合同内容对双方当事人明显不公平，这种不公平的结果为法律所不允许，造成显失公平的原因是一方当事人利用优势或者利用对方没有经验造成的。

3. 以欺诈、胁迫的手段或者乘人之危订立的合同

一方以欺诈、胁迫的手段订立的合同，如果没有达到损害国家利益的程度，只是给对方当事人的利益造成损害的，受损害方可以请求撤销。因为受损害方在订立合同时没有真实地表达出自己的意思，该合同违背了平等、自愿的原则。

乘人之危，是指当事人一方乘对方处于危难之机，迫使对方作出不真实的意思表示，严重损害对方利益的行为。例如，乘对方急需某种原材料而大幅度抬高价格，乘对方急需用钱而放高利贷等。在乘人之危情况下订立的合同，受害方往往被迫接受对自己非常不利的条件，使自己的利益受到很大的损害，而处于优势的一方当事人则取得了超出法律所允许限度的重大利益。这明显地违背了诚实信用和公平原则，因此受损害方有权请求撤销。

（三）对可撤销合同的处理

对于可撤销合同，当事人一方或者受损害方有权请求人民法院或者仲裁机构变更或者撤销。当可撤销合同的事由发生时，具有撤销权的当事人可以直接向对方提出变更或者撤销合同，如对方没有异议，则该合同就可以变更或者撤销。如果对方提出异议，双方发生纠纷，则必须经人民法院或者仲裁机构作出处理。

人民法院或者仲裁机构可以依据当事人的不同请求，分别作出变更或者撤销合同的处理。对于当事人请求变更的，人民法院或者仲裁机构不得撤销。在这种情况下，应当通过调解，促使当事人双方修改原合同条款，以保证合同继续发生效力并得以顺利履行。对当事人请求撤销的，人民法院或者仲裁机构经审理，可予以撤销。

对于可撤销合同，当事人行使撤销权必须符合法律规定的期限。根据《合同法》规定，具有撤销权的当事人自知道或者应当知道撤销事由之日起1年内没有行使撤销权的，撤销权消灭。此外，撤销权人知道撤销事由后明确表示或者以自己的行为放弃撤销权的，撤销权消灭。

被撤销的合同自订立时起就没有法律约束力。如果合同只是部分内容被撤销而无效，不影响其他部分效力的，其他部分仍然有效。合同被撤销的，不影响合同中独立存在的有关解决争议方法条款的效力。

合同被撤销后，合同已经履行的，当事人应当返还财产；不能返还或者没有必要返还的，应当折价补偿。有过错的一方应当赔偿对方因此受到的损失。双方都有过错的，应当各自承担相应的责任。

五、效力待定合同

（一）效力待定合同的概念

效力待定合同，是指合同已经成立，但因欠缺合同生效的要件，其效力能否发生尚不确

定，必须经过有权人追认才能生效的合同。

效力待定合同不具备合同生效的必要条件，因此订立后不能立即生效。但它同无效合同和可撤销合同是有所区别的。效力待定合同并不像无效合同那样，是因为行为人故意违反法律、行政法规的禁止性规定，而被确认为绝对无效；也不像可撤销合同那样，是因为当事人的意思表示不真实，而可以被撤销。它主要是因为有关当事人不具备完全的行为能力、处分能力或者代订合同的资格所造成的。为了在维护社会正常经济秩序和保护当事人合法权益的同时，促成更多的交易，《合同法》允许效力待定合同通过有权人的追认而生效。如果有权人对其不予追认，则该合同无效。

（二）效力待定合同的种类

1. 限制民事行为能力人订立的合同

在一般情况下，限制民事行为能力人不能独立订立合同，而由其法定代理人代为订立。即使其独立订立了合同，也须经法定代理人追认后，方能生效。但是，限制民事行为能力人订立的接受奖励、赠与、报酬等纯获利益的合同或者与其年龄、智力、精神健康状况相适应而订立的合同，不必经法定代理人追认。

限制民事行为能力人所订立的需要追认的合同，合同相对人可以催告法定代理人在1个月内予以追认。法定代理人未作表示的，视为拒绝追认。合同被追认前，在订立合同时不知道对方是限制民事行为能力人的善意相对人，有权将该合同撤销。撤销应当以通知方式作出。通知的形式原则上应与合同的形式相一致，如口头形式合同可以口头通知形式撤销，书面形式合同应以书面通知形式撤销。

2. 无代理权人订立的合同

代理人在授权范围内订立的合同，其法律后果由被代理人承担。行为人没有代理权、超越代理权或者代理权终止后以被代理人名义订立的合同，只有经被代理人追认，才对其发生效力。未经追认的，该合同对被代理人不发生效力，由行为人承担责任。

对于无代理权人订立的合同，相对人可以催告被代理人在1个月内予以追认。被代理人未作表示的，视为拒绝追认。合同被追认之前，善意相对人有撤销的权利。撤销应当以通知的方式作出。

《合同法》规定，法人或者其他组织的法定代表人、负责人超越权限订立的合同，除相对人知道或者应当知道其超越权限的以外，该代理行为有效。

3. 无处分权人处分他人财产订立的合同

财产的处分权只能由享有处分权的人行使，无处分权的人不得擅自处分他人的财产。无处分权的人处分他人财产而订立的合同，只有经权利人追认或者无处分权的人事后取得处分权的，方为有效。否则，该合同无效。在权利人追认或者处分人取得处分权之前，该合同的效力处于待定状态。

第四节　合同的履行

一、合同履行的概念

合同履行是指当事人双方按照合同约定的内容，全面、适当地完成各自所承担的义务的行为。合同依法订立后，当事人应当重合同、守信用，全面履行合同义务，只有这样才能保证对方当事人权利的实现，从而达到当事人双方订立合同时所预期的目的。合同的义务主要是通过合同的履行来实现的，同时，合同的履行也是合同法律约束力的首要表现。

二、合同履行的规则

（一）当事人就有关合同条款约定不明确时的履行规则

在合同的履行过程中，常常出现合同中某些条款没有约定或约定不明确的情况，对此当事人双方应从全局出发，采取积极的态度妥善加以解决。如合同中就质量、价款、履行地点等没有约定或者约定不明确的，当事人可以协商予以补充；不能达成补充协议的，可以按照合同有关条款或者交易习惯确定。对于按上述办法仍不能确定的，应适用下列规定：

（1）质量要求不明确的，按照国家标准、行业标准履行；没有国家标准、行业标准的，按照通常标准或者符合合同目的的特定标准履行。

（2）价款或者报酬不明确的，按照订立合同时履行地的市场价格履行；依法应当执行政府定价或者政府指导价的，按照规定履行。

（3）履行地点不明确的，给付货币的，在接受给付一方所在地履行；交付不动产的，在不动产所在地履行；其他标的，在履行义务一方所在地履行。

（4）履行期限不明确的，债务人可以随时履行，债权人也可以随时要求履行，但应当给对方必要的准备时间。

（5）履行方式不明确的，按照有利于实现合同目的的方式履行。

（6）履行费用的负担不明确的，由履行义务一方负担。

（二）执行政府定价或者政府指导价的合同履行规则

执行政府定价或者政府指导价的，在合同约定的交付期限内政府价格调整时，按照交付时的价格计价。逾期交付标的物的，遇价格上涨时，按照原价格执行；价格下降时，按照新价格执行。逾期提取标的物或者逾期付款的，遇价格上涨时，按照新价格执行；价格下降时，按照原价格执行。

三、合同的中止履行

（一）中止履行合同的条件

中止履行合同，是指当事人一方在合同订立后尚未履行或未完全履行时，暂时停止履行自己所承担的合同义务的行为。中止履行合同关系到当事人双方的利益，因此采取这一措施应十分审慎。当事人一方在行使中止履行合同权利时，应当掌握对方当事人不能履行合同的确切证据，而且中止履行合同应限于合同未约定担保条款或所提供的担保显然不充分，当事人中止履行合同后必须立即通知对方当事人。

《合同法》规定，应当先履行债务的当事人，有确切证据证明对方有下列情形之一的，可以中止履行合同：

（1）经营状况严重恶化。

（2）转移财产、抽逃资金，以逃避债务。

（3）丧失商业信誉。

（4）有丧失或者可能丧失履行债务能力的其他情形。

此外，债权人分立、合并或者变更住所没有通知债务人，致使履行债务发生困难的，债务人也可以中止履行合同或者将标的物提存。

（二）中止履行合同的后果

合同中止履行后，可能导致如下法律后果：

（1）合同中止履行后，另一方恢复履行合同能力或者对履行合同提供了适当担保时，中止履行一方应当履行合同。

（2）对方在合理的期限内未恢复履行能力并且未能提供适当担保的，中止履行方可以解除合同并要求赔偿损失。

（3）中止履行方所持有的另一方不能履行合同的证据不确切，或者没有将中止履行合同的决定立即通知对方，或者当对方已经恢复履行能力或对履行合同提供了适当担保时仍不履行合同的，中止履行方应当承担违约责任。

四、合同的保全措施

合同的保全措施是指为了防止因债务人的财产不当减少而给债权人的债权带来危害，法律允许债权人为保全其债权的实现而采取的法律措施。保全措施包括代位权和撤销权两种。

（一）代位权

代位权是指因债务人怠于行使其到期债权，对债权人造成损害，债权人可以向人民法院请求以自己的名义代位行使债务人的债权。代位权的行使必须具备以下条件：

（1）债务人与债权人的合同关系已到期，债务人已陷于迟延履行。

（2）债务人对第三人享有到期债权，并且是非专属于债务人自身的权利。

（3）债务人怠于行使其债权。

（4）因债务人怠于行使自己的债权，损害到对债权人履行债务。

代位权的行使范围以债权人的债权为限。债权人行使代位权的必要费用，由债务人负担。

（二）撤销权

撤销权是指因债务人放弃其到期债权或者无偿转让财产，对债权人造成损害的，或者债务人以明显不合理的低价转让财产，对债权人造成损害，并且受让人知道该情形的，债权人可以请求人民法院撤销债务人的行为。

引起撤销权发生的要件是债务人有损害债权人债权的行为发生，包括放弃到期债权、无偿转让财产或以明显不合理的低价转让财产。如系无偿转让行为，不论第三人善意、恶意取得，均可撤销；有偿转让行为，则须以第三人的恶意取得为要件，若第三人主观上无恶意，则不能撤销其善意取得的行为。

撤销权的行使是有时效限制的。撤销权自债权人知道或者应当知道撤销事由之日起 1 年内行使。自债务人的行为发生之日起 5 年内没有行使撤销权的，该撤销权消灭。

第五节　合同的担保

一、担保的概念

合同的担保，是指为保障合同债权的实现，由当事人双方依照法律规定，经过协商一致而设定的法律措施。设定担保的根本目的，是保证合同的切实履行，既保障合同债权人实现其债权，也促使合同债务人履行其债务。

《中华人民共和国担保法》（以下简称《担保法》），规定在借贷、买卖、货物运输、加工承揽等经济活动中，债权人需要以担保方式保障其债权实现的，可以设定保证、抵押、质押、留置和定金等五种方式的担保。

担保活动应当遵循平等、自愿、公平、诚实信用的原则，以维护参加担保各方当事人的合法权益。合同的担保，一般在订立合同的同时成立，既可以是单独订立的书面合同，包括当事人之间的具有担保性质的信函、传真等，也可以是主合同中的担保条款。担保合同是主合同的从合同，主合同无效，担保合同无效。担保合同另有约定的，按照约定。

二、担保的方式

（一）保证

1. 保证和保证人

保证是指第三人为债务人的债务履行做担保，由保证人和债权人约定，当债务人不履行债务时，保证人按照约定履行债务或者承担责任的行为。

根据《担保法》的规定，具有代为清偿债务能力的法人、其他组织或者公民，可以作保证人。国家机关、学校、幼儿园、医院等以公益为目的的事业单位、社会团体，企业法人的分支机构、职能部门，不得作保证人。但是，在经国务院批准为使用外国政府或者国际经济组织贷款进行转贷的情况下，国家机关可以作保证人；企业法人的分支机构有法人书面授权的，可以在授权范围内提供保证。

2. 保证内容和保证方式

保证的内容，应当由保证人与债权人在以书面形式订立的保证合同中加以确定，具体包括被保证的主债权（即主合同债权，下同）种类、数额，债务人履行债务的期限，保证的方式，保证担保的范围，保证的期间，以及双方认为需要约定的其他事项。保证合同不完全具备以上规定内容的，可以补正。

保证的方式，分为一般保证和连带责任保证两种。当事人在保证合同中约定，债务人不能履行债务时，由保证人承担保证责任的，为一般保证。一般保证的保证人在主合同纠纷未经审判或者仲裁，并就债务人财产依法强制执行仍不能履行债务前，对债权人可以拒绝承担保证责任。当事人在保证合同中约定保证人与债务人对债务承担连带责任的，为连带责任保证。连带责任保证的债务人在主合同规定的债务履行期届满没有履行债务的，债权人可以要求债务人履行债务，也可以要求保证人在其保证范围内承担保证责任。当事人对保证方式没有约定或者约定不明确的，按照连带责任保证承担保证责任。

3. 保证责任

保证人在约定的保证担保范围内承担保证责任。保证担保的范围包括主债权及利息、违约金、损害赔偿金和实现债权的费用。保证合同另有约定的，按照约定。当事人对保证担保的范围没有约定或者约定不明确的，保证人应当对全部债务承担责任。同一债务有两个以上保证人的，保证人应当按照保证合同约定的保证份额，承担保证责任。没有约定保证份额的，保证人承担连带责任，债权人可以要求任何一个保证人承担全部保证责任，保证人都负有担保全部债权实现的义务。已经承担保证责任的保证人，有权向债务人追偿，或者要求承担连带责任的其他保证人清偿其应当承担的份额。

保证人在与债权人约定的保证期间或者法律规定的保证期间内承担保证责任。保证期间，债权人依法将主债权转让给第三人的，保证人在原保证担保的范围内继续承担保证责任。保证合同另有约定的，按照约定。保证期间，债权人许可债务人转让债务的，应当取得保证人书面同意，保证人对未经其同意转让的债务，不再承担保证责任。债权人与债务人协议变更主合同的，应当取得保证人书面同意，未经保证人书面同意的，保证人不再承担保证责任。保证合同另有约定的，按照约定。保证人与债权人未约定保证期间的，保证期间为主债务履行期届满之日起6个月。在合同约定的保证期间或者法律规定的保证期间，债权人未对债务人提起诉讼或者申请仲裁的，或者债权人未要求保证人承担保证责任的，保证人免除保证责任。

由于主合同当事人双方串通，骗取保证人提供保证的，或者主合同债权人采取欺诈、胁迫等手段，使保证人在违背真实意思的情况下提供保证的，保证人不承担民事责任。

保证人承担保证责任后，有权向债务人追偿。

（二）抵押

1. 抵押和抵押物

抵押是指债务人或者第三人不转移对其确定的财产的占有，将该财产作为债权的担保。当债务人不履行债务时，债权人有权依照法律规定，以该财产折价或者以拍卖、变卖该财产的价款优先受偿。该债务人或者第三人为抵押人，债权人为抵押权人，提供担保的财产为抵押物。

抵押人只能以法律规定可以抵押的财产提供担保；法律规定不可以抵押的财产，抵押人不得用于提供担保。根据《担保法》的规定，下列财产可以抵押：（1）抵押人所有的房屋和其他地上定着物；（2）抵押人所有的机器、交通运输工具和其他财产；（3）抵押人依法有权处分的国有的土地使用权、房屋和其他地上定着物；（4）抵押人依法有权处分的国有的机器、交通运输工具和其他财产；（5）抵押人依法承包并经发包方同意抵押的荒山、荒沟、荒丘、荒滩等荒地的土地使用权；（6）依法可以抵押的其他财产。

根据《担保法》的规定，下列财产不得抵押：（1）土地所有权；（2）耕地、宅基地、自留地、自留山等集体所有的土地使用权（但法律另有规定的除外）；（3）学校、幼儿园、医院等以公益为目的的事业单位、社会团体的教育设施、医疗卫生设施和其他社会公益设施；（4）所有权、使用权不明或者有争议的财产；（5）依法被查封、扣押、监管的财产；

(6) 依法不得抵押的其他财产。此外，乡（镇）、村企业的土地使用权不得单独抵押。以乡（镇）、村企业的厂房等建筑物抵押的，其占用范围内的土地使用权同时抵押。同样，以依法取得的国有土地上的房屋抵押的，该房屋占用范围内的国有土地使用权同时抵押。以出让方式取得的国有土地使用权抵押的，应当将抵押时该国有土地上的房屋同时抵押。

抵押人所担保的债权不得超出其抵押物的价值。财产抵押后，该财产的价值大于所担保债权的余额部分，可以再次抵押，但不得超出其余额部分。

2. 抵押合同和抵押物登记

抵押人和抵押权人应当以书面形式订立抵押合同。抵押合同包括以下内容：被担保的主债权种类、数额、债务人履行债务的期限，抵押物的名称、数量、状况、所在地、所有权权属或者使用权权属，抵押担保的范围，以及当事人认为需要约定的其他事项。抵押合同不完全具备以上规定内容的，可以补正。

当事人以法律规定的需要办理抵押物登记的财产作抵押的，应当向有关部门办理抵押物登记，抵押合同自登记之日起生效。以其他财产抵押的，可以自愿办理抵押物登记，抵押合同自签订之日起生效。

3. 抵押的范围和效力

抵押担保的范围包括主债权及利息、违约金、损害赔偿金和实现抵押权的费用。抵押合同另有约定的，按照约定。

抵押期间，抵押人转让已办理登记的抵押物的，应当通知抵押权人并告知受让人转让物已经抵押的情况；抵押人未通知抵押权人或者未告知受让人的，转让行为无效。转让抵押物的价款明显低于其价值的，抵押权人可以要求抵押人提供相应的担保；抵押人不提供的，不得转让抵押物。

抵押权不得与债权分离而单独转让或者作为其他债权的担保。抵押权与其担保的债权同时存在，债权消灭的，抵押权也消灭。

4. 抵押权的实现

债务履行期届满，债务人未履行债务即抵押权人未受清偿的，抵押权人可以与抵押人协议以抵押物折价或者以拍卖、变卖该抵押物所得的价款受偿；协议不成的，抵押权人可以向人民法院提起诉讼。抵押物折价或者拍卖、变卖后，其价款超过债权数额的部分归抵押人所有，不足部分由债务人清偿。

同一财产向两个以上债权人抵押的，拍卖、变卖抵押物所得的价款按照以下规定清偿：(1) 抵押合同已登记生效的，按照抵押物登记的先后顺序清偿；顺序相同的，按照债权比例清偿。(2) 抵押合同自签订之日起生效的，该抵押物已登记的，按照 (1) 中规定清偿；未登记的，按照合同生效时间的先后顺序清偿，顺序相同的，按照债权比例清偿。抵押物已登记的先于未登记的受偿。

为债务人抵押担保的第三人，在抵押权人实现抵押权后，有权向债务人追偿。抵押权因抵押物灭失而消灭。因灭失所得的赔偿金，应当作为抵押财产。

（三）质押

1. 质押的概念

质押包括动产质押和权利质押。动产质押是指债务人或者第三人将其动产移交债权人占有，将该动产作为债权的担保。当债务人不履行债务时，债权人有权依照法律规定，以该动产折价或者以拍卖、变卖该动产的价款优先受偿。该债务人或者第三人为出质人，债权人为质权人，移交的动产为质物。权利质押是指以汇票、支票、本票、债券、存款单、仓单、提单，依法可以转让的股份、股票，依法可以转让的商标专用权，专利权、著作权中的财产权，依法可以质押的其他权利等作为质权标的的担保。

2. 质押合同的内容

出质人和质权人应当以书面形式订立质押合同。质押合同包括以下内容：被担保的主债权种类、数额，债务人履行债务的期限，质物的名称、数量、质量、状况、质押担保的范围，质物移交的时间，以及当事人认为需要约定的其他事项。质押合同不完全具备以上规定内容的，可以补正。质押合同自质物移交于质权人占有时生效。以汇票、支票、本票、债券、存款单、仓单、提单出质的，质押合同自权利凭证交付之日起生效。以依法可以转让的股票、商标专用权、专利权、著作权中的财产权出质的，应当向有关部门办理出质登记，质押合同自登记之日起生效。

3. 质押的范围和效力

质押担保的范围包括主债权及利息、违约金、损害赔偿金、质物保管费用和实现质权的费用。质押合同另有约定的，按照约定。

债务履行期届满债务人履行债务的，或者出质人提前清偿所担保的债权的，质权人应当返还质物。债务履行期届满质权人未受清偿的，可以与出质人协议以质物折价，也可以依法拍卖、变卖质物。质物折价或者拍卖、变卖后，其价款超过债权数额的部分归出质人所有，不足部分由债务人清偿。为债务人质押担保的第三人，在质权人实现质权后，有权向债务人追偿。

质权因质物灭失而消灭。因灭失所得的赔偿金，应当作为出质财产。质权与其担保的债权同时存在，债权消灭的，质权也消灭。

（四）留置

留置是指根据《担保法》和其他法律的规定，债权人按照合同约定占有债务人的动产，债务人不按照合同约定的期限履行债务的，债权人有权依照法律规定留置该财产，以该财产折价或者以拍卖、变卖该财产的价款优先受偿。

因保管合同、运输合同、承揽合同以及法律规定可以留置的其他合同发生的债权，债务人不履行债务的，债权人有留置权。留置担保的范围包括主债权及利息、违约金、损害赔偿金、留置物保管费用和实现留置权的费用。

债权人与债务人应当在合同中约定，债权人留置财产后，债务人应当在不少于两个月的期限内履行债务。债权人与债务人在合同中未约定的，债权人留置债务人财产后，应当确定两个月以上的期限，通知债务人在该期限内履行债务。债务人逾期仍不履行的，债权人可以与债务人协议以留置物折价，也可以依法拍卖、变卖留置物。留置物折价或者拍卖、变卖后，其价款超过债权数额的部分归债务人所有，不足部分由债务人清偿。

留置权因债权消灭、或者债务人另行提供担保并被债权人接受而消灭。

（五）定金

定金是指合同当事人约定一方向对方给付一定数额的货币作为债权的担保。债务人履行债务后，定金抵作价款或者收回。给付定金的一方不履行约定的债务的，无权要求返还定金；收受定金的一方不履行约定的债务的，应当双倍返还定金。

定金应当以书面形式约定。当事人在定金合同中应当约定交付定金的期限。定金合同从实际交付定金之日起生效。定金的数额由当事人约定，但不得超过主合同标的额的20%。

第六节 合同的变更、转让和终止

一、合同的变更

（一）合同变更的概念

合同变更，是指在合同订立以后，没有履行或者没有完全履行以前，当事人对合同的内容进行修改或者补充。根据《合同法》规定，合同一经依法订立就具有法律效力，当事人应当全面履行自己所承担的义务，任何一方不得擅自加以变更。但是，由于社会经济活动错综复杂，有时可能会发生使合同不能按原来的约定履行，而需要对其加以变更的情况。因此，法律允许当事人在一定条件下，经过法定程序对合同的内容做适当的修改和补充，也是完全必要的。这不仅有利于维护双方当事人的合法权益，也有利于促进社会经济的发展。

（二）合同变更的条件和程序

《合同法》规定，当事人协商一致，可以变更合同。法律、行政法规规定变更合同应当办理批准、登记等手续的，依照其规定。可见，当事人协商一致是变更合同的必要条件。因为合同的订立是双方当事人协商一致的结果，所以合同内容的任何变更也同样应当经双方当事人协商同意。双方当事人就变更合同所达成的协议，不得损害国家利益和社会公共利益，否则，该变更不具有法律效力。

在协议变更合同的方式下，当事人一方因某种原因需要对合同的某些内容做修改或者补充时，应当在法律规定或者当事人约定的期限内及时向对方提出建议。建议中应说明变更合同的理由和变更后的合同条款。收到变更合同建议的一方应在法律规定或者当事人约定的期限内予以答复。变更合同的协议原则上应当采用书面形式。在协议未达成之前，原合同仍然有效。当事人如对合同变更的内容约定不明确，视为未变更。法律、行政法规规定变更合同应当办理批准、登记等手续的，当事人在依法办理了相应手续后，才发生变更合同的法律效力。

（三）合同变更的法律后果

合同变更后，当事人的权利义务在原合同的基础上发生了变化，等于在原合同当事人之间形成了新的合同关系。因此，对于变更后的合同，当事人应当认真履行，否则，同样要承担违约责任。合同的变更对已经履行的部分不具有法律效力，任何一方都不得以合同变更为由，要求对方返还其已经履行的部分。

合同的变更不影响当事人要求赔偿损失的权利。因变更合同使一方遭受损失的，除依法可以免除责任的以外，应由责任方负责赔偿。

二、合同的转让

（一）合同转让的概念

合同转让，是指当事人一方依法将其合同的权利和义务的全部或者部分转让给第三人。

合同转让从广义上讲也属于合同的变更，只不过它所变更的是合同的主体，而不是合同的内容。合同转让后，合同的当事人发生了变化，或者是由新的当事人取代了原合同的当事人，或者是由新的当事人加入到原合同关系中，从而使原来的合同关系归于消灭，产生了新的合同关系。

根据合同权利义务转让的不同情况，可将合同转让分为合同权利的转让、合同义务的转让、合同权利义务的一并转让。

（二）合同权利的转让

合同权利的转让，是指债权人将合同的权利全部或者部分转让给第三人的行为。合同权利的转让一般是基于债权人与第三人的协议产生的。如果债权人将合同的全部权利都转让给第三人，转让协议生效后，受让人将完全取代转让人的债权人地位，成为合同的当事人，而原债权人不再是合同的当事人。如果债权人只是将合同的部分权利转让给第三人，转让协议生效后，受让人则加入到原合同关系中，与转让人一同成为合同的债权人一方，并按照协议中约定的份额分享合同权利。如果转让协议未约定份额，则应由其享有连带债权。一般来说，绝大部分合同中的权利都是可以转让的，但是，为了维护国家利益和社会公共利益，保障合同当事人的合法权益，法律对合同权利的转让也做了一定的限制。

合同权利的转让对于合同债务人并不会造成任何损害，因而不必征得其同意。但是，债权人应将合同权利转让的情况及时通知债务人，使债务人对此能及时了解并做好应变准备，避免因对合同权利转让不知情而可能造成的损失。债权人未履行通知义务，该转让对债务人不发生效力。债权人转让权利的通知不得撤销，但经受让人同意的除外。法律、行政法规规定转让权利应当办理批准、登记等手续的，依照其规定。

（三）合同义务的转让

合同义务的转让，是指债务人将合同义务的全部或者部分转移给第三人的行为。债务人与第三人协议转让全部合同义务的，转让协议生效后，债务人不再是合同的当事人，而由第三人取代了其在合同中的地位，成为新的当事人，承担全部合同义务。债务人与第三人协议转让部分合同义务的，转让协议生效后，第三人加入到原合同关系中，与仍是合同当事人的原债务人按照协议约定的份额承担各自的义务。如果转让协议未约定份额，则应由第三人与原债务人对债权人承担连带债务。

由于合同义务的转让直接关系到债权人权利能否实现，因此，合同义务的转让必须经债权人同意。如果债权人认为受让人根本不具有履行合同义务的能力，或者资信较差，难以保障自己权利的实现时，有权拒绝合同义务的转让。对于未经债权人同意的，债务人与第三人订立的转让合同义务的协议无效。债务人转让合同义务，法律、行政法规规定应当办理批准、登记等手续的，应当依法办理相应的手续。

（四）合同权利义务的一并转让

合同权利义务的一并转让，是指当事人一方将其合同权利和义务一起转让给第三人的行为。

当事人一方可以与第三人订立合同，约定由第三人取代其在原合同中的地位，享受全部合同权利并承担全部合同义务。在这种情况下，转让协议订立后，必须经原合同的对方当事人同意，才发生法律效力。合同权利和义务的一并转让，适用合同权利转让和合同义务转让的有关规定。

当事人订立合同后发生合并、分立时，也可以引起合同权利义务的转移，这种转移是由法律直接规定而发生的。当事人订立合同后合并的，由合并后的法人或者其他组织行使合同权利，履行合同义务。当事人订立合同后分立的，除债权人和债务人另有约定的以外，由分立后的法人或者其他组织对合同的权利和义务享有连带债权，承担连带债务。

三、合同的终止

（一）合同终止的情形

合同的终止，是指合同规定的权利义务已经消灭或者不再履行，从而使合同关系结束。合同关系是有期限的，合同订立后，随着时间的推移，它必将由于各种原因而终止，不能永远存续下去。

《合同法》规定，有下列情形之一的，合同的权利义务终止：（1）债务已经按照约定履行；（2）合同解除；（3）债务相互抵销；（4）债务人依法将标的物提存；（5）债权人免除债务；（6）债权债务同归于一人；（7）法律规定或者当事人约定终止的其他情形。合同终止后，当事人应当遵循诚实信用的原则，根据交易习惯履行通知、协助、保密等义务。如当事人一方不履行上述义务，给对方当事人造成损失的，应负责赔偿。合同权利义务终止，不影响合同中结算和清理条款的效力。

（二）合同的解除

1. 合同解除的概念

合同的解除，是指合同依法成立后，因当事人单方或者双方的意思表示，而使合同关系提前终止的行为。

合同的解除可分为约定解除和法定解除两种方式。约定解除，是指当事人通过双方协商一致或者行使约定的解除权，将合同解除的行为。它包括协议解除合同和在合同中约定解除权。法定解除，是指当出现法定的解除合同条件时，当事人一方依法解除合同的行为。

2. 约定解除合同的条件和程序

《合同法》规定，当事人协商一致，可以解除合同。当事人可以约定一方解除合同的条件。解除合同的条件成就时，解除权人可以解除合同。协议解除合同时，双方当事人经充分协商就解除合同达成一致意见，就发生解除合同的效力。在约定解除权的情况下，只要发生了约定的解除合同的条件，当事人一方就享有单方解除合同的权利，而不必经对方当事人的同意。

享有解除权的一方在行使解除权时，应当及时通知对方当事人。如果当事人约定了解除权的行使期限的，期限届满当事人不行使的，该权利消灭；当事人未约定解除权的行使期限，经对方催告后在合理期限内仍不行使的，该权利消灭。解除合同的通知到达对方时即发生解除合同的效力。如果对方当事人对解除合同有异议的，可以请求人民法院或者仲裁机构确认解除合同的效力。

法律、行政法规规定解除合同应当办理批准、登记等手续的，应依法办理。

3. 法定解除合同的条件和程序

《合同法》规定，有下列情形之一的，当事人可以解除合同：（1）因不可抗力致使不能实现合同目的；（2）在履行期限届满之前，当事人一方明确表示或者以自己的行为表明不履行主要债务；（3）当事人一方迟延履行主要债务，经催告后在合理期限内仍未履行；

(4) 当事人一方迟延履行债务或者有其他违约行为致使不能实现合同目的；(5) 法律规定的其他情形。

当法定解除合同的情况出现时，合同当事人一方或者双方有权解除合同，其程序与当事人约定解除权时解除合同的程序基本相同。

4. 合同解除的法律后果

合同一经解除，合同关系即告消灭。合同解除后，尚未履行的，终止履行；已经履行的，根据履行情况和合同性质，当事人可以要求恢复原状、采取其他补救措施，并有权要求赔偿损失。

四、标的物提存

（一）提存的概念

提存是指由于债权人的原因致使债务人无法向其交付合同标的物时，债务人将该标的物交给提存机关而使合同关系归于消灭。在提存法律关系中，其主体包括提存人、提存受领人和提存机关。为履行清偿义务而向提存机关申请提存的人为提存人；提存之债的债权人为提存受领人。公证处为提存机关。提存的客体，即可以提存的标的物，有以下种类：货币、有价证券、票据、提单、权利证书；贵重物品；担保物（金）或其替代物；其他适宜提存的标的物。

当事人一方履行合同义务通常是需要对方当事人配合的。但有时由于某种原因，债权人可能采取不合作的态度，造成债务人无法履行清偿义务，从而使其陷入无限期的债务拖累之中，这对债务人来说是明显不利的。《合同法》允许债务人将标的物提存，从而消灭债务人和债权人之间的债权债务关系，是保证合同及时履行的必要措施。

（二）提存的原因

根据《合同法》的规定，有下列情形之一，难以履行债务的，债务人可以将标的物提存：(1) 债权人无正当理由拒绝受领；(2) 债权人下落不明；(3) 债权人死亡未确定继承人或者丧失民事行为能力未确定监护人；(4) 法律规定的其他情形。

标的物不适于提存或者提存费用过高的，债务人依法可以拍卖或者变卖标的物，提存所得的价款。

（三）提存的程序

根据《提存公证规则》的规定，提存公证由债务履行地的公证处管辖。在债务履行地申请办理提存公证有困难的，可以由债务人所在地的公证处管辖。债务人申请提存，应当填写公证申请书，并提交有关材料。公证处应当在收到申请之日起3日内做出受理或者不受理的决定。

提存申请受理后，公证员应当按照有关规定对申请人所提交的有关材料和请求提存的原因、事实等进行认真审查。经过审查，对于符合规定条件的，公证处应当予以提存。不符合条件的，公证处应当拒绝办理提存公证，并告知申请人对拒绝公证不服的复议程序。

对于予以提存的，公证处应当验收提存标的物并登记存档。对不能提交公证处的提存物，公证处应当派公证员到现场实地验收。对难以验收的提存标的物，公证处可予以证据保全，并在公证笔录和公证书中注明。经验收的提存标的物，公证处应当采用封存、委托代管等必要的保管措施。对易腐、易烂、易燃、易爆等物品，公证处应当在保全证据后，由债务人拍卖或变卖，提存其价款。对提存的贵重物品、有价证券、不动产或其他物品的价值难以确定的，公证处可以聘请专业机构或人员进行估价。

标的物提存后，除债权人下落不明的以外，债务人应当及时通知债权人或者债权人的继承人、监护人。

（四）提存的法律后果

标的物一经提存，债务人的债务随之消灭。标的物提存后，毁损、灭失的风险由债权人承担。提存期间，标的物的孳息归债权人所有。提存费用由债权人负担。

债权人可以随时领取提存物，但债权人对债务人负有到期债务的，在债权人未履行债务或者提供担保之前，公证处根据债务人的要求应当拒绝其领取提存物。债权人领取提存物的权利，自提存之日起5年内不行使而消灭，提存物扣除提存费用后归国家所有。

第七节 违约责任

一、违约责任的概念

违约责任，是指合同当事人没有履行合同义务所应承担的法律责任。违约责任是合同具有法律约束力的集中体现，它对于约束当事人自觉履行合同，有效地预防违约行为的发生，切实保障当事人的合法权益，维护正常的社会经济秩序，有着十分重要的作用。

根据违约行为的性质和特点，违约行为的表现形式主要有拒绝履行、迟延履行和不适当履行。

拒绝履行，是指当事人一方向对方明确表示或者以自己的行为表明不履行合同义务。

迟延履行，是指合同当事人违反合同规定的履行期限，逾期履行义务或者接受履行的行为。它包括债务人的给付迟延和债权人的受领迟延两种情况。给付迟延，是指债务人在履行期限届满时，能够履行却没有履行债务。它通常被称作逾期履行。受领迟延，是指债权人没有按照规定的期限及时接受债务人的履行。

不适当履行，是指债务人虽然履行了债务，但没有按合同规定的数量、质量、地点、方式等要求履行。

二、承担违约责任的原则

承担违约责任的原则，是指确定合同当事人承担违约责任所应遵循的法律原则。它在违约责任制度中占有十分重要的地位，是人民法院或仲裁机构在处理合同纠纷时决定是否追究违约责任的根据。

《合同法》规定，当事人一方不履行合同义务或者履行合同义务不符合约定的，应当承担继续履行、采取补救措施或者赔偿损失等违约责任。这一规定表明，当事人承担违约责任实行无过错责任原则。所谓无过错责任原则，是指在发生违约的情况下，确定违约方的责任不以过错为要件。这也就是说，当合同的一方当事人不履行债务时，不论其主观上是否有过错，只要不具备法定免责事由，就必须承担违约责任。应当指出，这和我国以前有关合同的法律所确立的承担违约责任的原则是有重大区别的。按照以前的法律规定，当事人承担违约责任，主要根据过错责任原则来确定，即当一方当事人不履行债务时，应以其过错作为确定责任的要件，并依据过错程度来确定其责任范围。如果虽有违约情况发生，但当事人主观上没有过错，则不承担违约责任。当法律有特殊规定时，当事人虽然没有过错，也应承担违约责任。

《合同法》之所以确定无过错责任原则，主要是因为与过错责任原则相比，它更有利于保护债权人的利益。根据无过错责任原则，违约行为发生后，债权人只须向人民法院或者仲裁机构提供债务人未履行合同义务的证据，而无须对债务人的过错负举证责任，也无须证明自己对于合同未履行没有过错。这就可以避免因证明过错的有无而产生的诸多问题，使案件及时得到处理，从而切实保护债权人的利益。同时，采取这一原则，也有利于增强合同当事人的法制观念，维护合同的严肃性。不论当事人是否有过错，只要违约就应承担违约责任，这可以促使当事人认真对待所订立的合同，自觉履行合同义务，不致发生在过错责任原则下经常出现的违约方总是设法证明自己无过错而企图摆脱责任的现象。可以说，《合同法》确立无过错责任原则，是符合我国社会主义市场经济发展需要的。

《合同法》规定，当事人一方因第三人的原因造成违约的，应当向对方承担违约责任。当事人一方和第三人之间的纠纷，依照法律规定或者按照约定解决。

三、违约责任的形式

（一）继续履行

继续履行，也称强制履行或者强制实际履行，是指在当事人一方不履行合同时，由人民法院或者仲裁机构根据对方当事人的要求，强制违约方继续按合同规定的标的履行义务。《合同法》规定，当事人一方不履行非金钱债务或者履行非金钱债务不符合约定的，对方可以要求履行。作为违约责任的一种形式，继续履行同违约金、赔偿损失等责任形式相比，更有利于实现当事人订立合同的目的。因此，它具有其他违约责任形式所不可替代的作用。

继续履行应具备如下要件：（1）必须有违约行为的存在；（2）必须有守约方提出继续履行合同的要求；（3）当事人不履行的必须是金钱以外的债务；（4）必须是违约方有继续履行合同的能力。

根据《合同法》规定，在下列情形下不适用继续履行：（1）法律上或者事实上不能履行；（2）债务的标的不适于强制履行或者履行费用过高；（3）债务人在合理期限内未要求履行。

（二）无偿补救

无偿补救，是指因一方当事人履行标的不符合合同约定，根据法律规定或者对方的要求所采取的无代价补救措施。合同依法订立后，当事人双方应全面履行合同义务，否则应承担相应的法律责任。在实践中，有时一方当事人虽然履行了合同，但所交付的标的不符合合同约定的条件。在这种情况下，如果对方仍需要该标的，则可由违约方采取必要的补救措施使其达到合同约定的条件，为此所增加的费用由违约方支付。无偿补救的措施主要有修理、更换、重做等，守约方可以根据具体情况加以选择。

（三）赔偿损失

赔偿损失，是指当事人一方不履行合同给对方造成损失时，应支付一定数额的货币以弥补对方的损失。从现实的经济活动看，当事人一方不履行合同一般都会在不同程度上给对方当事人造成经济损失，对此，违约方应当承担赔偿责任。设立赔偿损失责任的目的，在于弥补守约方因违约行为所受到的全部损失，因此，赔偿损失是属于补偿性的。一般来说，赔偿额的确定以违约所造成的实际损失为根据，而与违约方的主观过错程度没有直接联系。但法律有特别规定的，依其规定。《合同法》规定，经营者对消费者提供的商品或者服务有欺诈行为的，依照《中华人民共和国消费者权益保护法》的规定承担损害赔偿责任。

《合同法》规定，当事人一方不履行合同义务或者履行合同义务不符合约定，给对方造成损失的，损失赔偿额相当于因违约所造成的损失，包括合同履行后可以获得的利益，但不得超过违反合同一方订立合同时预见到或者应当预见到的因违反合同可能造成的损失。当事人可以在合同中约定因违约产生的损失赔偿额的计算方法。

《合同法》规定，当事人一方违约后，对方应当采取适当措施防止损失的扩大；没有采取适当措施致使损失扩大的，不得就扩大的损失要求赔偿。当事人因防止损失扩大而支出的合理费用，由违约方承担。这一规定有利于促使守约方积极履行防止损失扩大的义务，对于维护合同当事人的利益，减少社会财富的损失和浪费，使社会资源得到合理有效的利用，具有重要的作用。

（四）违约金

违约金，是指由当事人事先约定的，在违约方不履行合同时支付给对方当事人一定数额的货币。根据《合同法》规定，当事人可以约定一方违约时应当根据违约情况向对方支付一定数额的违约金。约定的违约金应与违约所造成的损失大体相当，当约定的违约金低于或者过分高于造成的损失的，当事人可以请求人民法院或者仲裁机构予以增加或者适当减少。

由于违约金的数额是双方当事人在订立合同时事先约定的，这样一旦违约发生，只要造成了损失，守约方不必具体计算损失的数额，就可以迅速要求违约方支付违约金，同时，人民法院或仲裁机构也可以避免在计算损失范围时可能遇到的困难和麻烦，尽快对案件依法作出裁决，这无疑有利于及时补偿守约方的损失。此外，违约金的约定可以使当事人对不履行合同后果，即可能造成的损失和承担责任的具体范围，事先有所了解，这必将给当事人带来一定的压力，促使其严格履行合同中规定的各项义务，以保证合同权利的全面实现。

（五）定金

定金是担保的一种形式，它也可以作为违约责任形式。《合同法》规定，当事人可以依照《担保法》约定一方向对方给付定金作为债权的担保。债务人履行债务后，定金应当抵作价款或者收回。给付定金的一方不履行约定的债务的，无权要求返还定金；收受定金的一方不履行约定的债务的，应当双倍返还定金。

《合同法》规定，当事人既约定违约金，又约定定金的，一方违约时，对方可以选择适用违约金或者定金条款。这表明，违约金与定金不能并罚，这是合同公平原则在承担违约责任方面的体现。

四、违约责任的免除

（一）违约责任免除的概念

违约责任免除，也称作免除责任，是指当事人由于法律规定或者合同约定的免责事由的发生而不能履行合同，不承担违约责任。当事人违约应承担相应的违约责任，这是增强合同的约束力，维护当事人合法权益的需要。但这并不是说，在任何情况下当事人不履行合同都必须承担违约责任。在特殊情况下，当事人虽然没有履行合同却可以不承担违约责任。这主要有两种情况：一是符合法律规定的免责事由；二是当事人在合同中约定了免责事由的条款。

（二）免责事由

免责事由，是指法律规定或者合同约定的免除当事人违约责任的情况。它通常也被称为免责条件。根据《合同法》的规定，免责事由主要有不可抗力和当事人约定的免责条款。

1. 不可抗力

不可抗力，是指不能预见、不能避免并不能克服的客观情况。不可抗力通常包括自然灾害和社会事件两大类，前者如台风、地震、水灾等；后者如战争、暴乱、罢工、禁运等。对于不可抗力的范围，当事人可以在合同中以列举方式做出明确约定。合同中约定不明确的，则由人民法院或者仲裁机构依法确定导致合同不能履行的情况是否属于不可抗力。

当事人一方因不可抗力不能履行合同的，根据不可抗力的影响，部分或者全部免除责任，但法律另有规定的除外。如果不可抗力发生在当事人迟延履行合同后，则违约方不能免除责任。

不可抗力发生后，当事人一方因此而不能履行合同的，应当及时通知对方，以减轻可能给对方造成的损失，并应当在合理的期限内提供有关机关出具的证明。当事人不履行上述义务，应承担相应的法律责任。

2. 免责条款

免责条款，是指当事人在合同中约定的免除或者限制其未来责任的条款。免责条款是合同的组成部分，必须经当事人双方充分协商，并以明示的方式作出。免责条款作为合同的组成部分，其内容必须符合法律的规定，才具有法律效力。如果免责条款违反法律、行政法规的强制性规定，扰乱社会经济秩序，损害社会公共利益，该条款不具有法律效力。如果免责条款是在一方当事人违背真实意思的情况下订立的，可能对该当事人产生明显不利的后果，该条款可以被申请撤销。《合同法》明确规定，造成对方人身伤害和因故意或者重大过失造成对方财产损失的，合同中的免责条款无效。

第八节　几种主要的合同

一、买卖合同

（一）买卖合同的概念

买卖合同是出卖人转移标的物的所有权于买受人，买受人支付价款的合同。买卖合同的主体是出卖人和买受人。转移买卖标的物的一方是出卖人，受领买卖标的物并支付价款的一方是买受人。买卖合同是社会经济生活中最常见的一类合同，买卖合同的基本特征是：

1. 买卖合同是转移财产所有权的合同

在买卖合同中，出卖人转移了标的物的所有权，买受人获得了标的物的所有权，买卖合同以转移财产所有权为目的。这是买卖合同与租赁合同的主要区别。

2. 买卖合同是双务有偿合同

买卖合同是出卖人和买受人为买卖标的物而签订的合同，其中心内容是出卖人转移标的物的所有权于买受人，买受人向出卖人支付相应的价款。买受人要取得标的物的所有权，必须向出卖人支付相应的价款。买卖合同的当事人双方都是既享有权利，又承担相应的义务，这是买卖合同与赠与合同的主要区别。

3. 买卖合同是诺成合同

在买卖合同中，出卖人与买受人经过要约、承诺，对买卖合同的标的物、数量、质量、价款、履行期限、履行地点和方式、违约责任、解决争议的方法以及对包装方式、检验标准和方法、结算方式等内容协商一致的，买卖合同即成立。在买卖合同中，出卖人和买受人无需将标的物的实际转移、价款的实际支付等履约行为约定为买卖合同成立的附加条件。至于买卖合同的当事人是否实际交付标的物、价款等，决定着合同当事人是否应当承担违约责任，但并不影响买卖合同的成立。这是买卖合同与运输合同、保管合同、仓储合同的主要区别。

（二）买卖合同的形式、订立的程序

一般来说，国内买卖合同既可以采用书面形式订立，也可以采用口头形式和其他形式订立，通常不需要办理批准、登记等手续合同即可生效。根据我国现行有关法律的规定，国内买卖合同中的不动产买卖合同应当采用书面形式签订；法律、行政法规规定应当采用书面形式订立的其他买卖合同，应当采用书面形式。法律、行政法规规定应当办理批准、登记等手续的国内买卖合同，自办理批准、登记等手续时起生效。其他依法成立的国内买卖合同，自成立时起生效。

对于涉外买卖合同，根据我国参加的《联合国国际货物买卖合同公约》的规定，国际货物买卖合同可以采用书面形式订立或者口头的形式订立。但我国在参加该公约时对此作过保留声明，要求我国当事人与该公约缔约国当事人之间的国际货物买卖合同必须采用书面形式订立。

（三）买卖合同的主要内容

买卖合同的主要内容就是买卖合同应当具备的主要条款。根据《合同法》的规定，买卖合同除了应当具备一般合同应当具备的主要条款以外，还应当包括以下条款：

1. 包装方式

买卖合同的包装方式包括合同标的物的销售包装方式和运输包装方式，其主要内容有包装用材料、包装方法及规格尺寸、样式等。包装质量要求一般是牢固、安全、适用、经济、美观大方，既便于运输、装卸、移动和陈列展销，又便于识别、计量、挑选、携带和投入使用。包装方式是买卖合同的一项重要条款，出卖人和买受人双方应当尽量考虑周全。

2. 检验标准和方法

检验出卖人交付的标的物是否符合买卖合同约定的质量、品种、规格、等级、重量、包装以及安全、卫生要求，应当由权威检验机构或者当事人双方依照一定的规范标准和方法来进行。凡是国家强制性标准，买卖双方必须遵循执行；对于国家推荐性标准以及国际标准和国外先进标准，买卖双方在签订买卖合同时可以协商选择适用。在买卖合同中明确其标的物的检验标准，可以为买卖合同的标的物质量检验和交付接受提供依据，避免在买卖合同的履行过程中因为标的物的质量问题产生纠纷。

对于买卖合同标的物的检验方法，在实际检验中，买卖双方可以选择适用各种检验方法。具体的检验方法包括：（1）凭人的感官检验；（2）理化检验；（3）抗破坏性试验；（4）动植物检疫；（5）抽样检验。在约定具体的检验方法的前提下，当事人之间还应当约定相关的检验机构。

3. 结算方式

结算方式是实际履行合同的内容之一。买卖合同的结算方式条款的约定，应当符合国家结算纪律的要求。

4. 买卖合同使用的文字及其效力

在买卖合同采用书面形式的情况下，合同使用什么文字以及使用某种文字的效力如何，买卖合同的双方当事人可以协商约定。在实践中，买卖合同的出卖人和买受人由于国籍、民族、地域等不同，可以在书面合同中同时约定使用两种以上的文字形式。合同使用什么文字，其目的是为了准确表达买卖双方约定的合同内容，保证合同的顺利履行。

（四）买卖合同的标的物

在买卖合同中，买和卖的物就是标的，在《合同法》中称为标的物。出卖人出卖的标的物应当是属于出卖人所有或者出卖人有权处分的物，可以是现实存在的物，也可以是将来产生的物。法律、行政法规禁止或者限制转让的标的物，依照其规定执行；法律禁止流通的物不得作为买卖合同的标的物。

买卖合同的标的物的所有权自标的物交付时起转移。出卖人应当按照合同约定的期限交付标的物。约定交付期间的，出卖人可以在交付期间内的任何时间内交付。没有约定标的物的交付期限或者约定不明确的，当事人可以协商达成补充协议；不能达成补充协议的，按照合同有关条款或者交易习惯确定；如果仍然不能确定的，出卖人可以随时履行，买受人也可以随时要求出卖人履行，但应当给对方必要的准备时间。

出卖人交付标的物后，买受人应当对收到的标的物在约定的检验期间内检验。没有约定检验期间的，应当及时检验。当事人约定检验期间的，买受人应当在检验期间内将标的物的数量或者质量不符合约定的情形通知出卖人。买受人怠于通知的，视为标的物的数量或者质量符合合同的约定。当事人没有约定检验期间的，买受人应当在发现或者应当发现标的物的数量或者质量不符合合同约定的合理期间内通知出卖人。买受人在合理期间内未通知或者自标的物收到之日起2年内未通知出卖人的，视为标的物的数量和质量符合合同的约定；如果合同标的物有质量保证期，适用质量保证期，不适用2年的规定。

（五）买卖合同价款的支付

支付价款是指买卖合同中买受人应当按照约定的数额支付价款。对价款没有约定或者约定不明确的，可以协议补充；不能达成协议的，除依法由政府定价的以外，按照订立合同时履行地的市场价格履行。出卖人多交标的物的，买受人可以接受或者拒绝接受多交的部分。买受人接受多交部分的，按照合同的价格支付价款；买受人拒绝接受多交部分的，应当及时通知出卖人。

买受人应当按照约定的地点支付价款。对支付地点没有约定或者约定不明确的，可以协议补充；不能达成补充协议的，买受人应当在出卖人的营业地支付，但约定支付价款以交付标的物或者交付提取标的物单证为条件的，在交付标的物或者交付提取标的物单证的所在地支付。

买受人应当按照约定的时间支付价款。对支付时间没有约定或者约定不明确的，可以协议补充；不能达成协议的，买受人应当在收到标的物或者提取标的物单证的同时支付。

二、借款合同

（一）借款合同的概念

借款合同是借款人向贷款人借款，到期返还借款并支付利息的合同。借款合同的当事人包括借款人和贷款人。交付货币给他人的一方是贷款人，又称出借人或贷与人；接受贷款人转移的货币并应当于一定期限内返还的一方是借款人，也称借用人或受贷人。借款合同采用书面形式，但自然人之间借款另有约定的除外。

借款合同按照贷款人的身份不同，可以分为金融机构借款合同和民间借款合同。这两种借款合同的主要区别是：一是贷款人身份不同。金融机构借款合同的贷款人只能是银行或者经依法批准的其他金融机构，民间借款合同的贷款人主要是自然人。二是利率不同。金融机构借款合同的利率必须严格执行中国人民银行规定的利率，民间借款合同的利率由当事人之间约定，最高不得超过银行贷款利率的四倍。三是合同形式不同。金融机构借款合同必须是书面形式，民间借款合同的形式法律不限定。可以采用书面形式，亦可以采用口头形式。四是合同性质不同。金融机构借款合同是诺成合同，民间借款合同是实践合同。

（二）借款合同的内容

借款合同的内容包括借款种类、币种、用途、数额、利率、期限和还款方式等条款。我国借款合同的币种主要是人民币，但在一定范围内的当事人之间，借款合同的币种也可以是外国币种。订立借款合同，贷款人可以要求借款人依照《担保法》的规定提供担保。

根据《商业银行法》的有关规定，商业银行根据贷款用途来确定借款人的偿还能力，并以此作为同意提供贷款的条件。为了保证借款人将借款能够真正用于借款合同约定的业务之中，并保证贷款人能够按时收回借款，《合同法》规定，订立借款合同，借款人应当按照贷款人的要求提供与借款有关的业务活动和财务状况的真实情况。借款不得用于非法目的，借款要按照约定用途使用。借款人还应当按照约定的期限返还借款。对借款期限没有约定或者约定不明确时，当事人可以协议补充；不能达成补充协议的，借款人可以随时返还；贷款人也可以催告借款人在合同期限内返还。

（三）借款合同的利息

借款的利息不得预先在本金中扣除。利息预先在本金中扣除的，应当按照实际借款数额返还借款并计算利息。借款人应当按照约定的期限支付利息。在借款人未按照约定的日期、数额收取借款的情况下，仍应当按照约定的日期、数额支付利息。对支付利息的期限没有约定或者约定不明确，当事人可以协议补充；不能达成补充协议时，借款期间不满 1 年的，应当在返还借款时一并支付；借款期间 1 年以上的，应当在每届满 1 年时支付，剩余期间不满 1 年的，应当在返还借款时一并支付。自然人之间的借款合同对支付利息没有约定或者约定不明确的，视为不支付利息；约定支付利息的，借款的利率不得违反国家有关限制借款利率的规定。借款人未按照约定的期限返还借款的，应当按照约定或者国家有关规定支付逾期利息。借款人提前偿还借款的，除当事人另有约定的以外，应当按照实际借款的期间计算利息。

办理贷款业务的金融机构贷款的利率，应当按照中国人民银行规定的贷款利率的上下限确定。

三、租赁合同

（一）租赁合同的概念

租赁合同是出租人将租赁物交付承租人使用、收益、承租人支付租金的合同。在租赁合同中，提供租赁物的一方为出租人，使用租赁物的一方是承租人，被交付使用的物称为租赁物。租赁合同的使用范围相当广泛，租赁的标的物既可以是生产资料，也可以是生活资料，既可以是动产，也可以是不动产。租赁合同具有下列特征：

（1）租赁合同转移的是租赁物的使用权。在租赁合同中，承租人取得租赁物的主要目的是使用、收益，租赁合同只是转移租赁物的使用权，不转移租赁物的所有权。租赁期满后，承租人应当返还租赁物。

（2）租赁合同具有一定的期限性。根据《合同法》的规定，租赁合同的租赁期限由当事人约定，当事人约定的租赁期最长不得超过20年。

（3）租赁合同是诺成合同、双务合同、有偿合同。

（二）租赁合同的内容

租赁合同的内容包括租赁物的名称、数量、用途、租赁期限、租金及其支付期限和方式、租赁物维修等条款。

租赁期限不得超过20年。超过20年的，超过部分无效。租赁期间届满，当事人可以续订租赁合同，但约定的租赁期限自续订之日起不得超过20年。租赁期限6个月以上的，应当采用书面形式。

租赁合同生效后，出租人应当按照约定将租赁物交付承租人，并在租赁期间履行租赁物的维修义务，保持租赁物符合约定的用途。

承租人应当按照约定的方法或按照租赁物的性质使用租赁物，并应当妥善保管租赁物，如因保管不善造成租赁物毁损、灭失的，应当承担损害赔偿责任。承租人还应当按照约定的期限支付租金。

四、融资租赁合同

（一）融资租赁合同的概念

融资租赁合同是出租人根据承租人对出卖人、租赁物的选择，向出卖人购买租赁物，提供给承租人使用，承租人支付租金的合同。融资租赁是指由出租人融通资金后，根据承租人的选择，以出租人的名义购买租赁物，并将其出租给承租人的行为。融资租赁具有融资、融物双重职能的租赁交易行为。融资租赁合同具有下列特征：

（1）融资租赁合同涉及三方当事人。融资租赁合同涉及出租人、承租人和供货人三方当事人，并由两个或两个以上的合同组成。在融资租赁期间，承租人按照合同约定，分期向出租人交付租金。这种方式实际上是租赁公司给予承租人长期信贷。

（2）在融资租赁合同中，承租人自行选择租赁物，出租人只是按照承租人的要求融资购买租赁物，租赁物缺陷、迟延交货、维修保养等，出租人不负责。

（3）在租赁期限内，出租人对租赁物享有所有权，承租人对租赁物享有使用权，承租人支付给出租人的租金总额大体上相当于租赁物的货价、贷款利息、利润、手续费等项目的总计。

（二）融资租赁合同的内容

融资租赁合同的内容包括租赁物名称、数量、规格、技术性能、检验方法、租赁期限、租金构成及其支付期限和方式、币种、租赁期间届满租赁物的归属等条款。融资租赁合同应当采用书面形式。融资租赁合同的租金除当事人另有约定的以外，应当根据购买租赁物的大部分或者全部成本以及出租人的合理利润确定。

融资租赁合同生效后，出租人根据承租人对出卖人、租赁物的选择订立的买卖合同，出卖人应当按照约定向承租人交付标的物，承租人享有与受领标的物有关的买受人的权利。出租人应当保证承租人对租赁物的占有和使用。出租人享有租赁物的所有权。承租人破产的，租赁物不属于破产财产，出租人和承租人也可以约定租赁期间届满租赁物的归属。

承租人应当妥善保管、使用租赁物，履行占有租赁物期间的维修义务，按照约定支付租金。

第九节 合同法律制度案例分析

案例一：

关于要约和承诺的案例

[案例简介] 2009 年 9 月 3 日，某电冰箱生产企业（以下简称甲方）向某大型商业企业（以下简称乙方）发出函电，函电中称：甲方新研制了一批新型节能电冰箱，很受消费者欢迎，函电中详细列明了新型节能电冰箱的规格、型号、价格、质量标准等事项，欢迎乙方订货采购，并提出如果乙方在 2009 年 10 月 15 日前按照函电中所列明的条件采购电冰箱，甲方将保证满足供应，并负责发货运送到乙方所在城市，交货前付款。

2009 年 9 月 13 日，乙方向甲方复函称：如果某型号节能电冰箱每台价格能够下降 300 元，我公司愿购买 500 台，甲方如果同意我方的条件，应当在 2009 年 9 月 30 日前来函告知我方。经过认真研究，2009 年 9 月 28 日，甲方决定接受乙方提出的价格条件，在甲方作出决定后，同日甲方收到乙方的撤销函件，表示不再购买甲方的某型号节能电冰箱。2009 年 9 月 29 日，甲方正式发出确认函电告知乙方，表示接受乙方关于购买某型号节能电冰箱的复函，并要求乙方按照约定履行合同，做好接货准备，乙方于当日收到甲方的确认函电。乙方认为其已经给甲方发出撤销函件，所以甲方与乙方的电冰箱买卖合同并未成立。甲方与乙方因此发生争议。

根据上述情况，结合《合同法》的有关规定，回答下列问题：

（1）2009 年 9 月 3 日，甲方向乙方发出函电的行为是要约还是要约邀请？简要说明理由。

（2）2009 年 9 月 13 日，乙方向甲方回复的函电是否属于承诺？简要说明理由。

（3）乙方主张电冰箱买卖合同未成立的理由是否成立？简要说明理由。

[案例评析]（1）甲方向乙方发出函电的行为属于要约。根据《合同法》的规定，要约是希望和他人订立合同的意思表示，要约应具备内容具体确定，表明经受要约人承诺，要约人即受该意思表示约束。本案中，2009 年 9 月 3 日，在甲方向乙方发出的函电中，详细列明了新型节能电冰箱的规格、型号、价格、质量标准等事项，并提出如果乙方在 2009 年 10 月 15 日前按照函电中所列明的条件购货，甲方将保证满足供应，并负责发货运送到乙方所在城市，交货前付款。并表明了经乙方同意即受该意思表示的约束，该函电已经具备了要约的构成要件，因此，甲方向乙方发出函电的行为属于要约。

（2）乙方向甲方回复的函电不属于承诺。根据《合同法》的规定，受要约人对要约的内容做出实质性变更的，为新要约。本案中，乙方对要约内容中的价格条款进行了变更，属于实质性变更，因此不构成承诺，应为新要约。

（3）乙方主张买卖合同未成立的理由不成立。根据《合同法》的规定，要约可以撤销，但是下列情形下的要约不得撤销：一是要约人确定了承诺期限的或者以其他形式明示要约不可撤销；二是受要约人有理由认为要约是不可撤销的，并已经为履行合同做了准备工作。本案中，乙方向甲方发出的要约中已经确定了承诺期限（9 月 30 日前函告），因此该要约是不得撤销的。

案例二：

关于合同履行、转让的案例

[案例简介] 2009 年 10 月 25 日，某木材厂（以下简称甲厂）与某装修公司（以下简称乙公司）签订了一份木材买卖合同，用于乙公司的工程装修业务。双方在买卖合同中约定：乙公司购买甲厂木材一批，乙公司在收到甲厂的木材后 1 个月内付款。为了保证合同履行，经乙公司与甲厂、丙公司协商同意，甲厂又与丙公司签订了一份质押合同。质押合同约定，丙公司以其可转让的商标专用权出质为乙公司提供担保（丙公司已经向有关部门办理了出质登记），当乙公司不能履行合同的付款义务时，由丙公司承担质押担保责任。

合同生效后，甲厂按照合同约定将木材运送至乙公司所在地，乙公司认为木材质量不符合标准，无法使用，要求甲厂退货。由于甲厂与乙公司签订的买卖合同中没有明确规定标的物质量要求，于是甲厂与乙公司协商，建议乙公司改变该批木材的用途，同时向乙公司承诺适当降低木材的销售价格。鉴于与甲厂有过多年的业务往来，乙公司同意了甲厂的建议，但要求甲厂再延期 1 个月付款，甲厂也同意了乙公司的要求。

在此期间内，甲厂因企业资金发生周转困难，于是要求丙公司履行担保责任，丙公司以乙公司的付款期限未到为由拒绝履行。于是甲厂将合同权利转让给丁公司，同时通知了乙公司、丙公司。

根据上述情况，结合有关法律规定，回答下列问题：

（1）在甲厂与乙公司签订的买卖合同中没有对标的物的质量要求有约定的情况下，应如何确定标的物质量的履行规则？

（2）甲厂与丁公司之间的合同权利转让行为是否符合法律规定？并说明理由。

（3）甲厂将合同权利转让给丁公司后，丙公司对甲厂承担的质押担保责任是否对丁公司有效？并说明理由。

[案例评析]（1）在甲厂与乙公司签订的买卖合同中没有对标的物的质量约定要求的情况下，双方可以协议补充；不能达成补充协议的，按照合同有关条款或者交易习惯确定；如仍不能确定，按照国家标准、行业标准履行；没有国家标准、行业标准的，按照通常标准或者符合合同目的的特定标准履行。

（2）甲厂与丁公司之间的合同权利转让行为符合法律规定。根据《合同法》规定，债权人转让权利不需要经债务人同意，但应当通知债务人，未经通知，该转让对债务人不发生法律效力。在本案中，甲厂将合同权利转让给丁公司时通知了乙公司，所以甲厂与丁公司之间的合同权利转让行为符合法律规定。

（3）甲厂将合同权利转让给丁公司后，丙公司对甲厂承担的质押担保责任对丁公司有效。根据《合同法》规定，债权人转让主权利时，附属于主权利的从权利也一并转让，受让人在取得债权时，也取得与债权有关的从权利。

案例三：

关于合同担保的案例

[案例简介] 2009年5月20日，甲商场与乙家具公司（以下简称乙公司）签订了家具买卖合同，甲商场购买乙公司生产的新式家具，双方在买卖合同中约定：（1）由乙公司于2009年10月30日前分两批向甲商场提供新式家具10套，价款总计为150万元；（2）甲商场向乙公司给付定金25万元；（3）如一方迟延履行，应向另一方支付违约金20万元；（4）由丙公司作为乙公司的保证人，在乙公司不能履行债务时，丙公司承担一般保证责任。

合同依法生效后，甲商场因故未向乙公司给付定金。2009年7月1日，乙公司向甲商场交付了3套家具，甲商场支付了45万元货款。2009年9月，该种新式家具价格大幅上涨，乙公司向甲商场提出变更合同，要求将剩余的7套家具价格提高到每套20万元，甲商场不同意，随后乙公司通知甲商场解除合同。

2009年11月1日，甲商场仍未收到剩余的7套家具，从而严重影响了其正常的生产经营，并因此遭受了50万元的经济损失。甲商场向人民法院提起诉讼，要求乙公司增加违约金数额并继续履行合同；同时要求丙公司履行一般保证责任。

根据上述情况，结合有关法律的规定，回答下列问题：

（1）合同约定由甲商场向乙公司给付25万元定金是否合法？说明理由。

（2）乙公司通知甲商场解除合同是否合法？说明理由。

（3）甲商场要求增加违约金数额能否成立？说明理由。

（4）甲商场要求乙公司继续履行合同能否成立？说明理由。

（5）丙公司在什么条件下应当履行一般保证责任？

[案例评析]（1）合同约定甲商场向乙公司给付25万元定金合法。根据《合同法》的规定，定金是由合同当事人约定，数额也由当事人约定，但不得超过主合同标的额的20%。因此，甲商场与乙公司双方可以约定定金担保方式，约定的数额25万元也未超过主合同标的额的20%。但由于定金合同从实际交付定金之日起生效。甲公司因故未向乙公司给付定金，因此，定金合同未生效。

（2）乙公司通知甲商场解除合同不合法。《合同法》虽然规定了合同可以解除，其中约定解除包括协商解除和约定解除，而甲乙双方并未在合同中约定解除权，并且也未协商一致。法定解除则需有法定情形，当事人的情况也不符合。因此，乙公司通知甲商场解除合同不符合《合同法》的规定。

（3）甲商场要求增加违约金数额依法成立。《合同法》规定，约定的违约金低于造成损失的金额，当事人可以请求人民法院或仲裁机构予以增加。甲乙双方约定的违约金为20万元，而甲商场的损失达50万元，因此，甲商场可以请求人民法院予以增加。

（4）甲商场要求乙公司继续履行合同依法成立。《合同法》规定，当事人一方不履行非金钱债务或者履行非金钱债务不符合约定的，对方可以要求履行。

（5）依据《担保法》的规定，一般保证的保证人在主合同纠纷未经审判或者仲裁，并就债务人财产依法强制执行仍不能履行债务前，对债权人可以拒绝承担保证责任，则丙公司在此条件下应当履行一般保证责任。

案例四：

关于违约责任的案例

［案例简介］ 2009年7月，某公司（以下简称甲方）与某家具厂（以下简称乙方）签订了一份家具买卖合同。买卖合同中约定，甲方购买乙方生产的家具500套，总货款为500万元，同时约定了家具的质量标准、规格等事项。为了保证合同的履行，甲方预付定金150万元，如果一方违约，违约金为不履行部分货款的3%。合同订立后，甲方按照合同约定向乙方支付了150万元定金。在合同履行中，乙方按照约定的时间及时提供了第一批家具共300套；第二批家具共200套的交货时间已到，而乙方未能如期交货，双方当事人发生争议，甲方向人民法院提起诉讼，要求乙方双倍返还定金共300万元，按照约定支付违约金，并继续履行合同。

根据上述情况，结合有关法律的规定，回答下列问题：

（1）本案中，甲方向乙方支付定金150万元是否合法？请说明理由。

（2）甲方要求乙方双倍返还定金并按照约定支付违约金是否合法？说明理由。

（3）甲方要求乙方继续履行合同是否合法？请说明理由。

［案例评析］（1）本案中，甲方向乙方支付定金150万元不合法。根据《担保法》的规定，定金的数额由当事人约定，但不得超过主合同标的额的20%。在本案中，主合同的标的额为500万元，因此，定金的数额最高为100万元，甲方向乙方支付定金150万元，超过了主合同标的额的20%，其中，超过部分的50万元不属于定金，按照预付款处理。

（2）甲方要求乙方双倍返还定金并按照约定支付违约金的要求不合法。根据《合同法》的规定，当事人既约定违约金，又约定定金的，一方违约时，对方可以选择适用违约金或者定金条款。违约金与定金不能同时并用。

（3）甲方要求乙方继续履行合同合法。根据《合同法》的规定，当事人一方不履行非金钱债务或者履行非金钱债务不符合约定的，对方可以要求履行。

案例五：

关于买卖合同货物所有权和风险转移的案例

［案例简介］2009 年 11 月，某外贸公司与某商场签订买卖合同。买卖合同约定：某商场购买某外贸公司从国外进口的音响设备 100 套，每套价格 1 万元人民币，某商场预付货款 30 万元，其余货款在提货时全部付清，交货时间为 2010 年 1 月。合同签订后，某商场按照合同约定预付了 30 万元货款，某外贸公司及时组织货源，100 套音响设备全部备齐。2010 年 1 月 12 日晚上，某外贸公司仓库被盗，某商场购买的 100 套音响设备全部被盗。2010 年 1 月 13 日，某商场带去 70 万元货款要求提走 100 套音响设备。由于音响设备全部被盗，某商场无法提货，双方发生争议。商场要求某外贸公司返还预付款 30 万元。某外贸公司认为合同已经签订，预付款已经支付，货物的所有权已经转移，风险应当由商场承担，由于情况比较特殊，某外贸公司不再要求商场支付其余的 70 万元货款，但 30 万元预付款不能返还。双方由此发生争议。

根据上述情况，结合《合同法》的有关规定，分析本合同纠纷应当如何处理？并说明理由。

［案例评析］本案涉及买卖合同中标的物风险责任问题。标的物风险是指在买卖合同订立后、债权债务清结之前标的物因意外事件或自然灾害毁损、灭失的风险，该风险不是由买卖合同当事人的故意或过失带来的。在这种情况下，由于任何一方当事人对该风险的发生都没有过错，于是就发生应当由哪一方当事人负担损失的问题。如果风险由出卖人负担，出卖人则丧失向买受人追索标的物价款的权利；价款若已交付，出卖人应承担返还价款给买受人的义务。如果风险由买受人承担，买受人仍有向出卖人支付价款的义务。这里所说的风险，是指标的物的物的灭失、损毁，必须是由于当事人以外的原因造成的，如果是由于当事人的故意或过失造成的，则由有过错的一方承担损失。

《合同法》规定，标的物毁损、灭失的风险，在标的物交付之前由出卖人承担，交付之后由买受人承担，但法律另有规定或当事人另有约定的除外。根据这一规定，标的物所有权的转移有以下三种情况：其一，标的物风险责任自交付时起转移，这是标的物风险转移的一般情况；其二，法律另有规定的，依照法律规定；其三，合同另有约定的，依照合同约定。

在本案中，某商场所购买的音响设备尚未交货，其被盗的风险应当由买卖合同的出卖人即某外贸公司承担，某外贸公司不仅丧失了向某商场追索其余货款的权利，还应当承担向某商场返还预付款的义务。

复习思考题

1. 合同具有哪些特征？
2. 合同有哪些分类方法？
3. 《合同法》的基本原则有哪些？

4. 如何理解要约、要约撤回、要约撤销、要约失效、新要约、承诺等行为？
5. 合同应当具备哪些主要条款？
6. 《合同法》对于合同的形式有什么要求？
7. 无效合同的种类有哪些？无效合同财产纠纷如何处理？
8. 可撤销合同的种类有哪些？可撤销合同如何处理？
9. 效力待定合同的种类有哪些？
10. 合同履行的规则是什么？
11. 中止履行合同的条件是什么？
12. 如何理解合同的保全措施？
13. 合同的担保方式有哪些？
14. 合同权利、合同义务如何转让？
15. 法定解除合同的条件是什么？
16. 债务人提存合同标的物的条件是什么？
17. 承担违约责任的方式有哪些？

第四章

知识产权法律制度

内 容 提 要

知识产权法对于促进国际间科学技术和文化的交流与合作，发展国际贸易，保障引进先进技术和我国向外国出口技术，具有重要的作用。在技术贸易中，涉及到有关知识产权的使用许可和转让等方面的法律知识，是从事技术贸易活动必须了解的内容。本章介绍了知识产权的范围、著作权法的保护对象、著作权许可与转让、专利法保护的对象、专利权的法律保护、注册商标专用权的法律保护等内容。

第一节　知识产权法概述

一、知识产权的概念

知识产权是指人们基于智力的创造性活动所产生的权利，它是法律赋予知识产品所有人对其智力创造成果所享有的某种专有权利。知识产权是人们对创造性智力成果所享有的权利，它是一种无形财产权。知识产权作为无形财产权，在法律上具有如下特征：

（一）专有性

专有性又称独占性、排他性。知识产权的专有性表现在：知识产权只能为权利人所专有，权利人依法独占使用其享有知识产权的智力成果，其他任何人未经权利人许可不得使用其享有知识产权的智力成果，否则即构成侵犯知识产权。

（二）地域性

知识产权的地域性是指一项知识产权只能在授予国领域内发生法律效力，受到法律的保护，而其他国家没有必须给予保护的义务。权利人要想在其他国家得到法律的保护，必须按照该国知识产权法的规定在该国获得知识产权。随着一系列保护知识产权国际公约、地区性条约和双边协定的签订，知识产权的区域间一体化进程不断加快，知识产权的地域性保护范围将不断扩大。

（三）时间性

知识产权的时间性是指知识产权只能在一定期限内受法律保护，超过法律规定的保护期限，知识产权即丧失法律效力、权利人的权利自行终止，不再享有知识产权，该智力成果成为整个社会的共同财富，人们可以无偿使用该智力成果。对知识产权的保护之所以有一定的时间性，主要是由于智力成果的保护价值具有一定的时间性所决定的。

二、知识产权的范围

（一）国际公约确定的知识产权范围

知识产权的范围就是知识产权的种类。知识产权的保护范围是各个国家根据国内法确定的。一般来说，知识产权的范围包括工业产权（专利权和商标权）和著作权（版权）两大类。由于各个国家的政治、经济、历史、文化、社会环境和风俗习惯等情况不同，每个国家知识产权的范围并不完全相同。随着知识产权国际保护的日益加强，为了协调国际间的知识产权保护，有关的国际公约对知识产权的范围进行了规定。根据有关国际公约的规定，知识产权包括以下项目的权利：（1）文学、艺术和科学作品；（2）表演艺术、录音和广播的演出；（3）在人类一切活动领域内的发现；（4）科学发现；（5）外观设计；（6）商标、服务标记、商号名称和牌号；（7）制止不正当竞争；（8）在工业、科学、文学或艺术领域内其他一切来自知识活动的权利。

（二）我国的知识产权范围

我国《民法通则》确定的知识产权范围包括：著作权、专利权、商标权、发现权和其他科技成果权。其中，著作权、专利权和商标权构成了我国知识产权的核心。可见，我国对知识产权的保护范围，不同于有关国际公约对知识产权的范围规定。随着我国加入WTO，我国对知识产权的保护范围将逐步扩大，并逐渐与国际公约接轨。

三、我国知识产权法律制度的构成

我国没有统一的知识产权法典，在我国的知识产权法律制度中，著作权法、专利法和商标法构成了知识产权法的核心内容。同时，在我国其他有关法律中，也有关于知识产权内容的相应立法。我国缔结或参加的国际条约也是我国知识产权法的表现形式之一。知识产权法在鼓励智力成果的创造，保障智力成果创造者的合法权益，推动智力成果的应用，促进国际间文化交流和技术贸易的发展等方面，发挥着重要的作用。

第二节　著作权法

一、著作权的概念

著作权是文学、艺术和科学作品的作者依法对其作品所享有的权利。著作权亦称版权。确认和保护作者对其作品享有权利的法律就是著作权法，又称为版权法，在我国是指《中华人民共和国著作权法》。著作权的取得，完全是基于作者独立创作作品的行为，只要作者独立完成了作品的创造，就自动取得了著作权。著作权的客体是作品，它包括口头作品、文字作品、电影作品、电视作品、摄影作品、美术作品、音乐作品和计算机软件等作品形式。

随着现代科学技术的不断发展，人们创造作品的形式将更加丰富多样。

二、著作权法的保护对象

1990年9月7日，第七届全国人民代表大会常务委员会第十五次会议通过了《中华人民共和国著作权法》（以下简称《著作权法》），于1991年6月1日起施行。2001年10月27日和2010年2月26日，我国又对《著作权法》进行了相应的修改，使我国的著作权法律更加趋于完善。

著作权法的保护对象，是著作权法保护的作品种类和范围。我国《著作权法》规定，本法所称的作品，包括以下列形式创作的文学、艺术和自然科学、社会科学、工程技术等作品：（1）文字作品；（2）口述作品；（3）音乐、戏剧、曲艺、舞蹈、杂技艺术作品；（4）美术、建筑作品；（5）摄影作品；（6）电影作品和以类似摄制电影的方法创作的作品；（7）工程设计图、产品设计图、地图、示意图等图形作品和模型作品；（8）计算机软件；（9）法律、行政法规规定的其他作品。

《著作权法》不适用于：（1）法律、法规，国家机关的决议、决定、命令和其他具有立法、行政、司法性质的文件，及其官方正式译文；（2）时事新闻；（3）历法、通用数表、通用表格和公式。民间文学艺术作品的著作权保护办法由国务院另行规定。

三、著作权主体

著作权主体是指依法享有著作权的人。根据我国《著作权法》的规定，著作权主体包括：

（一）作者

《著作权法》规定，著作权属于作者，本法另有规定的除外。创作作品的公民是作者。由法人或者其他组织主持，代表法人或者其他组织意志创作，并由法人或者其他组织承担责任的作品，法人或者其他组织视为作者。如无相反证明，在作品上署名的公民、法人或者其他组织为作者。

（二）其他依照本法享有著作权的公民、法人或者其他组织

此类著作权主体是非创作作品的著作权人，他们取得著作权人的主体地位，不是因为直接创作了作品，而是基于从作者那里继受著作权的事实，主要包括继承人、受遗赠人、因合同约定取得著作权的人等。

四、著作权人的权利

著作权的内容，包括人身权和财产权两个方面。根据《著作权法》的规定，著作权包括下列人身权和财产权：（1）发表权，即决定作品是否公之于众的权利；（2）署名权，即表明作者身份，在作品上署名的权利；（3）修改权，即修改或者授权他人修改作品的权利；（4）保护作品完整权，即保护作品不受歪曲、篡改的权利；（5）复制权，即以印刷、复印、拓印、录音、录像、翻录、翻拍等方式将作品制作一份或者多份的权利；（6）发行权，即以出售或者赠与方式向公众提供作品的原件或者复制件的权利；（7）出租权，即有偿许可他人临时使用电影作品和以类似摄制电影的方法创作的作品、计算机软件的权利，计算机软件不是出租的主要标的的除外；（8）展览权，即公开陈列美术作品、摄影作品的原件或者复制件的权利；（9）表演权，即公开表演作品，以及用各种手段公开播送作品的表演的权

利；(10) 放映权，即通过放映机、幻灯机等技术设备公开再现美术、摄影、电影和以类似摄制电影的方法创作的作品等的权利；(11) 广播权，即以无线方式公开广播或者传播作品，以有线传播或者转播的方式向公众传播广播的作品，以及通过扩音器或者其他传送符号、声音、图像的类似工具向公众传播广播的作品的权利；(12) 信息网络传播权，即以有线或者无线方式向公众提供作品，使公众可以在其个人选定的时间和地点获得作品的权利；(13) 摄制权，即以摄制电影或者以类似摄制电影的方法将作品固定在载体上的权利；(14) 改编权，即改变作品，创作出具有独创性的新作品的权利；(15) 翻译权，即将作品从一种语言文字转换成另一种语言文字的权利；(16) 汇编权，即将作品或者作品的片段通过选择或者编排，汇集成新作品的权利；(17) 应当由著作权人享有的其他权利。

著作权人可以许可他人行使上述第 (5) 项至第 (17) 项规定的权利，并依照约定或者本法有关规定获得报酬。著作权人可以全部或者部分转让上述第 (5) 项至第 (17) 项规定的权利，并依照约定或者本法有关规定获得报酬。

五、著作权的许可与转让

(一) 著作权的许可

1. 著作权许可的概念

著作权许可或著作权许可使用，又称著作权贸易，是指著作权人授权他人在一定期限和范围内以一定方式使用其作品的行为。著作权可以通过许可的方式，授权他人使用，从而满足著作权人实现著作权的需要。它是著作权人实现财产权的一种重要方式。著作权许可使用的形式为许可使用合同，许可使用合同是确定著作权人和被许可人之间权利和义务的法律依据。

2. 著作权许可使用合同的订立

著作权许可使用合同，是著作权人和被许可人之间就著作权人许可使用其作品，被许可人支付报酬等事项而达成的协议。除《著作权法》规定可以不经许可的合理使用和法定许可外，使用他人作品应当同著作权人订立合同或者取得许可。《著作权法实施条例》规定，同著作权人订立合同或者取得许可使用其作品，应当采用书面形式，只有报社、杂志社刊登作品除外。许可使用合同包括下列主要内容：(1) 许可使用的权利种类；(2) 许可使用的权利是专有使用权或者非专有使用权；(3) 许可使用的地域范围、期间；(4) 付酬标准和办法；(5) 违约责任；(6) 双方认为需要约定的其他内容。

一般著作权许可使用合同，经过当事人要约和承诺，在许可使用合同上签字、盖章，合同即成立。有的许可使用合同，除经当事人签字、盖章外，还需要履行审批、登记的法定手续。《著作权法》规定，合同的有效期限不超过10年，合同期满可以续订。

3. 著作权许可使用合同的种类

著作权许可使用合同的种类，由于划分标准的不同，分类方法各不相同。根据许可使用作品的权利不同，著作权许可使用合同可以分为：(1) 专有许可使用合同。专有许可使用合同是指著作权人授权他人以一定方式独占使用其作品，不再保留该权利，也不能许可第三人行使该权利的合同。(2) 非专有许可使用合同。非专有许可使用合同是指著作权人许可他人以一定方式非独占使用其作品，自己仍保留使用该作品的权利，同时也可以再许可第三人使用该作品的合同。《著作权法实施条例》规定，除《著作权法》另有规定外，合同中未明确约定授予专有使用权的，使用者仅取得非专有使用权。著作权许可使用合同的种类，还有其他划分方法。

（二）著作权的转让

著作权的转让，是指著作权人将其著作权转移给第三人所有的法律行为。著作权转让的实质是著作权的主体发生了变更。著作权转让是国际贸易的一种重要形式。我国《著作权法》规定，转让下列著作权，应当订立书面合同：（1）复制权；（2）发行权；（3）出租权；（4）展览权；（5）表演权；（6）放映权；（7）广播权；（8）信息网络传播权；（9）摄制权；（10）改编权；（11）翻译权；（12）汇编权；（13）应当由著作权人享有的其他权利。

权利转让合同包括下列主要内容：（1）作品的名称；（2）转让的权利种类、地域范围；（3）转让价金；（4）交付转让价金的日期和方式；（5）违约责任；（6）双方认为需要约定的其他内容。

第三节　专　利　法

一、专利法概述

（一）专利的概念

专利一词通常包括三种含义：（1）国家专利机关授予的专利权；（2）取得专利权的发明创造；（3）专利文献，即有关专利管理机关在审批和管理专利过程中形成的各种专利申请文件和专利出版物的总称。其中，专利权是专利的基本含义，也是专利法的核心内容。这种专利权表现在非经专利权人同意，其他任何人不能使用其发明创造或制造、销售其发明的产品。法律赋予专利权人的这种权利，在专利法上称为专利权。

（二）专利法的概念

1984年3月12日，第六届全国人民代表大会常务委员会第四次会议通过了《中华人民共和国专利法》（以下简称《专利法》），并于1985年4月1日起施行。1985年1月9日，经国务院批准，国家专利局公布了《中华人民共和国专利法实施细则》（以下简称《实施细则》）。近年来，我国对《专利法》和《实施细则》进行了相应的修改，使我国的专利制度更趋完善。

（三）专利制度

专利制度是国际上通行的一种利用法律和经济手段推动技术进步的管理制度。专利制度的基本内容是依据《专利法》，对申请专利的发明创造，经过审查和批准授予专利权，同时把申请专利的发明创造内容向社会公开，以利于发明创造的信息交流和技术的有偿转让。

实施专利制度的实质是承认技术是商品，任何单位和个人都不得无偿使用专利技术。专利权人不仅对专利享有人身权，而且对专利享有财产权。通过专利的实施和有偿转让，使专利权人在经济上得到一定的补偿，调动了人们从事发明创造的积极性，推动了技术成果在社会上的推广应用。实施专利制度，在保护我国的技术出口和对外贸易方面也具有不可忽视的作用。

二、专利法保护的对象

（一）专利权的主体

专利权的主体是指可以申请并取得专利权以及承担相应义务的单位和个人。享有专利的单位和个人统称为专利权人。

1. 发明人、设计人所在单位

职务发明创造是指发明人因执行本单位的任务或者主要是利用本单位的物质技术条件所完成的发明创造。职务发明创造申请专利的权利属于该单位，申请被批准后，该单位为专利权人。执行本单位的任务所完成的职务发明创造，是指：①在本职工作中作出的发明创造；②履行本单位交付的本职工作之外的任务所作出的发明创造；③退休、调离原单位后或者劳动、人事关系终止后1年内做出的，与其在原单位承担的本职工作或者原单位分配的任务有关的发明创造。

2. 非职务发明的发明人、设计人

非职务发明，是指发明人自由做出的、在工作时间以外、职务发明以外的发明创造。

非职务发明的发明人或者设计人有资格申请专利权，申请被批准后，专利权归发明人或设计人个人所有。

3. 共同发明人、设计人

由两个或两个以上的单位或个人共同完成的发明创造，称共同发明。《专利法》规定，两个以上单位或者个人合作完成的发明创造、一个单位或者个人接受其他单位或者个人委托所完成的发明创造，除另有协议的以外，申请专利的权利属于共同完成的单位或者个人。申请被批准后，申请的单位或者个人为专利权人。

确定共同发明人的标准是，他们对所完成的发明创造的实质性特点做出创造性的贡献。如果只负责组织工作的人，或仅从资金、设备、场地等物质条件方面提供方便的人，或者从事其他辅助性工作的人，不应当视为共同发明人或设计人。

4. 外国人、外国企业或者其他组织

根据我国《专利法》规定，在中国有经常居所或营业场所的外国人、外国企业或者其他组织的发明创造申请专利的，享有国民待遇；在中国没有经常居所或没有营业场所的，依照其所属国同中国签订的协议或者共同参加的国际条约、或者依照互惠原则，都可在我国申请专利，但应当委托国家专利机关指定的专利代理机构代为办理有关事务。

（二）专利权的客体

专利权的客体是指《专利法》所保护的对象，即依法可以取得专利的发明创造。专利权的客体有发明专利、实用新型专利和外观设计专利三类。

1. 发明专利

我国《专利法》所称的发明是指对产品、方法或者其改进所提出的新的技术方案。由此，可以将发明分为两类：（1）产品发明，指人工制造的各种制品的发明，如机器、仪器、设备装置和用具等；（2）方法发明，指制造或生产某种产品或物质的工艺、过程或方法，如制造产品方法、使用产品方法、测量方法、通讯方法的发明。

发明与发现是两个不同的概念。发明是利用自然规律设计和创造出前所未有的东西。发现则是指揭示出早已存在但人们尚不知道的东西，如发现自然规律或某种早已存在的天然物质等。按照各国《专利法》规定，发现是不能获得专利权的。

2. 实用新型专利

实用新型专利是指对产品的形状、构造或者其结合所提出的适于实用的新技术方案。

实用新型与发明相比，没有实质上的区别，只是在技术范围与技术水平都较发明次之。

说的更具体些，是产品的形状、构造或组合的创新设计，而不包括制造产品的工艺方法。另外，实用新型仅指具有一定形状的物品发明，而那些没有固定形状和构造的产品，如液体、粉末等方面的产品发明，不属于实用新型的范围。实用新型专利的申请和审批手续简单，专利期限也较短。

3. 外观设计专利

外观设计专利是指对产品的形状、图案或者其结合以及色彩与形状、图案的结合所作出的富有美感并适于工业应用的新设计。

三、授予专利权的条件

（一）授予发明和实用新型专利权的条件

《专利法》规定，授予专利权的发明和实用新型，应当具备新颖性、创造性和实用性。

1. 新颖性

新颖性，是指该发明或者实用新型不属于现有技术，也没有任何单位或者个人就同样的发明或者实用新型在申请日以前向国务院专利行政部门提出过申请，并记载在申请日以后公布的专利申请文件或者公告的专利文件中。

同时，我国《专利法》规定，申请专利的发明创造在申请日以前6个月内，有下列情况之一的，不丧失新颖性：

（1）在中国政府主办或者承认的国际展览会上首次展出；

（2）在规定的学术会议或者技术会议上首次发表的；

（3）他人未经申请人同意而泄露其内容的。

2. 创造性

创造性是指申请专利的发明或实用新型同申请日以前已有的技术相比，该发明有突出的实质性特点和显著的进步，该实用新型比以前已经有的设计有实质性特点和进步。这里所指突出的实质性特点，是与原来技术相比产生了新的技术效果。

3. 实用性

实用性是指该发明或者实用新型能够制造或使用，并且能够产生积极效果，即发明创造能够实际应用于工农业生产。实用性可以从以下方面理解：

（1）可实施性。有些发明创造当时得不到利用，但只要在技术上能够实现，其所属技术领域的普通技术员能够按照其说明书进行实施，从而解决发明创造所提出的任务，应当认定为具有实用性。

（2）再现性。发明创造应当具有反复再现的可能性，即一项发明能够不断重复制造和重复使用。只能出现一次或使用一次的发明创造，不具备实用性。如一个新的桥梁设计方案，虽合理而有益，但在不同地区、不同自然条件下建设桥梁必须重新计算和设计，不能照搬此方案。

（3）有益性，即只有那些符合公序良俗，对社会经济、技术的发展与进步起着有益作用的发明创造，才能授予专利。否则虽具有可实施性、再现性也不能认为具有实用性，如严重污染、浪费资源或能源、脱离社会需要的发明就不具备有益性。

新颖性、创造性和实用性，统称为专利的三性，或专利性，这是一项发明或实用新型取得专利的必要条件，缺一不可。

（二）授予外观设计专利权的条件

授予专利权的外观设计，应当不属于现有设计；也没有任何单位或者个人就同样的外观设计在申请日以前向国务院专利行政部门提出过申请，并记载在申请日以后公告的专利文件中。

（三）不授予专利权的范围

一项发明或实用新型既使具备了新颖性、创造性和实用性的条件，也不一定能取得专利权。这是因为各国基于社会、经济和工业保护政策等方面的考虑，一般都在专利法中规定，对某些发明不授予专利权。我国《专利法》规定，对下列各项，不授予专利权：（1）科学发现；（2）智力活动的规则和方法；（3）疾病的诊断和治疗方法；（4）动物和植物品种；（5）用原子核变换方法获得的物质；（6）对平面印刷品的图案、色彩或者两者的结合作出的主要起标识作用的设计。对上述第（4）项所列产品的生产方法，可以依照本法规定授予专利权。

四、专利的申请与审批

（一）专利的申请

1. 专利申请原则

根据《专利法》的规定，专利申请人应当遵循以下基本原则：

（1）先申请原则。先申请原则是指两个以上的申请人分别就同样的发明创造申请专利时，国家专利机关只对最先申请的人授予专利权，对于其他人的申请予以驳回。运用先申请原则就必须确定专利申请日，申请文件是邮寄的，以寄出的邮戳日为申请日；国家专利机关收到申请文件有欠缺的，以文件补齐之日为申请日。

（2）申请单一性原则。申请单一性原则是指每一项发明创造只能申请一次专利，不能把两项以上的发明创造放到一件专利申请中办理，必须分别提出申请。按照《专利法》规定，一件发明或者实用新型专利申请应当限于一件发明或者实用新型。属于一个总的发明构思的两项以上的发明或者实用新型，可以作为一件申请提出。一件外观设计专利申请应当限于一种产品所使用的一项外观设计。用于同类别并且成套出售或者使用的产品的两项以上的外观设计，可作为一件申请提出。

（3）优先权原则。优先权原则是指申请人自发明或者实用新型在外国第一次提出专利申请之日起12个月内，或自外观设计在外国第一次提出专利申请之日起6个月内，又在中国就相同主题提出专利申请的，依照该外国同中国签订的协议或者共同参加的国际条约，或者依照相互承认优先权的原则，可以享有优先权。

2. 专利申请的文件

专利申请必须具备书面形式，可以由申请人提出，也可由委托代理人提出，我国《专利法》规定，申请发明或者实用新型专利的，应当提交以下文件：

（1）请求书，是申请人用于表示请求国家专利机关授予专利权的愿望的书面文件，通常是以填写国家专利机关印发的表格形式提出。

（2）说明书，是具体阐明发明创造技术内容的书面文件。说明书应当对发明或者实用新型做出清楚、完整的说明，以所属技术领域的技术人员能够实现为准，必要的时候应当有附图。

（3）权利要求书，是具体说明申请专利的发明创造请求《专利法》保护的范围的书面文件。它以说明书为依据，每一项权利要求保护的技术特征都应当在说明书中充分公开。在专利申请被批准后，权利要求书即成为具体说明专利权限范围的书面文件。

（4）说明书摘要，是对整个发明创造的概述，它仅是一种供有关人员迅速获得发明或者实用新型内容的情报检索性文件，其应当写明发明或者实用新型的名称和所属的技术领域，并清楚地反映所要解决的技术问题，解决该技术问题的技术方案的要点和主要用途。摘要中可以包含最能说明发明的化学式。有附图的专利申请，摘要中应提供一幅最能说明该项发明或者实用新型的技术特征的附图。

申请外观设计专利的，应当提交请求书以及外观设计的图片或者照片等文件，并且应当写明使用该外观设计的产品及其所属的类别。

（二）专利的审查和批准

1. 对发明专利的审查和批准

一项发明要想得到《专利法》的保护，必须经国家专利机关依法定程序进行审查。我国对发明专利的审查实行早期公开、延迟审查制度，而对实用新型和外观设计审查则基本上仍属于形式审查制。

2. 对发明专利审批程序

（1）初步审查，是国家专利机关以形式审查制度的要求，对专利申请所作的审查。

（2）早期公开，是国家专利机关收到发明专利申请后，经初步审查认为符合《专利法》要求的，自申请日起满18个月，即行公布。国家专利机关也可以根据申请人的请求早日公布其申请。

（3）实质审查，发明专利申请自申请日起3年内，国家专利机关可以根据申请人随时提出的请求，对其申请进行实质审查。在此期间，国家专利机关认为有必要时，也可以自行对发明专利申请进行实质审查。专利申请人无正当理由逾期不请求实质审查，该专利申请即被视为撤回。发明专利申请经实质审查没有发现驳回理由的，国家专利机关应当做出授予发明专利权的决定，授予发明专利证书，并予以登记和公告。

3. 对实用新型、外观设计专利的审查和批准

我国《专利法》规定，实用新型和外观设计专利申请初步审查没有发现驳回理由的，国家专利机关应当做出授予实用新型专利权或者外观设计专利权的决定，发给相应的专利证书，并予以登记和公告。

五、专利权人的权利和义务

（一）专利权人的权利

专利权人的权利主要是指专利权人因取得专利而产生的具有经济内容的权利。发明创造经审查批准被授予专利权，取得专利证书后，专利申请人即取得了专利权人的资格，同时享受《专利法》规定的权利。专利权人的权利包括：

1. 独占权

独占权是指专利权人充分享有制造、使用和销售其专利产品，或者使用其专利方法的权利。其他人未征得专利权人同意，不得支配其专利，否则就构成侵权。

2. 转让权

转让权是指专利权人有权通过出售、赠与等方式，将专利所有权依法转让给他人的权利。我国《专利法》规定，全民所有制单位转让专利权，须经上级主管机关批准；中国单位和个人向国外转让专利权，须经国务院有关部门批准。并且转让专利权的合同必须经国家专利机关登记和公告后才发生法律效力。

3. 许可权

许可权是指专利权人享有许可他人实施其专利并获得专利使用费的权利。我国《专利法》规定，任何单位和个人实施他人专利的，都必须与专利权人订立书面实施许可合同，向专利权人支付专利使用费。

4. 标记权

标记权是指专利权人有权在其专利产品或者该产品的包装上标明专利标记和专利号的权利。

5. 放弃权

放弃权是指专利权人有权通过书面声明或以不交年费的方式放弃其专利权。放弃其专利权时应当由专利局登记和公告。

6. 请求保护权

请求保护权是指专利权人的权利受到侵犯时，专利权人有权请求专利管理机关保护，也可以直接向人民法院起诉。

（二）专利权人的义务

（1）实施专利发明的义务。

（2）缴纳专利费的义务。

（3）职务发明创造的专利权人或持有者向发明人或设计人支付奖金或报酬的义务。

六、专利权的法律保护

（一）专利的实施

专利的实施是指专利权人或他人在中国制造其专利产品、使用其专利方法的全部实践活动。专利实施可采取下列方式：

1. 由专利权人自己实施

2. 许可他人实施

专利权人可与他人签订专利使用许可合同，许可他人实施其专利，并依法获得专利使用费。专利权人与他人订立的专利实施许可合同，应当向国家专利机关备案。专利实施许可合同也称许可证。专利实施许可合同分为普通实施许可合同、独占实施许可合同、排他实施许可合同等。

3. 强制许可实施

强制许可实施专利是指国家专利机关在一定的条件下，不需要经过专利权人的同意，准许其他单位和个人实施专利的一种强制性法律措施。根据《专利法》的规定，在下列情形下，可以给予专利实施的强制许可：

（1）具备实施条件的单位以合理的条件请求发明或实用新型专利权人许可实施其专利，而未能在合理的期限内获得这种许可时，国家专利机关根据该单位的申请，可以给予实施该发明专利或者实用新型专利的强制许可。

（2）在国家出现紧急状态或者非常情况时，或者为了社会公共利益的目的，国家专利机关可以给予实施发明专利或者实用新型专利的强制许可。

（3）一项取得专利权的发明或者实用新型比以前已经取得专利权的发明或实用新型具有显著经济意义的重大技术进步，其实施有赖于前一发明或者实用新型实施的，国家专利机关根据后一专利权人的申请，可以给予实施前一发明或者实用新型的强制许可。

（二）专利权的期限、终止或无效

1. 专利权的期限

专利权只能在法定期限内有效，并受到法律保护。我国《专利法》规定，发明专利权的期限为20年，实用新型专利和外观设计专利权的期限为10年，均自申请日起计算。

2. 专利权的终止

专利权的终止，通常发生在专利权期限届满时，但有下列情况之一的，专利权在期限届满前终止：①没有按规定缴纳年费的；②专利权人以书面声明放弃其专利权的。专利权的终止，由国家专利机关登记和公告。

3. 专利权的无效

专利权被授予后，任何单位或者个人认为该专利的授予不符合《专利法》有关规定的，都可以自国家专利机关公告授予专利权之日起，向专利复审委员会请求宣告该专利权无效。专利复审委员会对宣告无效的请求依法进行审查，做出决定。对专利权无效的宣告决定，由国家专利机关登记和公告。

对专利复审委员会宣告专利权无效或者维持专利权的决定不服的，可以自收到通知之日起三个月内向人民法院起诉。宣告无效的专利权视为自始即不存在。宣告专利权无效的决定，对在宣告专利权无效前人民法院作出并已执行的专利侵权的判决、裁定，已经履行或者强制执行的专利侵权处理决定，以及已经履行的专利实施许可合同和专利权转让合同，不具有追溯力。但因专利权人的恶意给他人造成的损失，应当给予赔偿。

（三）专利权保护的范围

发明或实用新型专利权的保护范围以其权利要求的内容为准，说明书及附图可以用于解释权利要求。

外观设计专利权的保护范围以表示在图片或者照片中的该外观设计专利产品为准。

（四）对专利侵权行为的处罚

1. 专利侵权行为的含义

专利侵权行为是指未经专利权人许可，为生产经营的目的制造、使用或销售专利产品，使用其专利方法，或者制造、销售其外观设计专利产品的行为，以及将非专利产品冒充专利产品的，或者将非专利方法冒充专利方法的行为。

2. 对专利侵权行为的制裁

对专利侵权行为，专利权人或利害关系人可以请求专利管理机关进行处理，也可以直接向人民法院起诉。侵犯专利权的诉讼时效为2年，自专利权人或者利害关系人知道或应当知道侵权行为之日起计算。

专利管理机关有权责令侵权人停止侵权行为，并赔偿损失；当事人不服的，也可以在收到通知之日起15日内向人民法院起诉，期满不起诉又不履行的，专利管理机关可以请求人民法院强制执行。

对于冒充他人专利产品或专利方法的，除依法承担民事责任外，由专利管理机关责令更正，并予以公告，没收违法所得。构成刑事责任的，依法追究刑事责任。

第四节　商　标　法

一、商标法概述

（一）商标的概念及分类

商标是商品生产者或经营者为了使自己所生产或销售的商品，在市场上同其他商品生产者或经营者的商品相区别而使用的一种标记。这种标记一般用文字、图形、数字、三维标志和颜色或者它们的组合来表示，并且将其置于商品表面或商品的包装上。简而言之，商标就是商品的标志。

商标可以从不同角度加以分类：

1. 根据商标结构分类，商标可以分为：文字商标、图形商标、字母商标、数字商标、组合商标、三维标志商标等

（1）文字商标是指只用文字构成的商标，如："高露洁"、"六必居"、"张小泉"等，在国内销售的产品的商标文字以汉字为主，出口商标还可以使用外国文字。

（2）图形商标是指用图形构成的商标，如用名胜古迹、山川河流、亭台楼阁等图形绘制而成的商标。它要求特征显著，形象生动，给人印象深刻。

（3）组合商标是指由文字、图形、数字、三维标志和颜色组合而成的商标。

（4）三维商标。我国《商标法》规定，以三维标志申请注册商标的，仅由商品自身的性质产生的形状、为获得技术效果而需有的商品形状或者使用商品具有实质性价值的形状，不得注册。

2. 根据商标用途分类，商标可以分为商品商标、集体商标、证明商标、服务商标等

（1）商品商标又分为生产者商标和销售者商标。

（2）集体商标是指以团体、协会或者其他组织名义注册，供该组织成员在商事活动中使用，以表明使用者在该组织中的成员资格的标志。

（3）证明商标是指由对某种商品或者服务具有监督能力的组织所控制，而由该组织以外的单位或者个人使用于其商品或者服务，用以证明该商品或者服务的原产地、原料、制造方法、质量或者其他特定品质的标志。

（4）服务商标即服务性行业所使用的标志。

3. 根据商标的法律状态分类，商标可分注册商标和未注册商标两类，注册商标是经商标局核准注册的商标，使用时应标明注册标记"注册商标"或"注"、"R"。未注册商标是未向商标局申请注册的商标，使用时不能乱加注册标记。《商标法》只保护注册商标人的商标专用权。

（二）商标与某些标记的区别

1. 商标与装潢

装潢是商标包装上的装饰。其目的是为了美化商品，吸引消费者购买。它与商标的区别

在于：装潢不是专用的，它着力于渲染、美化商品。它可以根据市场的需要，随时加以改进，变动；而商标是专用的，它着力于显著性，目的是区别不同的生产者或经营者。商标不能与商品内容性质相同，而装潢则可以与商品内容性质一致。如“大白兔奶糖”的包装纸就是由文字和大白兔及几粒奶糖构成的装潢。

2. 商标与商号

商号即厂商名称，受法律保护。但它只是企业称谓，不需商标那样具有显著性，商标名称依《工商企业名称登记管理暂行规定》进行登记后，可以在一定的地域内得到保护，不致有其他企业重名。但这种保护限于商号名称，保护不到商号的产品。只有以企业名称用在企业的商品上作为商标申请注册，才能够使商号得到与商标同样的保护。

3. 商标与商务标语

商务标语是为了推销产品而宣传或作广告用的口号。它只能就产品的特点、工艺情况，用简洁的语句来赞美商标，如“雀巢咖啡，味道好极了”、“喝了娃哈哈，吃饭就是香”等语句。但商务标语不起区别产品作用，也不得独家占有使用（除确有创意并具文学性，符合著作权法保护时，另当别论），而且还会时常调整改变，不具稳定性，它无须注册。

（三）商标法的概念

商标法是调整商标注册、使用、管理和保护商标专用权过程中发生的社会关系的法律规范的总称。它的作用主要是为了加强商标管理、保护商标专用权，促使生产者和经营者保证商品质量和维护商标信誉，以保证消费者的利益，促进社会主义市场经济的发展。

1982 年 8 月 23 日，第五届全国人民代表大会常务委员会第二十四次会议通过并颁布了我国第一部《中华人民共和国商标法》（以下简称《商标法》），自 1983 年 3 月 1 日起施行。1993 年 2 月 22 日，第七届全国人民代表大会常务委员会第三十次会议通过《关于修改〈中华人民共和国商标法〉的决定》，修改后的《商标法》自 1993 年 7 月 1 日起施行。2001 年 10 月 27 日，第九届全国人民代表大会常务委员会第二十四次会议通过了《关于修改〈中华人民共和国商标法〉的决定》，对《商标法》进行了第二次修正。2013 年 8 月 30 日第十二届全国人民代表大会常务委员会通过《关于修改〈中华人民共和国商标法〉》的决定，对《商标法》进行了第三次修正。2002 年 8 月 3 日，国务院发布《中华人民共和国商标法实施条例》（以下简称《商标法实施条例》），自 2002 年 9 月 15 日起施行。此外，我国还制定了一系列有关商标权保护的法律、法规和规章，并加入了有关商标权保护的国际公约。

（四）商标权的主体和客体

1. 商标权的主体

商标权的主体指可以申请商标注册并享有商标专用权的参加者。我国《商标法》规定，企事业单位和个体工商户有资格对其生产、制造、加工、拣选或者经销的商品申请商标注册，取得商标专用权。外国人或外国企业也可以在我国申请商标注册，可按国家间有关双边协议、共同参加的国际条约，或按对等原则办理。商标权的主体范围包括自然人、法人或者其他组织。

2. 商标权的客体

商标权的客体，是指经过商标局核准注册的商标，也称注册商标。未经核准注册的商标不能作为商标权的客体。

商标必须具备显著性特征。即，无论文字、图形还是其组合都应当具有可识别性，不能与他人注册商标相同或近似，从而达到区别不同商品生产者或销售者的目的。

根据《商标法》的规定，下列标志不得作为商标使用：（1）同中华人民共和国的国家名称、国旗、国徽、军旗、勋章相同或者近似的，以及同中央国家机关所在地特定地点的名称或者标志性建筑的名称、图形相同的；（2）同外国的国家名称、国旗、国徽、军旗相同或近似的但该国政府同意的除外；（3）同政府间国际组织的名称、旗帜、徽记相同或近似，但经该组织同意或者不易误导公众的除外；（4）与表明实施控制、予以保证的官方标志、检验印记相同或者近似的，但经授权的除外；（5）同"红十字"、"红新月"的标志、名称相同或者近似的；（6）带有民族歧视性的；（7）夸大宣传并带有欺骗性的；（8）有害于社会主义道德风尚或者有其他不良影响的。

县级以上的行政区划的地名或者公众知晓的外国地名，不能作为商标。但是，地名具有其他含义或者作为集体商标、证明商标组成部分的除外。已经注册的使用地名的商标继续有效。

二、商标注册

（一）商标注册的申请

1. 申请商标注册的方法

在我国，凡是从事生产、制造、加工、拣选或者经销商品以及对其提供的服务项目和服务商标，需要取得商标专用权的，都可以向商标局提出申请商标注册。在注册办法上，采用自愿注册的原则。但对于国家规定必须使用注册商标的商品，如人用药品、烟草制品，以及必须使用注册商标的其他商品，必须使用注册商标，未经核准注册的，不得在市场上销售。这项规定是对自愿注册原则的补充。

商标注册申请采用"一类商品、一个商标、一份申请"的原则。同一申请人在不同类别的商品上使用同一商标的，应当按商品分类表提出注册申请；注册商标需要在同一类的其他商品上使用的，应当另行提出注册申请。

注册商标需要改变标志的，应当重新提出注册申请。注册商标需要变更注册人的名称、地址或其他注册事项的，应当提出变更申请。

外国人或外国企业向我国申请商标注册和办理其他商标事宜的，应当委托国家认可的具有商标代理资格的组织办理。出口商品的商标都要在国外申请注册，但必须首先申请办理国内注册。

2. 商标注册的审查和核准

《商标法》规定，国家商标局应按申请提出的先后顺序进行审查。凡符合《商标法》规定的，由商标局初步审定，予以公告，自公告之日起3个月内任何人都可以提出异议，公告期满无异议，予以核准注册发给商标注册证，并再次予以公告。经裁定异议成立的，不予核准注册。经过商标局核准注册并刊登在商标公告上的商标称为注册商标。商标注册的审查过程分为形式审查、实质审查和驳回商标的再审。

（1）形式审查。主要审查商标注册申请人的资格；审查商标图样和申请注册费是否送齐和缴纳；审查商标的申请日期，两个或两个以上的申请人，在同一种商品或类似商品上，以相同或者近似的商标申请注册，初步审定和公告的是先提出申请的商标。对同一天申请的，各申请人应当按照商标局的通知，在30天内交送商标第一次使用日期证明，由商标局初步审定并公告使用在先的商标，驳回其他人的申请，不予公告。至于同日使用或均未使用过的应进行协商，协商不成时，由商标管理机关裁定。

（2）实质审查。商标注册经过形式审查具备申请条件以后，商标局专门指定审查员对申请商标进行实质性的审查，实质审查包括以下几方面：①审查商标是否具有显著性；②审查申请人所申报的商标是否违背《商标法》所规定的禁用条款；③审查商标是否与已经注册的商标相混同；④驳回商标的再审查，申请人在初步审定中被驳回不服时，可在收到驳回通知书15日内，请求商标局商标评审委员会进行复查审议，商标评审委员会经过复审后，由商标评审委员会做出决定并书面通知申请人。当事人对商标评审委员会的决定不服的，可以自收到通知之日起30日内向人民法院起诉。

（二）注册商标专用权的期限、续展、转让

注册商标的有效期限为10年，自核准注册之日起计算。注册商标有效期满，需继续使用的，应当在期满前6个月内申请续展注册，续展的次数不受限制，每次续展注册的有效期限为10年。在此期间未能提出申请的，可以给予6个月的宽展期。宽展期满仍未提出申请的，注销其注册商标。

注册商标转让是指商标权人在法律允许的范围内，按一定条件，将注册商标所有权转让给他人的行为。注册商标所有权转让时，转让人与受让人应当签订转让合同并共同向商标局提出申请，经商标局核准登记和公告后生效。

（三）商标使用的管理

1. 对注册商标的管理

《商标法》规定，使用注册商标，有下列行为之一的，由商标局责令限期改正或者撤销其注册商标：(1) 自行改变注册商标构成的；(2) 自行改变注册商标的注册名称、地址或其他注册事项的；(3) 自行转让注册商标的；(4) 连续3年停止使用注册商标的。

2. 对未注册商标的管理

根据《商标法》的规定，使用未注册商标，有下列行为之一的，由地方工商行政管理部门予以制止，责令限期改正，并予以通报或者处以罚款：

(1) 冒充注册商标的；

(2) 违反《商标法》第10条规定的；

(3) 粗制滥造，以次充好，欺骗消费者的。

三、注册商标所有人的权利义务

（一）注册商标所有人的权利

1. 注册商标专用权

注册商标专用权是指注册商标所有权人对其注册商标享有独占的权利。这是注册商标所有权人享有的最重要的权利。注册商标专用权包括两个方面的权利：一是商标权人对自己的注册商标有完全的所有权，可以依法占有、使用和处分其商标，有权获得根据商标权而获得的收益。二是商标权人有权禁止他人未经自己许可使用与自己注册商标相同或相似的商标；有权禁止他人假冒自己的注册商标；有权禁止他人注册与自己已注册商标相同或相似的商标。为此，我国《商标法》规定，经商标局核准注册的商标为注册商标，包括商品商标、服务商标、集体商标、证明商标。商标注册人享有商标注册专用权，受法律保护。

2. 注册商标转让权

注册商标转让权是指注册商标权人根据自己的意愿在法律允许的范围内，按照一定的条件和程序，将自己的注册商标所有权转让给第三人并由其专用的一种法律行为。注册商标的转让一般通过合同转让或者继承转让。

3. 注册商标的使用许可权

注册商标的许可使用是指注册商标所有人通过签订使用许可合同，允许他人使用其注册商标。许可他人使用不等于转让。其有两种形式：一种是独占使用许可，即许可人只许可一个被许可人在约定的地区和指定的商品上独家使用其注册商标，不能允许其他人使用。另一种是一般使用许可，即注册商标权人对于注册商标可以允许不同的人同时使用。《商标法》规定，商标注册人可以通过签订注册商标使用许可合同，许可他人使用其注册商标，许可人应当监督被许可人使用其注册商标的商品质量。被许可人应当保证使用该注册商标的商品质量。经许可使用他人注册商标的，必须在使用该注册商标的商品上标明被许可人的名称和商品产地。商标使用许可合同应当报商标局备案。

（二）注册商标所有人的义务

1. 保证商品质量的义务

《商标法》规定，注册商标使用人应当对其使用注册商标的商品质量负责。各级工商行政管理部门应当通过商标管理，制止欺骗消费者的行为。

2. 缴纳规定的各种费用的义务

注册商标权人在办理有关申请商标注册、转移注册、续展注册等时，应当按照国家工商行政管理部门的规定缴纳申请费、商标注册费、转移注册费和续展注册费。

四、注册商标专用权的法律保护

（一）注册商标权保护的范围

注册商标权保护的范围，即注册商标权的效力范围。根据我国《商标法》的规定，注册商标的专用权，以核准注册的商标和核定使用的商品为限。

（二）侵犯注册商标专用权的行为

根据《商标法》的规定，有下列行为之一的，均属侵犯注册商标专用权：（1）未经商标注册权人的许可，在同一种商品或类似商品上使用与其注册商标相同或近似的商标；（2）销售侵犯注册商标专用权的商品的；（3）伪造、擅自制造他人注册商标标识或销售伪造、擅自制造的注册商标标识的；（4）未经商标注册人同意，更换其注册商标并将该更换商标的商品投放市场的；（5）给他人的注册商标专用权造成其他损害的。

（三）注册商标专用权的保护方式

注册商标专用权受到侵害时，可以依照行政程序请求工商行政管理机关或依照诉讼程序请求司法机关予以法律保护。具体方法主要有以下两种：

1. 行政处罚

行政处罚是由工商行政管理部门按照商标管理法规，对商标侵权行为所做出的制裁。根据《商标法》的规定，对侵犯注册商标专用权的行为，工商行政管理部门有权依法查处，涉嫌犯罪的，应当及时移交司法机关依法处理。对工商行政管理部门做出的处罚，当事人不服的，可以自收到通知之日起15日内，向人民法院起诉；期满不起诉又不履行的，由有关工商行政管理部门申请人民法院强制执行。

2. 民事处罚

民事处罚是由人民法院依照民事诉讼程序对侵犯注册商标专用权行为所做的制裁。依照我国《民法通则》的规定，注册商标所有权人在其商标权受到不法侵害时，有权要求人民法院依法责令侵权人停止侵害，消除影响，恢复名誉，赔偿损失及承担其他民事责任。

对于侵犯注册商标专用权比较严重、危害比较大的侵权行为，根据《商标法》和《刑法》的有关规定，依法追究刑事责任。

五、驰名商标

（一）驰名商标的概念

驰名商标是指在中国为相关公众广为知晓并享有较高声誉的商标。相关公众包括与使用商标所标示的某类商品或者服务有关的消费者、生产前述商品或者提供服务的其他经营者以及经销渠道中所涉及的销售者和相关人员等。驰名商标竞争力强，知名度高，为消费者、经营者所信赖。国家工商行政管理局中的商标局负责认定驰名商标。

（二）对驰名商标的特殊保护

1. 对未在我国注册的驰名商标的保护

我国《商标法》规定，就相同或者类似商品申请注册的商标是复制、模仿或者翻译他人未在中国注册的驰名商标，容易导致混淆的，不予注册。

2. 对已在我国注册的驰名商标的保护

我国《商标法》规定，就不相同或者不相类似商品申请注册的商标是复制、模仿或者翻译他人已经在中国注册的驰名商标，误导公众，致使该驰名商标注册人的利益可能受到损害，不予注册并禁止使用。

第五节 工业产权法律制度案例分析

案例一：

关于专利侵权的案例

[案例简介] 某股份有限公司（以下简称甲公司）拥有一种专利制冷设备产品，很受用户欢迎，市场销售很好。2009 年 10 月 25 日，甲公司发现某设备有限公司（以下简称乙公司）生产和销售的设备与自己的专利设备非常相似。甲公司认为，乙公司的行为已经构成了专利侵权，并向专利管理机关进行投诉，要求乙公司停止侵权、赔偿损失。经专利管理机关查明，乙公司生产和销售的设备，在技术特征方面与甲公司的专利设备产品完全相同，且乙公司的行为并未取得甲公司的许可。

根据上述情况，结合有关法律规定，回答下列问题：

（1）乙公司的行为是否构成专利侵权？并说明理由。

（2）甲公司要求乙公司停止侵权、赔偿损失的要求是否合法？并说明理由。

[案例评析]（1）乙公司的行为构成专利侵权。根据《专利法》的规定，专利权被授

予后，除法律另有规定的以外，任何单位或个人未经专利权人许可，不得为生产经营目的制造、使用、销售其专利产品。在本案中，甲公司作为专利权人，享有专利制冷设备的独占权，乙公司未经甲公司许可，为生产经营目的制造、销售该专利产品，已经构成侵权。

（2）甲公司要求乙公司停止侵权、赔偿损失的要求合法。根据《专利法》的规定，未经专利权人许可，实施其专利的侵权行为，专利权人或者利害关系人可以请求专利管理机关进行处理，也可以直接向人民法院起诉。专利管理机关处理时，有权责令停止侵权行为并赔偿损失；当事人不服的，可以在收到通知之日起3个月内向人民法院起诉，期满不起诉又不履行的，专利管理机关可以请求人民法院强制执行。

案例二：

关于专利权转让的案例

[案例简介] 2009年8月5日，甲公司与乙公司签订技术转让合同，该合同约定：甲公司将“智能面包机”发明专利权转让给乙公司，转让款为200万元；乙公司在合同签订后三个工作日内付40万元，在办理完转让登记手续后三个月内付160万元。同时，甲公司告知乙公司，甲公司曾于2008年9月以普通许可方式将该项专利授权丙公司使用，期限为2年。

甲公司收到乙公司支付的首笔40万元转让款后，即与乙公司于2009年8月8日共同到国家专利行政部门办理了转让登记，专利公报于2009年10月5日公告了上述转让事项。2010年1月5日，乙公司与丁银行签订借款合同及质押合同，以该专利权为质押标的，向丁银行贷款200万元。2010年1月10日，双方办理了质押登记。2010年2月10日，乙公司未经丁银行同意，与戊公司订立专利许可合同，以每年20万元的价格许可戊公司使用该专利技术生产相关设备。2010年4月，甲公司催促乙公司支付剩余专利转让款，乙公司告知甲公司：乙公司无财产用来支付欠款，故无法支付剩余专利转让款。

根据上述情况，结合有关法律的规定，回答下列问题：

（1）乙公司在什么时间取得“智能面包机”的专利权？并说明理由。

（2）丙公司对于甲公司转让的专利权是否享有优先购买权？并说明理由。

（3）在乙公司受让甲公司转让的专利权后，丙公司与甲公司订立的专利实施许可合同是否继续有效？并说明理由。

（4）乙公司与丁银行签订的质押合同何时生效？质押权何时成立？并分别说明理由。

（5）乙公司与戊公司订立的专利权许可合同是否有效？并说明理由。

（6）乙公司没有按约定支付专利转让价款，甲公司能否主张专利转让合同无效？

[案例评析]（1）乙公司在2009年8月8日取得“智能面包机”的专利权。根据规定，专利申请权或者专利权的转让自登记之日起生效。本题中，甲公司与乙公司于2009年8月8日共同到国家专利行政部门办理了转让登记，当天乙公司取得专利权。

（2）丙公司对于甲公司转让的专利权不享有优先购买权。根据规定，让与人与受让人订立的专利权转让合同，不影响在合同成立前让与人与他人订立的相关专利实施许可合同或者技术秘密转让合同的效力。本题中，丙公司是甲公司转让专利权之前的使用权人，其普通许可合同不受专利权转让的影响，同时，丙公司也不享有优先购买权。

（3）在乙公司受让甲公司转让的专利权后，丙公司与甲公司订立的专利实施许可合同继续有效。根据规定，让与人与受让人订立的专利权转让合同，不影响在合同成立前让与人与他人订立的相关专利实施许可合同或者技术秘密转让合同的效力。

（4）乙公司与丁银行签订的质押合同2010年1月5日生效。根据规定，质押合同自签订之日起生效。乙公司与丁银行的质押权2010年1月10日成立。根据规定，以知识产权设定质押，应当向有关管理部门办理出质登记，才能使得质权生效。

（5）乙公司与戊公司订立的专利权许可合同无效。根据规定，以知识产权质押的，未经质权人同意不得转让或者许可他人使用。未经许可转让或者许可他人使用，应当认定为无效。本题中，乙公司未经质权人丁银行同意与戊公司订立专利许可合同是无效的。

（6）乙公司没有按约定支付专利转让价款，甲公司不能主张专利转让合同无效。

案例三：

关于专利申请的案例

［案例简介］ 2009年11月，某生产企业委托某国有科研所研究开发一项新的生产工艺。双方未就新开发所完成的发明创造的归属做出过约定。科研所的助理研究员王某受科研所指派去该生产企业进行技术攻关。王某利用该生产企业按约定提供的研究设备和技术资料完成了新工艺的开发，并发明了一种新的生产方法。王某欲就该项发明创造提出专利申请。生产企业得知后，提出异议，认为该项发明创造使用了该企业的设备和资料，所以应与王某共有专利申请权；授予专利权后，专利权归双方共有。王某则提出，专利权是一种无形财产权，新生产方法是其头脑中的设计构思，专利申请权和专利权应归其本人。

根据上述情况，结合有关法律的规定，回答下列问题：

（1）该项发明创造的专利申请权和专利权应归属于谁？并说明理由。

（2）该方法授予专利权后，王某享有哪些权利？

［案例评析］（1）该项发明创造的专利申请权和专利权应归属某科研所。根据我国合同法和专利法的规定，一个单位或者个人接受其他单位或者个人委托所完成的发明创造，除另有协议的以外，申请专利的权利属于完成或者共同完成的单位或者个人；申请被批准后，申请的单位或者个人为专利权人。某科研所基于其与某生产企业之间的委托开发合同，指派王某实际完成了该项生产工艺的开发工作。双方在合同中未明确专利申请权归属，因此，该项发明创造的专利申请权和专利权应归属某科研所（某生产企业只有在技术开发过程中对该发明创造也做出了实质性的贡献，才可以作为共同专利申请人提出专利申请，并在申请被批准后成为共同专利权人）。

（2）王某实际完成了该项生产工艺的开发工作，但属执行本单位的任务所进行的职务发明创造。根据专利法的规定，执行本单位的任务或者主要是利用本单位的物质技术条件所完成的发明创造为职务发明创造。对于职务发明创造，申请人应当是发明人、设计人所在单位。申请被批准后，专利权属于单位。

根据专利法的规定，职务发明创造的发明人或设计人，虽不享有专利申请权，但享有发明人或设计人的署名权。因此作为该项发明创造的发明人，王某拥有发明人的署名权。

案例四：

关于申请商标注册的案例

［案例简介］2009年10月，某洗涤剂有限责任公司经过多年的研究、生产了一种新型洗衣粉。该洗衣粉具有高效、去污力强、用量小、省水、省时、省力等特点，被推广生产。为占领市场，该公司为更能体现这种新型洗衣粉的特点，设计了名为“白洁”的商标，并于当年向国家商标局申请商标注册。国家商标局经过审查后，认为该商标不符合《商标法》规定的条件，予以驳回，不予注册。某洗涤剂有限责任公司认为，“白洁”的商标符合《商标法》规定的“商标使用的文字、图形或其组合，应当具有显著特征，便于识别”的条件，应当获准注册。于是，公司向商标评审委员会申请复审，商标评审委员会认为商标局驳回申请的理由成立。

根据上述情况，结合商标法的有关规定，回答下列问题：

国家商标局驳回该公司的商标注册申请是否合法？并请说明理由。

［案例评析］这是一个商标注册申请未获准注册的案例。国家商标局及商标评审委员会的处理完全符合《商标法》的有关规定。根据《商标法》第七条、第八条的规定，申请注册的商标应当具备的条件是：（1）商标使用的文字、图形或者其组合，应当具备显著的特征，便于识别。（2）商标不得使用禁止的文字、图形。其中在禁止使用的文字、图形中，包括“直接表示商品的质量、主要原料、功能、用途、重量、数量及其他特点的”也同属禁止之列。本案例中，某洗涤剂有限责任公司选用的商标“白洁”牌就违反了上述条件。该商标虽然是文字组成，但该文字明确而又直接地表示了商品的功能、用途，同时又有夸大宣传的含义。所以商标局及商标评审委员会的处理是正确的。

案例五：

关于注册商标使用的案例

［案例简介］甲油漆厂生产的油漆，质量可靠，很受用户欢迎。2009年10月20日，该厂将其多年使用的“工农牌”商标向商标局提出了注册申请。乙油漆生产公司2009年初开始生产油漆，该公司于2009年10月20日也向商标局提出了“工农牌”商标的注册申请。同时，丙造纸厂也一直在使用“工农牌”商标生产和销售新闻纸。

根据上述情况，结合商标法的规定，回答下列问题：

（1）“工农牌”商标专用权应授予甲油漆厂还是乙油漆生产公司？并说明理由。

（2）上述两方取得了商标专用权后，丙造纸厂是否仍能继续使用“工农牌”商标？并说明理由。

[案例评析]（1）商标局应将“工农牌”商标专用权授予甲油漆厂。根据商标法的规定，两个或两个以上的申请人在同一种商品或者类似商品上以相同或者相似的商标申请注册的，初步审定并公告申请在先的商标；同一天申请的，初步审定并公告使用在先的商标，驳回其他人的申请，不予公告。本案中，两方是同一天就“工农牌”向商标局提出注册申请的，但甲油漆厂使用该商标的时间早于乙油漆生产公司。因此，商标局应初步审定并公告甲油漆厂的“工农牌”商标，驳回乙油漆生产公司的申请，并最终将“工农牌”商标专用权授予甲油漆厂。

（2）丙造纸厂仍可继续使用“工农牌”商标。因为，新闻纸与油漆不属于相同或类似商品，所以甲油漆厂取得“工农牌”商标专用权后，并不影响丙造纸厂在新闻纸上使用“工农牌”商标。

第六节　产品责任法

产品责任法（product liability law）是指由于产品的缺陷而造成人身或财产损害，因此使得该产品的制造者或销售者承担赔偿责任的法律。

产品责任原来包括在货物买卖之中，是由货物买卖法规范的，因此产品责任法与货物买卖法既有联系，也有区别。其联系是货物买卖法中有关卖方对货物品质的担保规定与产品责任法的某些规定是密切相关的，最明显的就是关于产品的质量问题；其区别是货物买卖法属于私法范畴，调整的是双方当事人基于合同所产生的权利与义务的有关问题，产品责任法则属于社会立法，即公法范畴，调整的是产品的生产者、销售者与消费者之间基于侵权行为所引起的人身伤亡与财产损失的有关问题。

产品责任法的主要目的是保护消费者权益，早期无论是英美法系还是大陆法系国家对消费者的保护，主要是基于“直接的合同关系”（privity of contract，也称为“合同关系不涉及第三者”），原则与民法上的侵权损害赔偿原则。20 世纪 50 年代以来，西方发达国家打破了传统旧法律观念的框框，创立了一些新的产品责任理论与法律原则，使产品责任法有了进一步的发展。60 年代以来，尤其是 80 年代以来，西方发达国家的产品责任法进一步扩展，把废旧产品的回收与处理也纳入其中。

一、产品责任法概论

（一）产品责任的概念与特征

产品责任指产品的生产者或销售者因为产品有缺陷，从而给消费者或使用者造成财产损失甚至人身伤亡时所应当承担的赔偿责任。根据这个概念，产品责任具有以下三个特征：①产品责任是由产品的缺陷引起的。②产品责任是一种侵权责任。③产品责任是一种损害赔偿责任。

（二）产品责任法的概念与特征

产品责任法是调整有关产品的生产者、销售者与消费者、使用者之间因为产品缺陷而形成的侵权赔偿关系的法律规范的总称。从西方国家的有关法律规定看，产品责任法具有下列三个特征：①产品责任法实行侵权责任原则，突破了传统的契约原则。②产品责任法基本上属于带有强制性的公法范畴。③产品责任法立法的目的旨在保护消费者的权益。

（三）产品责任与产品质量责任的区别

产品质量责任指产品生产者、销售者违反产品质量法规定的产品质量义务及应当承担的法律后果。产品质量责任人的行为，不仅侵害了产品消费者的合法权益，而且侵害了国家对产品质量的监督管理关系，有害于社会经济秩序的稳定、健康发展。因此产品质量责任是一种综合性责任，包括了行政责任、刑事责任和民事责任。而产品责任仅指因产品存在缺陷造成人身、他人财产损害应承担的侵权赔偿责任，其仅限民事侵权赔偿责任。

二、主要国家的产品责任法

（一）美国的产品责任法

1. 承担产品责任所依据的原则

（1）疏忽责任原则。所谓疏忽责任原则，也称过失责任原则，指由于生产者或销售者的疏忽，致使产品有缺陷，从而使消费者或使用者的人身或财产遭受损害，对此，产品的生产者或销售者应当对其疏忽承担赔偿责任。该原则源于1916年的“麦克弗森诉别克汽车公司案”。

案例一：

1916年“麦克弗森诉别克汽车公司”案

［案例简介］被告是汽车制造商，原告从汽车零售商那里购买了被告制造的汽车。原告在驾驶汽车时由于车轮破裂，突然翻车，被抛出车外，遭受伤害。虽然原告声称进行了合理的检查，但是不可能发现车子存在的所有问题，因而原告提起诉讼。而被告声称原告是从汽车零售商那里购买的被告制造的汽车，因此与原告没有直接的合同关系，不负赔偿责任。

纽约最高法院法官本杰明·卡多若认为：“任何商品，依其本质如足以危害人的生命健康，均属危险产品，在制造人可知悉买受人以外的第三人会不经试验就使用该产品时，则不论当事人间有无合同关系，制造人对该产品负有注意的义务”。“要求有直接的合同关系是不公平的，因为在大部分情况下制造者与他们的产品的消费者没有合同关系”。最后法院判决该被告负有疏忽行为责任，给予原告赔偿。

［案例评析］该判例打破了传统的“直接合同关系原则”，确立了如因制造商或销售商的疏忽，致使产品有缺陷或者因出售这种有缺陷商品而使消费者的人身或财产遭到损害，就可以推定制造商或销售商犯有过失行为，应负赔偿责任，这就是所谓疏忽责任原则。

（2）担保责任原则。产品责任法的疏忽责任原则虽然突破了“直接的合同关系”，但是原告仍然负有证明产品制造者有过失的义务，这往往很困难。为了保护消费者的利益，美国法院经过努力，提出了担保责任原则。

担保责任原则是指产品存在某种缺陷，由于生产者或销售者违反了对产品的明示担保或法律规定的默示担保，致使产品有缺陷，从而使消费者或使用者的人身或财产遭受损害，对此，产品的生产者或销售者应当对其担保承担赔偿责任。

这样一来，在担保诉讼中，原告无需证明被告有疏忽或过失，只须证明产品确有缺陷，且只要这种缺陷使他遭受损失，他就可以要求被告赔偿其损失。担保责任原则源自著名的“1953 年麦克白诉利哥特杂货公司”案。

案例二：

“1953 年麦克白诉利哥特杂货公司”案

[案例简介] 原告从被告处购得一只咖啡具。当原告根据使用说明煮咖啡时，咖啡沸起喷到原告的脸上，造成严重伤害。陪审团认为咖啡具的滤器槽口不适合排放水烧开后产生的压力，因而责任在被告。被告不服。

法院判决：根据默示担保原则，被告仍然应负赔偿责任。其理由是，在英美法上，担保源于侵权行为，后来才成为合同法上的基本概念，但是始终没有丧失其在侵权行为法上的性质。由于担保的这种双重性，违反担保，除了负有合同责任外，依其情况，也可构成侵权责任，而且基于被告违反其产品具有某种性质的明示担保以及具有可销性的默示担保并不依赖于对方疏忽的举证，因此美国法院将其适用于解决产品责任问题。

（3）严格责任原则。担保责任原则对受产品损害的人的起诉仍然有种种限制条件。为了更进一步关注消费者的利益，20 世纪 60 年代以来，美国不少法学者和法官在理论上与实践中都提出了一些新的见解，特别是“1963 年格林门诉尤巴动力产品公司”一案有了新的突破。

案例三：

1963 年格林门诉尤巴动力产品公司案

[案例简介] 原告从零售商处购得一种由被告制造的名叫“Shopsmith”兼有锯子与钻等多种功能的工具。在锯木时，该工具突然从装置的机器中飞出，撞中原告额头，致使其遭受严重伤害。原告提起诉讼。被告用不是自己的过失为自己辩护。

加利福尼亚州最高法院对该案的判决：法院明确表示，制造人将其商品置于市场，知悉其将不会被检查其是否具有瑕疵而使用时，则就此项具有缺陷商品对人身所造成的损害，应负无过失责任，从而形成了新的产品责任法原则——严格侵权行为责任原则，又称“无过失责任原则”。

[案例评析] 根据这一原则，只要产品有缺陷，致使消费者人身或财产受到损害，则不论卖主与消费者之间有无合同关系，也不论卖主在制造或销售产品过程中是否有过失，卖主都要承担赔偿责任。

以严格责任为理由起诉和以疏忽为理由起诉的主要区别在于：疏忽是以卖方有无疏忽，即卖方是否尽到“适当注意”的义务作为确定其应对原告承担损害赔偿责任的依据；而严格责任则不必考虑卖方是否已做到“适当注意”的问题，即使卖方在制造或销售产品时已经做到了一切可能做到的注意，但如果产品有缺陷并且使原告遭到损失，卖方仍须对此负责。

2. 严格产品责任法的适用范围与条件

美国“统一产品责任示范法”与“侵权法重述”的有关条款对“产品”与产品“缺陷”等基本问题作了明确的规定，具有重要影响，是法院判例时不可或缺的参考依据。

（1）产品的定义。美国“统一产品责任示范法”第102条（C）规定：“产品指具有真正价值的、为进入市场而生产的，能够作为组装整件或者作为部件、零件交付的物品。但人体组织、器官、血液组成成份除外。”

根据上述规定，产品应当具备两个条件：第一，经过生产即加工与制作，未经加工与制作的天然物品不是该法意义上的产品，制作包括工业上的与手工业上的；第二，用于交付即销售，只是为了自己使用的加工与制作品不属于产品责任法意义上的产品。该示范法将血液排除在产品外。

（2）产品缺陷的定义与分类。

①产品缺陷的定义。关于美国产品责任法中缺陷产品的定义，在实践中引用得比较多的是《侵权法重述（第二版）》402A所界定的“不合理危险的缺陷状态”。该法制定者对“不合理的危险”的解释是：“超出了购买该商品的普通消费者以对它的特性的人所共知的常识的预期。”

②产品缺陷的种类。美国法学家将产品缺陷分为三种，即制造缺陷、设计缺陷与警示缺陷。a. 制造缺陷。制造缺陷指由于制造过程出现问题而产生的缺陷。b. 设计缺陷。设计缺陷指产品设计本身存在的缺陷。c. 警示缺陷。美国“统一产品责任示范法”第104条（C）款对警示缺陷的解释是：“与产品有关的危险或产品的正确使用没有给予适当警告或指示，致使产品存在不合理的不安全性。”

（3）产品责任法主体及其范围。严格产品责任是对企业活动所设的责任，以经常从事相关营业活动的企业为规范对象。对提供买卖及劳务活动，均可适用。应负产品责任法的人包括制造商、装配商、批发商、零售商、委托人与出租人等。

（4）受保护的人。严格产品责任法保护任何可预见因产品缺陷而遭受损害的人，除最后的消费者（买受人与使用人等）外，还包括其他旁观者。

案例四：

埃尔默诉美国汽车公司案

［案例简介］原告是一位汽车司机，因被告出售的另一辆有缺陷的汽车迎面相撞而受伤。

法院判定：“无辜的旁观者应被给予比使用者和消费者更大的保护，以使其免受不合理预见的缺陷的伤害。”

（5）受保护的利益。美国“统一产品责任示范法”规定：损害包括财产损害、人身肉体伤害、疾病与死亡以及由此引起的精神痛苦或情感伤害。财产损害的范围不包括直接或间接的经济损失，那是属于合同法的问题。原告可提出的损害赔偿包括人身伤害的赔偿、财产损失的赔偿、商业上的损失赔偿与惩罚性的损失赔偿。

（6）产品责任的减免。在产品责任诉讼中，被告可以提出某些抗辩，要求减轻或免除其责任。被告可以提出的抗辩根据原告起诉的诉因之不同而有所不同。被告的抗辩主要有以下几种。

①担保的排除或限制——仅用于对抗“违反担保”为理由起诉的原告。

②承担疏忽或相对疏忽—用于侵权之诉。承担疏忽指原告在使用被告所提供的有缺陷的产品时也有疏忽之处，由于双方面的疏忽而使原告受到伤害。因此，在疏忽为依据提起的产品责任诉讼中，如果一旦确认原告有“承担疏忽”，原告就不能向被告要求任何损害赔偿。相对疏忽是指尽管原告方面也有一定的疏忽，但是法院只是按原告的疏忽在引起损害中所占的比重，相对减少其索赔的金额，而不是像承担疏忽那样使原告不能向被告请求任何损害赔偿。

③自担风险。所谓自担风险指：a. 原告已经知道产品有缺陷或带有危险性；b. 尽管如此原告也甘愿将自己置于这种危险或风险的境地；c. 由于原告甘愿冒风险而使自己受到损害。

④非正常使用产品或误用与滥用产品。在产品责任诉讼中，如果原告由于非正常的使用产品或误用、滥用产品，使自己受到损害，被告可以以此为理由提出抗辩，要求免除责任。

⑤擅自改动产品。如果原告对产品或其中部分零部件擅自加以变动或改装，从而改变了该产品的状态或条件，致使自己遭受损害，被告就可以以原告擅自改变产品的状态或条件为理由提出抗辩，要求免除责任。

⑥带有不可避免的不安全因素的产品。如果某种产品即使正常使用，也难以完全保证安全，而且权衡利弊，该产品对社会公众是有益的，是利大于弊的，则制造或销售这种产品的被告可以要求免除责任（药物最为典型）。

（7）关于诉讼时效。在美国，各州对产品责任诉讼时效的起算方法有较大差异，“统一产品责任示范法”建议，一般诉讼时效为 2 年，从原告发现或者在谨慎行事情况下应当发现产品的损害及其原因时起算。该示范法还通过规定产品的安全使用期来体现最长诉讼时效，即规定 10 年为最长责任期限，除非明示了产品的安全使用期长于 10 年。

3. 产品责任法的诉讼管辖权与法律适用问题

（1）关于管辖权问题。关于产品责任法的诉讼，目前美国采用所谓“长臂法”，又称“伸手管辖法”。但通常要求凡非居民的被告都必须与该州有某种“最低限度的接触”，州法院才能对该被告享有管辖权。美国长臂法管辖的产品责任案例，确立了在以下几种要件情况下，州法院有权管辖州外的加害者：①在该州经营商业的；②通过签订合同在该州供应劳务或货物的；③在该州的作为或不作为造成侵权伤害，并在该州经常从事商业或招揽商业，或从事任何其他持续性的行为，或从在该州所使用或消费的商品或提供的劳务中获得相当收入的。

案例五：

发生在美国的产品责任事故赔偿案：果冻噎死9龄女童

［案例简介］1999年，美国一名9岁的菲裔美籍女童，因吃了“盛香珍”果冻后被噎住，成为植物人。她的家属因此以意外伤害罪起诉“盛香珍”。2001年7月，女童不治身亡，原告指控的罪名也随之改为“意外致死罪”。原告律师指出，“盛香珍”明明知道果冻已经在日本造成9名儿童死亡，还是把这种产品外销到美国，“盛香珍”必须为这种不当行为负起赔偿责任。美国法院最终日判决，生产果冻的台湾“盛香珍”食品公司败诉。“盛香珍”被判赔1670万美元。

［案例评析］美国的长臂管辖制度，不仅能在国内产品责任诉讼中更便于原告在受害地法院起诉，从而保护原告的利益，而且在涉外产品责任诉讼中亦有利于本国原告选择在本国法院起诉，从而根据其冲突法的指向适用本国法律。可见，美国产品责任法的立法特点是侧重保护受害人的利益。但这一原则适用于涉外产品责任诉讼中，必然导致无限扩大本国法的域外效力，从而构成对他国法律效力的限制。

（2）关于法律适用问题。在涉外产品责任诉讼中，根据美国的冲突法规则，通常是适用损害发生地法来确定当事人的责任，即产品在什么地方对消费者或用户造成了损害，就适用那个地方的法律来确定产品的生产者和销售者的责任。

长期以来，英国的产品责任法采用的是疏忽责任原则。这项原则是由“1932年多诺格诉史蒂文森案”的判例所创立的。几十年来，英国法院对于产品责任案的判决，对此原则的解释可以归纳为以下四项：①商品的瑕疵对消费者的生命或财产造成损害；②商品的瑕疵，于商品离开制造人的占有时，即已存在；③制造商不能合理预料，消费者在损害发生前能够发现并改正商品的瑕疵；④商品瑕疵的存在，是由于制造商缺乏合理的注意。

（二）英国的产品责任法

在英国，生产者对消费者或使用者因使用该产品而受到的损失，不是承担违约责任就是承担侵权责任。由于英国产品责任法采取的是过失责任原则，显然不能很好地保护消费者的利益，为此，自70年代以来，英国制定了若干保护消费者的法律。1979年，该委员会在参考了各界人士提出的意见后，正式发表第82号报告，提出改进英国产品责任法的建议，逐渐体现严格责任原则。在确定管辖权问题上，总的说来，英国法是以“实际控制”为原则的。关于产品责任的法律适用，英国法院主张适用侵权行为地法。

（三）德国的产品责任法

德国法院主要是以德国民法典与商法典作为处理产品责任案件的依据的。德国法在传统上采用疏忽责任原则，并通过侵权行为法的交易安全及注意义务，合理地运用证据法原则，由此规范产品生产商的责任。在产品责任的诉讼中，受到损害的消费者与该产品的生产商之间，即使无合同关系，也可以根据侵权行为法的有关规定请求损害赔偿。在确定有关产品责任的管辖权方面，德国法采用被告住所地原则，即依被告住所地决定管辖权的原则。至于国际产品责任案件的法律适用问题，德国一般适用传统的侵权行为地法。

（四）法国的产品责任法

法国的产品责任法是由民法上的合同责任与不法行为责任构成的。根据合同关系，关于产品责任诉讼当事人，法院认为制造商对最终买主（消费者或使用者）与对其他直接买主（中间商）负有同样的义务，因此，准许最终买主直接向制造商提起诉讼，但是买主的家属、亲友及客人等得不到任何赔偿，因为他们与卖主没有合同关系。

1. 早期的产品责任法——瑕疵担保原则

法国民法典将瑕疵分为“明显的瑕疵”与“隐蔽的瑕疵”，并对卖方规定了不同的担保责任：①对明显的瑕疵卖方可以免责；②对隐蔽瑕疵卖方应负赔偿责任。由此可见，法国早期的产品责任法主要是基于判断卖方是否是恶意，即知悉隐蔽瑕疵而让隐蔽瑕疵产品危害人身、财产安全严厉判处赔偿责任。

2. 产品责任法的发展——无过失侵权责任原则

随着社会经济的发展，显然法国原有的瑕疵担保责任已经不能很好地保护消费者的利益，所以，法国一些法院的法官在司法实践中对于民法上的瑕疵担保责任做了创新的解释。具体而言，在60年代以后，受到其他国家产品责任法的影响，法国法院在处理涉及产品责任案件时，过失的意义越来越小，而法官对法律的解释则越来越具有权威性。关于国际产品责任案件的管辖权，法国法采取了根据当事人国籍确定管辖权的原则，但是对本国当事人作了特别有利的规定。

（五）日本的产品责任法

（1）产品与缺陷。

（2）归责基础严格责任、举证倒置。

（3）关于责任主体。

（4）免责。

（六）中国的产品责任法

（1）产品责任原则、无过错责任原则。

（2）未规定排除适用“产品责任”的情形。

（3）损害赔偿。

（4）惩罚性赔偿。

（5）第三人过错造成产品缺陷可追偿。

（6）“产品缺陷危险”可以预先介入。

三、关于产品责任的国际公约

在统一的产品责任法没有形成以前，目前国际上已经有三个区域性的产品责任公约，全部集中在欧洲，

（一）斯特拉斯堡公约

“关于造成人身伤害和死亡产品责任欧洲公约”是由欧洲理事会花了3年时间拟订出来的。1977年1月27日，该公约缔结于法国的斯特拉斯堡，并供开放签字参加。奥地利、比利时、法国和卢森堡等国家签署了该公约。该公约由正文与附件组成，其中正文共有17条。其主要内容是：①公约抛弃了传统的过失责任原则，采取严格责任原则。②对产品“瑕疵”做出了规定。③公约对生产商做出了明确的规定。④公约规定了生产商必须承担无过失责任，除非产品供应商在合理的时间内能辨明该产品的真正生产者。⑤关于赔偿限额。⑥公约对因产品责任事件而发生的诉讼规定了两个时效。⑦公约对“产品”与“责任主体”规定

的范围比较小，各国可以对农产品提供者的准生产者责任提出保留。

（二）关于产品责任的法律适用公约

“关于产品责任的法律适用公约”是1972年由第十二次海牙国际私法会议制定的，于1973年10月2日签订，1979年10月1日起生效。批准该公约的国家包括法国、荷兰、挪威、南斯拉夫、比利时、意大利、卢森堡、葡萄牙与奥地利等。公约对“产品”的范围、“损害”的含义与对有缺陷的产品承担严格责任的人作出了规定。该公约规定，法律适用规则采用下列三项原则：①以损害地国家的国内法为基本适用法律，以直接受损害人的惯常居住地或被请求承担责任人员的主要营业地或直接受损害人员取得产品地的法律为适用的法律；②以直接受损害人的惯常居住地的国内法为基本的适用法律，以被请求承担责任人员的主要营业地，或直接受损害人员取得产品地的法律为适用的法律；③在其他情况下，则可以适用该产品的制造商或供应商主营业地国的法律，或者如果原告愿意的话，也可以适用损害发生地的法律。

（三）关于对有缺陷产品责任的指令

“关于对于有缺陷产品责任的指令”共有22条，其主要内容包括：①采取无过失责任原则；②关于生产者的定义；③关于产品的定义；④关于“缺陷”的定义；⑤关于损害赔偿；⑥对产品责任的抗辩。

四、中国的产品责任法

（一）1993年以前中国的产品责任法状况

在1993年以前，中国没有专门的产品责任法，只有一些分散的单行立法。例如：1987年1月1日起施行的“民法通则”，1986年4月5日国务院颁发的“工业产品质量责任条例”、“产品质量监督试行办法”、“工业产品生产许可证试行条例”等。其中最重要的是“民法通则”，该法对产品责任规定的主要内容如下：

（1）关于产品责任法的适用范围；

（2）关于承担赔偿责任的原则；

（3）关于产品范围与产品缺陷；

（4）关于赔偿损失的范围；

（5）关于产品责任的诉讼时效。

（二）新产品质量法

1. 制定背景

从20世纪80到90年代，随着改革开放的不断深入发展，产品质量成为危害社会的严重问题，尤其是假冒伪劣产品危害人民的生命与健康，情节严重，屡禁不止，引起广大群众的强烈不满。为适应形势的要求，规范产品责任，保护消费者的权益，人大常委会先后制定与修改了产品质量法。

1993年2月22日第七届全国人民代表大会常务委员会第三十次会议通过《中华人民共和国产品质量法》，从同年9月1日起实施。

2000年7月8日，第九届全国人大常务委员会第十六次会议通过了《关于修改〈中华人民共和国产品质量法〉的决定》，主要是强化产品质量的行政管理与行政责任。

2. 主要内容

产品质量法的主要内容包括以下方面：

(1) 关于制定该法的目的;
(2) 关于产品的定义;
(3) 关于责任原则;
(4) 关于产品缺陷的定义;
(5) 关于赔偿范围;
(6) 关于产品质量与包装的要求;
(7) 关于请求权的时效规定;
(8) 关于对违反该法的处罚。

第七节　商事组织法

一、商事组织法概论

商事组织法即企业制度。商事组织，也称为“商事企业”，是指能够以自己的名义从事经营活动，并且具有一定规模的经济组织。一般而言，商事组织主要有三种基本的法律形式，即个人企业、合伙与公司。其中公司是最重要的商事组织形式，公司种类中股份有限公司的影响和作用尤为突出。90 年代以来，跨国公司在国际贸易、投资、金融等领域占有举足轻重的地位，如何对其进行有效的控制和监督已经提上国际经济贸易组织的议事日程。中国有关公司法等的出台完善了商事组织法，使得各种商事组织的运行有法可依。

(一) 个人企业

个人企业也称为“一人公司”或“独资经营企业”，指由一名出资者单独出资与从事经营管理的企业。从法律性质而言，个人企业不是法人，不具有独立的法律人格，其财产与出资人的个人财产没有任何区别，出资人就是企业的所有人，他以个人的全部财产对企业的债务负责。出资人对企业的经营管理拥有控制权与指挥权。尽管个人企业有时聘用经理或其他职员，但是其经营的重大决策权仍然属于出资人。出资人有权决定企业的扩大、停业或关闭等事项。个人企业是世界各国中数量最多的企业形式。

案例一：

库帕诉弗克斯案（1988）

［案例简介］ 1981 年 11 月，被告（弗克斯）代表正在筹建中的弗克斯和帕特勒公司（下称“公司”）聘请一家会计师事务所的库帕为公司提供服务，原告（库帕）也知道该公司尚未正式成立。

1981 年 12 月 4 日，公司正式成立，同月底，原告也完成了服务，但该公司拒绝支付报酬。原告便控告弗克斯违约。

初审法院以被告在合同中并未同意个人付报酬而判决原告败诉。

[案例评析] 上诉法院却推翻了初审判决，其理由是：被告不能作为一个未曾成立的"本人"代表签约，"本人"未委托签约，自然该契约对"本人"无约束力；被告在合同中也并没有订立合同不执行时不得追究其个人责任的免责条款；而原告完成了被告规定的工作，其费用要求也属合理。因此，被告须负责支付该项费用。

（二）合伙

合伙是两个或两个以上的合伙人为经营共同事业、共同投资与共享利润而组成的企业。合伙企业是一种"人的组合"。合伙人与合伙企业关系密切，合伙人的死亡、退出或破产等都将导致合伙企业的解散。合伙人对合伙的债务负无限责任。大多数国家的法律规定，合伙企业原则上不具有独立的法律人格。但是，法国与荷兰等大陆法国家以及苏格兰的法律规定，合伙企业也是法人。合伙企业在许多国家中也是一种数量较多的企业形式。但是，由于其规模、组织以及资金来源等方面的限制，合伙企业基本上属于中、小型企业，特别是家族企业。

案例二：

奥茨沃德诉莱凯案（1977）

[案例简介] 拥有会计师资格的原告（奥茨）和被告（莱凯）于1966年初成立一会计合伙组织，之后两人仍然各自为原先个人服务的客户开账单，由于关系无法协调，1968年6月，该合伙组织就解散了。

原告奥茨沃德指控被告莱凯在他们合伙期间不恰当地对几笔账目给"回扣"，即实收账款小于书面应付账款，法院在查明了这是被告的一贯无害习惯之后，仍然基于被告在合伙期间独自如此所为而构成对"合伙诚信"原则的违反，判原告胜诉，被告只得向该合伙组织偿付书面金额与被告实收金额之间的差额。

（三）公司

公司是依法定程序设立，并且以营利为目的的法人组织。各国法律均规定，公司具有独立的法人资格，有权以自己的名义拥有财产，享受权利与承担义务。公司是一种"资本的组合"。股东与公司之间是相互分离的。股东的死亡与退出一般不影响公司的存续，股东对公司的债务通常只负有限责任。公司的经营主要由专门的经营管理人员负责。在现代市场经济社会中，以股份有限公司为代表的公司企业已成为国民经济的主要支柱，对社会经济生活具有举足轻重的影响。

案例三：

萨洛蒙诉萨洛蒙有限公司案

[案例简介] 英国制靴匠萨洛蒙于1982年将其靴店改组注册为有限公司。依照章程规定，该公司的资产全部折为股本，萨洛蒙本人持股20001镑，他的妻子、女儿和四个儿子各持股1镑，总计20007镑。此外，向萨洛蒙发行抵押担保公司债券10000镑。后因公

司经营失败而清理，公司总资产仅值6000镑，而对其他债权人的负债就高达7000镑。该案历经数审，均判决公司资产全部清偿给其他债权人，萨洛蒙不服，上诉至英国上议院。

上议院法官做出的终审判决：萨洛蒙有限公司注册成立后，即具有独立于萨洛蒙的主体资格；而萨洛蒙既是公司股东，又是公司债的债权人，这两种身份互不干扰与抵触，应优先于其他债权人受到清偿。萨洛蒙有限公司的对外债务责任由该公司自己承担。

二、公司

（一）公司的概念

公司是指两个以上的股东一招公司法的有关规定组建的，以营利为目的的企业法人组织。依法定条件和程序设立、并在法律上具有营利性质的社团法人。这一定义的基本涵义如下：

（1）公司必须依法设立。①公司成立应依据专门的法律，即公司法和其他有关的特别法律、行政法规。②公司成立应符合公司法规定的实质要件。③公司成立必须遵循公司法规定的程序，履行规定的申请和审批登记手续。

（2）公司具有营利性质。营利即获取经济上的利益，以营利为目的的公司于机关、事业单位和社会团体法人的主要区别在于公司是以营业实体：①公司拥有营业财产，即人们为营利目的而通过投资、借贷、积累等方式形成的属于公司的有组织财产。②公司从事营业活动，即公司以营利为目的而运用营业财产所从事的各种生产经营活动。

（3）公司是具有独立法人资格的经济组织。①公司的法人属性使公司财产与公司成员的个人财产完全区别开来，从而使公司能够以自己的名义独立地从事民事活动、享受民事权利和承担民事义务。③公司的主体身份是法人，法人是法律上拟制的人格；主体需要一定的人格才能享有民事权利能力和民事行为能力。③公司的财产是公司拥有信用的基础，也是公司对外承担民事责任的基础。所以，公司可以用自己的资产对外承担责任。④由于公司在人格上和财产上的独立性，股东不必对公司债务承担连带责任和无限责任。⑤公司法人的民事权利能力由其法定代表人和授权代表人代为行使。

（4）公司是两个以上的出资人所组成的社团法人的一种。①公司存在的永久性：股东及股东人数的变化不影响公司的存在。②严密的组织：公司法对公司内部组织机构的设置有严密的规定。

（二）公司的种类

公司的分类主要有以下六种：第一种，根据公司股东对公司债务所承担的责任的不同，可以把公司分为无限公司、有限公司、股份有限公司、两合公司与股份两合公司。这是大陆法系国家对公司的最基本分类。第二种，根据公司股票发行的对象以及股份转让方式的不同，可以把公司分为封闭式公司与开放式公司。这是英美法系国家对公司的基本分类。第三种，根据一个公司对另一个公司的控制与依附关系的不同，可以把公司分为母公司与子公司。第四种，根据公司的管辖系统不同，可以把公司分为本公司与分公司。第五种，据公司的国籍不同，可以把公司分为本国公司、外国公司与跨国公司。第六种，根据管理、营利与专业的标准，还有公营公司与私营公司、营利公司与非营利公司以及专业公司与非专业公司等之分。商事公司主要可以分为股份有限公司和有限责任公司，某些国家还承认无限责任公司和两合公司。

（1）有限责任公司指股东人数较少，不发行股票，股份不得随意转让，公司以其全部财产对公司债务承担有限责任，股东以其出资额为限对公司承担有限责任的公司。其主要特征为公司及股东责任具有有限性；股东人数有法定限制；禁止向公众招募股本；股份转让有较为严格限制；管理机构比较简单，具有明显的人合性质；公司账目不必公开。

（2）股份有限公司指全部资本划分为等额股份，公司以其全部财产对公司债务承担有限责任，股东以其出资额为限对公司承担有限责任，股份以股票形式依法公开和自由转让的一种公司形式。其主要特征为公司及股东责任具有有限性；全部资本分为等额股份；股份以股票形式公开发行并可以流通；实行所有权与经营权分离；公司账目必须公开；股份有限公司的规模较大；股份公司的股东必须不少于法定数目，以资合为主要形式。

三、股份有限公司

（一）公司的设立

公司的设立，指公司根据法定程序取得合法资格的过程。各国公司法对设立股份有限责任公司的手续各有不同的规定。但是，一般而言，公司的设立 都要经过以下步骤：设立股份有限公司必须有一定数目的发起人；发起人负责制定公司章程及认购股份；由发起人召开公司创立大会并选出公司的第一届管理机构；向政府有关主管部门办理注册登记，经主管机关审查认为符合法律规定的条件准予登记后，公司即告成立。

1. 公司的发起人

公司的发起人，指负责筹建公司的人员，他们的任务是采取一切必要的步骤，以达到设立公司的目的。发起人的资格可以是自然人，也可以是法人，法律一般不加以限制。发起人对他们所设立的公司负有忠实的义务。对于发起人在发起公司的过程中以公司的名义所订立的合同，即所谓“发起人合同”或“设立前合同”，对其效力各国公司法有不同的规定。

2. 公司章程

公司章程，指规定公司的宗旨、资本、组织结构与名称等对内、对外事务的法律文件，是规范公司活动的根本大法。在大陆法国家，公司章程是由一份单一的文件构成的。其内容根据重要的程度分为两类：一类是绝对必须记载事项，包括公司的名称、法定地址、营业范围与资本总额等。缺少此种条款，公司章程无效，公司不得成立。另一类是相对必须记载事项，指其他法律不禁止的事项。

（1）绝对必要记载事项。如果缺少绝对必要记载事项，公司章程就是无效的，公司就不能成立。绝对记载事项包括下列具体项目：①公司名称；②经营事项；③股份总额与每股金额；④本公司（即公司总部）所在地；⑤公告方法；⑥董事、监事的人数与任期；⑦订立章程的具体时间。

（2）相对必要记载事项。如果缺少相对必要记载事项，公司章程仍然有效，但是不发生该事项规定的效力。相对必要记载事项包括一般相对必要记载事项与个别相对必要记载事项：①一般相对必要记载事项包括以下内容：第一，分公司的设立；第二，如果股份总额分期发行，则第一次发行的数额；第三，解散事由；第四，特别股的种类以及权利与义务；第五，发起人可以享受的特别利益与受益者名单。②个别相对必要记载事项包括以下内容：第一，无记名股的发行；第二，董事的报酬；第三，副董事长或常务董事的设置；第四，经理人的设置、种类与职权；第五，建议股息的分派；第六，分派股息与红利的标准；第七，特别盈余公积金的提存；第八，清算人的人选。

（3）任意记载事项。所谓任意记载事项，指其他法律不禁止的事项，例如，股款缴纳的方式、股份转让的方法、股东大会召开的时间与地点等。在英美法系国家，公司章程由以下两个文件组成：组织大纲（英 Memorandum，美 Articles of Association）和内部细则（英 articles of association，美 by - laws）。

公司章程包括的具体内容如下：①公司名称；②公司的目的与经营范围；③公司的注册所在地；④公司资本的总额以及每股的金额；⑤董事会和/或董事会的人数以及第一届董事会和/或监事会成员的名单及其地址。

3. 认购与缴纳股份

从认购股份的角度看，公司的设立有两种认股方式：一种是由发起人认足全部股份，称为一次认股设立，亦称发起设立；另一种是在社会上公开募股设立，称为招股设立，亦称渐次设立。为了保护第三人与股东的利益，防止发起人在认股或招股时营私舞弊，各国公司法对认股与招股的程序和审阅手续都有具体的规定。

股款一般应以现金缴付，也可以用实物抵作股款。为了防止发起人利用其有利的地位对实物作价过高，损害其他投资者与公司的权益，有些国家的公司法对实物作价规定了具体的监督审查办法。

4. 公司的注册登记

股份有限公司的设立必须向政府有关主管部门办理注册登记。注册登记是公司取得法人资格的关键步骤，是公司成立并开展业务的必要条件。各国公司法为防止滥设公司以及利用公司从事非法活动，都规定公司设立必须经过严格的法律审查程序。

公司的设立与成立是两个不同的概念，其区别是：

（1）发生的阶段不同。公司设立时成立的前提，但其并不必然导致公司的成立，只有设立行为达到法律的要求，公司才能成立。

（2）行为性质不同。设立中的公司不具备独立的法律人格，不能以自己的名义对外发生法律关系和承担法律责任。而公司一旦成立便获得了法人资格，人格独立，财产独立，责任独立。

（3）法律地位不同。设立过程中发生的争议一般依照发起人订立的协议解决，其主要法律依据是“合同法”，而公司成立后发生的法律纠纷则一般依照“公司法”和公司章程的规定解决。公司取得工商机关颁发的“企业法人营业执照”是公司成立的唯一法律标志。

案例四：

蒂格瑞特诉鲍英特案（1979）

原告蒂格瑞特在位海瑞特建筑公司做工时受伤，1974 年 4 月便以该公司为被告要求获得工伤赔偿金。1974 年 5 月 1 日，该公司的唯一经理和股东鲍英特以减少公司对自己负债为由将公司的所有财产转让给自己，同一天，鲍英特又将该笔财产贷给自己的另一家公司——海瑞特公司，这样，尽管法院判海瑞特建筑公司付给原告2万美元的补偿，但却因该公司分文不剩而无法执行，原告只得转而控告该公司财产的受让人即鲍英特和海瑞特公司。

初审法院认为，被告无责任而判决原告败诉。

但上诉后，法院推翻了初审判决，原告获得胜诉。其理由是：该公司的唯一经理和持股人滥用公司的权利，损害了原告和其他债权人的利益，因此，为了公正，必须揭开这个公司的面纱，由其操纵者承担责任。

（二）股份有限公司的资本

1. 公司资本的概念

广义的公司资本，指公司用以从事经营与开展业务的所有资金和财产，包括公司自有资本（亦称衡平资本）与借贷资本这两部分。狭义的公司资本，则仅指自有资本。

股份有限公司的资本主要是通过向社会公开发行股票而募集的，因此，一般称为股份资本，简称股本。公司资本，就经济方面而言，是公司开展业务的物质基础；就法律方面而言，是公司对第三人的最低财产担保。对于股份有限公司的资本，英国、美国与荷兰等国家采取“授权资本制”。德国、法国等大多数大陆法国家采取法定资本制。

2. 股份与股票

股份有限公司的资本均分为股份。股份是均分公司资本的单位。每一股代表一定的金额，每股的金额应当相同。股份有限公司的股份表现为股票。股票是代表股权的文书凭证，也是股东身份的证明文件。合法持有公司股票的人即可根据该股票行使股东权利。股票也是一种可以转让的有价证券。在股份有限公司中，股份的转让都是以交付股票的形式进行的。股份有限公司的股份可以从不同的角度作不同的分类，主要有记名股与无记名股，普通股与优先股。优先股的股利是固定的，一般都在发行股票时予以确定。①累积优先股与非累积优先股；②参与优先股与非参与优先股；③可调换优先股；④回收股。

3. 股票市场

股票是一种特殊商品，可以买卖与流通，进行买卖股票的场所就是股票市场。股票市场是股份公司筹集资本的主要场所，同时也是公司、企业与个人运用闲散资金进行投资的重要场所。股票市场是由股票发行市场与股票交易市场两级市场组成的。股票交易是指投资者在发行市场上取得股票，再在投资者之间进行不断买卖的活动，而进行股票交易活动的场所就是股票交易市场或股票流通市场。股票交易市场由证券交易所与店头市场两部分组成。股票市场的结构是由一级市场与二级市场构成的。一级市场即股票发行市场，二级市场即股票交易或流通市场。两个市场相辅相成，缺一不可。

股票流通市场的主要作用表现在以下四个方面：①通过股票价格机制的作用，调节资本要素；②通过股票交易形成的财产或资本转移机制的作用，产生强大的外部压力，促使公司加强管理与改善经营；③通过股票收益机制与股票差价机制的作用，对投资者产生强大的吸引力，从而为股票发行市场筹集资金奠定牢固的社会经济基础；④股票流通市场作为长期投资市场，具有整个社会经济发展动态指示器或风向标的作用。

4. 公司债与债券

公司债，指公司通过向社会发行债券所借之债。公司债券，是指表明公司债的有价证券。债券持有人可以在规定的期限届满时收回全部债款，并可以按期向公司收取规定的利息，而且这项利息是固定的，不论公司盈亏如何，都必须按期向债券持有人支付。公司债主要有两种：一种叫做无抵押品的公司，这是公司债仅以公司的信用为担保，没有其他抵押品作为担保。另一种叫做有抵押品的公司债，即以公司财产之全部或一部分作为偿还本利的担保而发行的债券。

发行公司债与股份是股份有限公司筹措资金的两种主要形式，但是它们是两个不同的概念，两者具有较大的差别，主要表现在以下五个方面：

（1）股份的持有者是公司的股东，是组成公司的成员，而公司债的持有人则仅仅是公司的债权人，与公司是债权债务关系。

（2）股份是一种永久性投资，股东不得要求公司返还股金，而公司债则有一定的清偿期，届时公司必须返还本金。

（3）股份（指普通股）通常没有固定的红利率，只有当公司盈利后才能进行分红，而且红利率随盈利的多少上下浮动，而公司债则有固定的利息率，无论公司是否盈利，公司债持有人均有权请求按期支付利息。

（4）股东作为公司的成员有权参加股东大会并进行投票，对公司的经营决策有参与权，而公司债持有人则一般无权参与公司的经营管理活动。

（5）当公司解散时，公司债持有人优先于股东得到清偿。

5. 红利与公积金

（1）红利。红利是公司盈利中用以分派给股东的部分。股东向公司投资的目的，主要是为了获利。公司的盈利主要来自两个方面，一是由营业结果取得的收入，称为营业盈余；二是非由于营业结果所取得的收入，例如，股票溢价出售与资产增值等，称为资本盈余。

红利不同于利息。利息是一种债务，不论公司获得利润与否都必须按期支付。红利只能从利润中分派。

（2）公积金。公积金是公司为了弥补意外亏损，扩大营业范围，或为了巩固公司的财政基础，从公司的盈利中提取一部分，不作为红利分配，而保留在公司内部，以备必要时使用的基金。公积金依其性质大体上可以分为两种：①法定公积金，即根据公司法的规定必须提存的公积金。②任意公积金，公司除依法提存法定公积金外，还可以经股东大会决议，从盈余中另外提存一部分，以备他日不时之需，这种公积金称为任意公积金。

案例五：

弗瑞赛诉范西地产公司案（1982）

戴尔、伍德与弗瑞赛三人达成建立一地产公司协议：三人对公司拥有平等权利；三人将对公司投入充分资金；伍德与弗瑞赛承担一切开发责任。

1978 年 1 月，范西地产公司正式建立，三人得到每股均价为 5 美元的普通股 5000 股，戴尔为公司购买土地而付了现金。1978 年 5 月，根据伍德的建议，伍德和弗瑞赛为支付股权而各自签发了25000美元的支票，但公司又立即签了同样金额的支票给这俩人。1979年，伍德支付了25000美元的股款，但弗瑞赛坚持其为公司工作的报酬已够支付股款。弗瑞赛后来辞去了公司的经理与董事之职，董事会随后决定取消弗瑞赛的股份。1979年8月，董事会决定出售公司的全部资产。原告弗瑞赛便以范西地产公司、戴尔和伍德为被告，声称他应有权得到销售通知。

对此，初审判决原告败诉，理由是：原告无权得到通知。

但上诉法院推翻了此判决，理由是：原告参与了创建公司和公司的经营活动，三人的书面协议中也明确规定他时股东，他也实际得到了股份；至于股款的缴付对公司的经营与成功也并不是关键的问题，原告也只是拒付现金股款；因此被告公司不能取消原告的股东资格，原告有权得到销售通知。

（三）股份有限公司的组织与管理

1. 公司的机关与管理权

公司内部设置是履行公司经营管理不同职能的机构，一般称为公司的“机关”。在传统的公司法中，股份有限公司主要有两个机关，即股东大会与董事会。股东大会是公司的最高权力机关，对公司的经营管理拥有广泛的决策权，包括有权选任与解任公司董事；董事会是公司的业务执行机关，根据股东大会的决议开展业务，并对股东大会负责。造成股份有限公司中所有权与管理权分离的直接原因主要是：

（1）随着股份有限公司规模的日益扩大以及小额股票的大量发行，股东人数不断地增加。

（2）现代化的公司企业随着科技的进步，其管理的技术性与专业性很强，也非常复杂，绝大多数股东由于知识、能力与时间等方面的局限，没有能力承担公司的管理任务。

（3）许多股东只追求自身的投资利润，并不希望参与公司的管理。

股东大会分为定期股东大会与临时股东大会两种。股东大会一般由董事会召集，董事长就是股东大会的主席。关于股东大会的权限，各国公司法的规定不完全相同。根据有些国家的公司法的规定，股东大会的权限主要有以下六项：①选任与解任董事；②决定红利的分派；③变更公司的章程；④增加或减少公司的资本；⑤审查董事会提出的营业报告书、资产负债表及其他表册；⑥决定公司的合并或解散。

应当指出的是，根据某些国家的公司法的规定，选任董事与解任董事的权力已不属于股东大会，而属于监察人会。根据各国公司法的规定，股东大会必须达到法定人数才能开会，但是各国对法定人数有不同的要求。股东有权参加股东大会。普通股的股东一般都有表决权，原则上是一股有一个表决权，优先股的股东则没有表决权。

为了维护少数股东的利益，有些国家，例如，美国各州的公司法都允许股东大会在选举董事会成员时，可以实行累积投票制。但是，有些国家，例如，英国等国家的公司法则不采取这种制度。根据这些国家的法律，在选举董事时严格实行一股一票制。

2. 董事会与双董事会

一般而言，在股份有限公司是由董事会决定公司的大政方针的，董事会任命总经理负责公司的日常经营事务，而董事会则由股东大会选任。这种经营管理体制大致分为英美体制、德法体制和日本与台湾地区体制三种类型。

（1）董事会的组成。各国公司法对董事的人数及资格有不同的规定。关于董事的资格，有些国家，例如，瑞士公司法与法国公司法规定，董事必须由股东担任，非公司的股东不得担任董事的职能。但是有些国家，例如，英国、美国、德国公司法及日本公司法则允许由非股东担任董事，其立法目的是为了让擅长企业管理的专家充当董事，以提高企业的效率。

董事会一般设有董事长与副董事长。在董事人数较多的情况下，还可以设立常务董事或执行委员会，负责主持企业的日常业务。

（2）董事会的权限。董事会作为股份有限公司的管理机构，具有十分广泛的权限。许多国家的公司法规定，除公司法或公司章程规定应由股东大会决议的事项外，公司的全部业务均可以由董事会执行。德国股份有限公司法明确地规定，董事会是股份有限公司的领导机关，“董事会应以自己的责任领导公司”。

“美国标准商事公司法”授予董事会以十分广泛的权力。根据“美国标准商事公司法”第 35 条的规定，除该法或公司章程另有规定外，公司的权力应由董事会行使，公司的业务事宜亦应在董事会的领导下进行。董事会有权决定公司的方针、政策，并有权选派负责管理公司日常业务的高级职员。根据英国公司法的规定，董事会的权限主要由公司章程规定。

（3）董事的责任。英美法系认为，董事与公司的关系是一种信赖关系，应负最大善意的注意义务。例如，英国公司法认为，董事兼有公司的受托人与代理人双重身份，不仅应尽到代理人对委托人应尽的义务，而且应当承担受托人对受益人应尽的义务。董事在管理公司的业务时，应当小心、谨慎行事，并以自己的技能为股东与公司谋利益。具体而言，董事的责任主要有以下六项：①以应有的谨慎与技能履行其职责；②不能使自己个人的利益与对公司的责任发生冲突，不能从事与公司相竞争的业务；③不能把公司的金钱借贷给董事；④不能以董事的身份谋取个人的利益；⑤如果董事在与公司签订合同时直接或间接地涉及个人的利益，必须把有关情况在董事会上做出说明 ；⑥董事对涉及其个人利益的合同或其他安排，不得在董事会上参与投票，如果他参加了投票，则不得计算票数。

如果董事违反其职责，则可以依法罚款或判处徒刑；董事违反职责所取得的利益，根据衡平法上有关信托的法律应全部属于公司所有；如果董事违反法律或违反职责而使公司或第三人遭受损失，则董事必须承担损害赔偿责任。

案例六：

中西经营公司诉斯蒂芬案（1984）

被告（斯蒂芬）自 1969 年 8 月至 1971 年 12 月为中西经营公司董事和投资委员会主席。1970 年夏，被告的儿子欲建立一证券经纪行，被告建议中西经营公司给予融资。

经协商，原告（中西经营公司）答应在被告经营该新建企业并购买 10 万股的前提下，它将对该新建公司投入 25 万美元。在 1970 年被告出席的两次股东会议上，原告公司的董事都对股东们说被告已同意以每股 1.5 美元购买新企业 10 万股，股东们便批准了该融资计划，原告公司对该新建公司投入了 25 万美元，该新公司发生亏损，原告公司又投入了 15 万美元，该新公司于 1971 年年底倒闭，原告公司共损失 32.5 万美元。

原告公司后来发现被告对新建公司分文未投，遂控告其违背董事的诚信义务，要求被告支付赔偿金和罚款。

法院最后判决原告胜诉。其理由是：原告公司愿意冒经纪人生意风险的前提条件是被告也愿意和它一道冒险，被告为使原告公司单独冒险而进行了欺骗，违背了董事的诚信义务，为此，被告应向原告公司赔偿32.5万美元损失，并向其支付2.5万美元罚款。

3. 监察人会与公司监察人或审计人

随着股份有限公司董事会权力的不断扩大，各国公司法都采取各种不同的形式加强对公司业务执行机构的检查与监督，防止它们滥用职权，危及股东与第三人的利益。有些国家的法律规定股份有限公司必须设立监察人会，有些国家的法律则要求设立监察人或审计人，情况不完全相同。

（四）公司解散与清算

各国公司法对股份有限公司解散的原因都有具体的规定。根据德国、法国股份有限公司法与日本商法典的规定，股份有限公司的解散主要有以下七个方面的原因：①公司章程所规定的解散事由的发生，例如，公司章程规定的期限已经届满；②公司经营的事业已经成就或不能成就；③股东会议的决议；④公司的股东人数或资本总额低于法定的最低数额；⑤被其他公司合并；⑥公司破产；⑦政府主管部门下令解散。

公司在解散后，应指定清算人对公司的债权、债务与公司财产进行清理。清算人在履行清算职务时，有代表公司的全权。公司对清算人权限所做出的限制，不得对抗善意的第三人。清算人必须在一定的期限内（例如6个月）完成公司的清算工作。清算人的主要职责是：①检查公司的财产状况，并造具资产负债表及财产目录送交各股东查阅；②以公告的方式催告债权人在一定的期限内报明其债权，对于知道姓名的债权人，应分别予以通知；③了结公司的业务；④收回公司的债权；⑤偿还公司的债务；⑥分配公司的剩余财产。

英国公司法关于公司解散与清算程序的规定与德国和日本的法律有所不同。英国公司法把公司解散的程序称为结业。根据英国公司法的规定，公司的结业有以下三种情况：①强制结业；②自愿结业；③在法院监督下的结业。

对于公司的解散与清算的关系，各国的立法规定不同，主要有两种制度：①“先算后散”，即规定公司只有清算后才能解散，例如，英国法就做出了这样的规定；②“先散后算”，即规定公司应当首先宣布解散，然后再进行清算，大多数大陆法国家做出这样的规定。

（五）公司合并、兼并与收购

1. 公司合并

公司合并，指两个或两个以上的公司根据契约或法令，归并为一个公司的法律行为。公司合并有两种形式：

（1）吸收合并，指两个以上的公司合并后，其中一个公司（吸收方）存续，而其他公司（被吸收方）解散。

（2）新设合并，指两个或两个以上的公司合并后，合并各方解散，另外创立一个新公司。

2. 兼并

兼并指两家或更多的独立企业或公司合并组成一家企业，通常是一家占优势的公司吸收一家或更多的公司。兼并的方法有三种：用现金或证券购买其他公司的资产；购买其他公司的股份或股票；对其他公司股东发行新股票以换取其所持有的股权，从而取得其他公司的资产与负债。

3. 收购

收购指通过证券市场收购目标企业的股份或购买目标企业的股票达到控制目标企业，使资产所有权与经营权有偿转让的行为。收购的途径有三种：控股式、购买式、吸收式。

现在，通常把“兼并”与“收购”统称为“并购”。企业并购可以从三个方面进行分类，即根据行业关系、产权转移与其他方式的分类。根据并购双方的行业关系进行分类是最基本的分类标准，可以分为三种类型：横向（水平）并购、纵向（垂直）并购、混合并购。

案例七：

格斯伯格诉金矿开发公司案（1978）

［案例简介］被告（金矿开发公司）的主要资产为在路易安娜州境内靠近密西西比河岸的900英亩土地。1944年，购买此地的价钱为65000美元，到1975年，此地的每英亩价值为3000美元。该地从买下来始即种植并不怎么赚钱的甘蔗，于是从1966年开始即有多家工厂欲购此地，其最新估计为3600美元/英亩。被告的董事们预计地价还会上涨，因此未做任何信息收集和要约评估，即投票否决出售。拥有被告公司40%股份的10位股东未经其他拥有公司60%股份同时亦为公司董事的4位股东同意即要求法院强制解散公司，其理由是公司出现了两种法定的解散原因：公司目标完全落空或完全被抛弃；解散并清算公司对实现股东利益是有好处的。

但是，法院最后判决原告（格斯伯格）败诉。理由是：自1944年以来，公司一直在该土地上种植甘蔗，而且现在还在种，因此公司目标并未落空或完全抛弃，再说，土地只能用于工业目的而不可用于农业目的也无依据；此外，种植甘蔗虽为低利，但解散也涉及清算费用和税收，因此，解散对实现股东利益也不一定有好处。

复习思考题

1. 知识产权有哪些法律特征？
2. 我国《著作权法》保护的对象有哪些？
3. 如何认定著作权的主体？
4. 著作权人享有哪些权利？
5. 如何签订著作权许可使用、转让合同？
6. 如何认定专利权的主体？
7. 我国《专利法》保护的对象有哪些？
8. 授予发明和实用新型专利权的条件是什么？
9. 专利权人的权利和义务是什么？
10. 商标权的主体和客体是什么？
11. 注册商标所有人的权利和义务有哪些？
12. 各主要国家的产品责任法各依据什么原则？
13. 什么是商事组织？什么是股份有限公司？

第五章

票据法律制度

内容提要

票据作为一种支付手段，越来越多地被用在经济业务往来的结算之中，尤其是在国际经济贸易中，票据是一种重要的结算手段。本章采取理论联系实际的方式，介绍了一些票据基本知识，如票据的概念、特征、票据权利、票据行为的构成要件等，另外本章着重介绍了票据操作过程中必须遵守的法律法规，如各种票据行为的格式，票据权利的取得、行使和保全，付款权和追索权的实现等，掌握这些票据知识对于从事国际贸易活动是非常必要的。

第一节 票据法概述

一、票据概述

（一）票据的概念

依照《票据法》的规定，票据是指由出票人签发的、约定由自己或者委托他人在一定时间、一定地点，按票面所载文义无条件支付一定金额的有价证券。我国《票据法》中所规定的票据包括：汇票、本票和支票。一般来讲，票据具有信用、支付、汇兑和结算等职能。票据具有以下法律特征：

1. 票据是完全有价证券

票据与一定的财产权利或价值结合在一起，并以一定货币金额表示其价值。票据的权利与票据不可分开。票据的权利随票据的制作而发生，随票据的出让而转移，占有票据，即占有票据的价值；不占有票据，就不能主张票据权利。

2. 票据是要式证券

票据的格式是由法律规定的，必须根据法律规定的必要形式制作，票据才能有效。如我国《票据法》规定了汇票、本票、支票必须记载的事项，未记载规定事项的，票据无效。

3. 票据是一种无因证券

票据的持票人行使票据权利时，无需说明其取得票据的原因，只要占有票据就可以行使票据权利。至于取得票据的原因，持票人无说明的义务，债务人也无审查的权利，即使取得票据的原因归于无效，对票据关系也不发生影响。票据的无因性，有利于保障持票人的权利和票据的顺利流通。

4. 票据是流通证券

票据在到期前，可以通过背书方式转让而流通。票据的流通性是票据的基本特征。票据若不能流通，就不能称其为票据。

5. 票据是文义证券

票据上的权利义务必须以票据上的文字记载为准。有关票据债权人或票据债务人，均应当对票据上所记载的文义负责，不得以任何方式或理由变更票据上文字记载的意义。

6. 票据是设权证券

票据是创设权利，而不是证明已经存在的权利。票据一经填制而成，票据上的权利便随之而确立。如一张空白支票，出票人在金额一栏填写多少金额，该支票便具有多少金额的金钱债权。

7. 票据是债权证券

票据所创设的权利是金钱债权，票据持有人，可以对票据记载的一定数额的金钱向票据的特定债务人行使请求付款权，因此票据是一种金钱债权证券。

（二）票据当事人

票据当事人又称票据法律关系主体，是指在票据法律关系中，享有票据权利，承担票据义务的主体。票据当事人包括基本当事人和非基本当事人。

1. 基本当事人

基本当事人是指在票据作成和交付时已经存在的当事人，是构成票据法律关系的必要主体。票据的基本当事人包括：出票人、付款人和收款人。不同种类的票据基本当事人有所不同，基本当事人不存在或不完全，票据无效。

（1）出票人。出票人是指依照法定方式签发票据并将票据交付给收款人的人。出票人可以是单位，也可以是个人，可以是商业企业，也可以是银行。

（2）收款人。收款人是指票据到期后有权收取票据金额的人，又称票据权利人，票据权利可以通过背书转让给他人，受让票据权利的人称为持票人，又是收款人。

（3）付款人。付款人是指由出票人委托付款或自行承担付款责任的人，付款人付款后，票据上的一切票据债务责任解除。

2. 非基本当事人

非基本当事人是指在票据填制完成并交付后，通过一定的票据行为加入票据关系而享有一定权利，承担一定义务的当事人，包括承兑人、背书人、被背书人、保证人等。

二、票据的种类

我国《票据法》规定的票据分为汇票、本票、支票三种。

（一）汇票

汇票是出票人签发的，委托付款人在见票时或者在指定日期，无条件支付确定金额给收款人或持票人的票据，在汇票关系中，包括三个基本当事人，即出票人、付款人和收款人。

汇票可以按照不同的标准进行分类，通常将汇票划分为以下具体种类：

1. 银行汇票和商业汇票

按照汇票当事人身份的不同，汇票可以分为银行汇票和商业汇票，银行汇票是以银行为出票人，同时以银行为付款人的汇票。商业汇票是以银行以外的其他公司、企业为出票人，以银行或其他公司以及企业等为付款人的汇票，我国《票据法》规定，汇票包括银行汇票和商业汇票。

2. 即期汇票和远期汇票

按照汇票付款期限的不同，汇票可以分为即期汇票和远期汇票。即期汇票又称为见票即付汇票，即在汇票上无到期日的记载，而在收款人或持票人向付款人提示汇票，请求付款之时即为到期，付款人应即时付款的汇票。远期汇票则是在汇票上记载到期日，付款人在到期时承担付款的汇票，我国《票据法》规定，汇票既可以是即期汇票，也可以是远期汇票。我国《票据法》规定远期汇票又可分为出票后定期付款汇票，定日付款汇票和见票后定期付款汇票。

（二）本票

本票是由出票人签发的，约定由自己在见票时或在指定日期，无条件支付确定金额给收款人或者持票人的票据。在本票关系中，包括两个基本当事人，即出票人和收款人。我国《票据法》规定的本票，仅指银行本票。

（三）支票

支票是由出票人签发的，委托银行或者其他金融机构在见票时，无条件支付确定金额给收款人或持票人的票据，在支票关系中，包括三个基本当事人，即出票人、付款人和收款人。

支票分为普通支票、现金支票和转账支票三种。普通支票是对付款无特别限制的支票，既可以用于支取现金，也可以用于转账；现金支票是专门用于支取现金的支票；转账支票则是专门用于转账的支票，不能支取现金。

三、票据法的概念

票据法有广义、狭义之分。广义的票据法是指调整票据关系的各种法律规范的总称，既包括专门的票据法律、法规，也包括其他法律、法规中有关票据的规范。一般意义上所说的票据法是指狭义的票据法，即专门的票据法规范，它是规定票据的种类、形式和内容，明确票据当事人之间的权利义务，调整因票据而发生的各种社会关系的法律规范。《中华人民共和国票据法》于1995年5月10日公布，1996年1月1日起实施，后经2004年8月28日第十届全国人民代表大会常务委员会第十一次会议修正。

第二节 票据行为

一、票据行为概述

（一）票据行为的概念

票据行为是指以发生票据上权利义务为目的的法律行为。票据行为是在票据关系当事人之间进行的行为。我国《票据法》规定，票据行为是指票据当事人以发生票据债务为目的，以在票据上签名或盖章为权利义务成立要件的法律行为，包括出票、背书、承兑和保证四种。票据行为具有下列特征：

1. 票据行为具有无因性

在通常情况下，票据行为均基于一定的客观情况而发生。例如，为进行买卖价金的支付，或者为偿还货款债务，而发出票据或者转让票据，这种引起票据行为发生的客观情况，称为票据行为的原因关系。为了保障票据的流通与安全性，在《票据法》上，将票据行为的效力与其原因关系相分离；票据行为一经完成，其效力即不再受原因关系存废变更的影响，这就是票据行为的无因性。例如，甲与乙订立一买卖合同，甲向乙签发了一张委托丙支付买卖合同价款的汇票，汇票的出票行为符合《票据法》要求为有效票据，乙持汇票向丙提示付款时，丙不得以甲、乙买卖合同无效为由拒付票据上金额。

2. 票据行为具有要式性

票据行为的要式性是指行为人必须依照法定方式为相应的票据行为，不允许选择行为方式，否则票据无效，即必须严格按照《票据法》规定去记载一些事项。

3. 票据行为具有文义性

票据行为的内容完全依照票据上记载的文义而定，即使与实质关系内容一致，仍按票据上的记载而产生效力。

4. 票据行为具有独立性

票据行为的独立性包含两层意思：一是票据上的行为人的意思表示是独立的。票据上的债务，因债务人的行为而成立。行为人做成票据并在上面签名，视为签名人对于不特定的持票人所作的承担票据债务的意思表示。签名人在签名时实际上无法、也没必要征得持票人的承诺。二是票据上的出票、承兑、保证等票据行为是彼此独立的。此一行为的无效并不影响彼一行为的有效性。

(二) 票据行为的成立要件

票据行为的成立，在实质要件上，与一般的法律行为并无不同，即要求行为人必须具有行为能力，无民事行为能力人和限制民事行为能力人在票据上的签章均无效，但这个无效并不影响其他有民事行为能力人的票据签章的效力。此外，票据当事人的意思表示应当真实，不得采取欺诈、胁迫手段。票据在内容上不得损害社会公共利益，在形式要件上，票据行为与一般法律行为有所不同，要求具备以下三个要件，才能使票据行为有效成立。

1. 行为人在票据上进行必备事项的记载

票据记载是确定票据内容的唯一根据，因而，也就成为票据行为成立的形式要件之一，依照票据记载事项对于票据行为成立所发生的不同作用，可以把票据记载事项分为以下三类：

(1) 必要记载事项。《票据法》规定在票据上应当进行记载的事项，为必要记载事项。在必要记载事项中，包括绝对必要记载事项和相对必要记载事项，前者为应当记载，且不可缺少的事项，在其未记载时，则票据行为无效，例如，票据金额、付款人名称等的记载，即为绝对必要记载事项，在其记载有欠缺时，票据行为无效。后者则为应当记载，但可缺少的事项，在其未记载时，视为已依照法律规定的内容记载，票据行为有效。例如，汇票上付款日的记载，为相对必要记载事项，在未记载时，法律规定视为见票即付。

（2）无益记载事项。《票据法》规定不应进行记载的事项，为无益记载事项。无益记载事项包括绝对无益记载事项和相对无益记载事项，前者为不应记载，且禁止记载的事项，在发生记载时，票据行为无效。例如，附条件支付票据金额的记载、部分金额转让背书或分别转让背书的记载，均使背书无效，后者为不应记载，但可存在的记载，在发生该记载时，视为未记载，不影响票据行为的效力。例如，背书不应附有条件，但仅附条件的记载本身无效，不影响背书的效力。

（3）有益记载事项。《票据法》规定在票据上可以进行记载的事项，为有益记载事项。包括绝对有益记载事项和相对有益记载事项，前者为可以记载，记载后即发生《票据法》上规定的效力的事项。例如，背书中的“不得转让”记载，在背书人进行记载后，即发生该记载的效力。后者为可以记载，但记载后不发生票据上效力的事项。例如，票据的编号，有关银行会计处理的各项记载等，均可在票据上记载，但仅具有银行业务处理上的效力或者其他证据效力，而不发生票据上效力。

2. 行为人在票据上签章

票据上签章是确定票据义务人的唯一根据，票据行为人只有通过在票据上签章，才能表明自己参加票据法律关系，承担票据债务，成为票据义务人。我国《票据法》规定，行为人在票据上的签章，可以为签名、盖章或签名加盖章；法人的签章则必须是法人单位的签章加其法定代表人或授权代理人的签章。

3. 行为人将票据交付对方

票据作为有价证券，其权利的发生、转移，均应通过作为有价证券的票据自身占有转移才能实现，因而，票据行为的成立，要求以行为人将票据交付对方，作为形式要件之一。

（三）票据代理

票据代理是指票据行为权利人授权代理人代理其进行票据行为。在票据上设立票据代理制度，是为了适应票据交易范围扩大和距离遥远所造成的票据流通的需要，方便票据当事人及时、有效地利用票据进行经济活动。代理人以被代理人的名义在代理权限内进行票据行为，并在票据上表明其代理关系，签署代理人自己的名字，由此产生的权利义务由被代理人承受。

一般来讲，形成票据代理关系必须具备三个条件：

（1）票据当事人需要有委托代理的意思表示，一般以书面形式即以授权委托书的方式为宜；

（2）代理人必须按被代理人的委托在票据上签章，如果代理人未在票据上以自己的名字或名称签章，则不产生票据代理效力；

（3）代理人应在票据上表明代理关系，即说明“代理”字样或类似的文句。否则，代理行为不能受到法律保护。

二、出　票

（一）出票的概念

出票是指出票人作成票据并交付给收款人的行为。它是创设票据的基本票据行为。

出票包括开票和交付两个行为。开票亦称作成，是指出票人依法定款式将应记载事项记载在票据上，并签章于其上。交付，亦称发行，是指出票人将已作成的票据交付给他人。出票若无交付行为，则该票据尚不发生效力，不能算作出票行为的完成。这里的交付，是票据的第一次交付。出票行为是汇票、本票、支票都必须有的行为。

（二）票据的格式

票据的格式，是指以要式行为作成票据的形式，即记载事项和记载形式。

1. 汇票的格式

（1）绝对必要记载事项。我国《票据法》规定，汇票的绝对必要记载事项包括：①汇票文句，即表明该票据为汇票的文字。汇票必须记载其名称，以示与其他票据相区别，并且使出票人了解其票据上的责任。②汇票金额，汇票必须记载金额，而且必须是确定的，汇票金额的记载方法，一般以文字和阿拉伯数字分别记载，中文大写与阿拉伯数字的填写必须一致，否则无效。③无条件支付的委托。票据是流通证券，为保证票据交易的安全，汇票上的金额必须无条件支付，即对于支付票据金额与方法，不得附带任何条件，而阻碍票据的流通。④付款人名称。出票时需记载对汇票上的金额负有到期支付责任人的名称。⑤收款人名称。收款人的名称是指最初的持票人或债权人，应将收款人记载于票面上。⑥出票日期。汇票出票时应记载年、月、日。⑦出票人签章。出票人在汇票上签章是汇票成立的绝对要件，出票人不仅要记载其名称，而且必须亲自签章。

（2）相对必要记载事项。我国《票据法》规定，汇票的相对必要记载事项包括：①付款日期，又称到期日，是指确定汇票债权人行使权利及债务人履行义务的时间，如果没有记载日期，视为见票即付。②付款地，汇票上未记载付款地时，以付款人的营业场所、住所或经常居住地为付款地，不因此而影响票据的效力。③出票地，汇票上未记载出票地的，应以出票人的营业场所、住所或经常居住地为出票地。

（3）绝对有益记载事项。绝对有益记载事项包括：①禁止背书；②免除作成拒绝证书；③一定日期前禁止承兑等。

（4）相对有益记载事项。相对有益记载事项包括：①签发汇票的原因；②该票据项下的合同号码；③开户银行名称及账号等。

2. 本票的格式

（1）绝对必要记载事项。我国《票据法》规定，本票绝对必要记载事项包括：①本票文句；②本票金额；③无条件支付的承诺；④出票年、月、日；⑤收款人的名称；⑥出票人签章。

（2）相对必要记载事项。我国《票据法》规定，本票的相对必要记载事项包括：出票地和付款地。

（3）绝对有益记载事项。我国《票据法》对本票的绝对有益记载事项未做规定，因此应适用汇票的有关规定。

3. 支票出票的格式

（1）绝对必要记载事项。我国《票据法》规定，支票绝对必要记载事项包括：①支票文句；②支票金额；③无条件支付的委托；④出票年、月、日；⑤付款人的名称；⑥出票人签章等。

（2）相对必要记载事项。我国《票据法》规定，支票的相对必要记载事项包括：①收款人名称，支票未记载收款人的，以持票人为收款人；②出票地；③付款地等。

（3）绝对有益记载事项。①划平行线；②禁止背书转让；③免除作成拒绝通知或免除作成拒绝证书等。

三、背　书

（一）背书的概念

背书是指持票人为了实现转让票据权利和其他目的，在票据背面或粘单上所为的一种附属的票据行为，作背书转让的持票人为背书人，受让背书的为被背书人，背书行为适用于汇票、本票和支票，一般情况下，如为了转让票据权利而背书，背书人对被背书人承担保证责任，即票据背书次数越多，担保性越强。

（二）背书的格式

1. 必要记载事项

根据我国《票据法》的规定，背书人签章和被背书人名称是绝对必要记载事项，而背书日期为相对必要记载事项，未记载日期的视为汇票到期日前背书。

2. 有益记载事项

根据我国《票据法》的规定，有益记载事项为不得转让和背书人住所。

3. 不得记载事项

(1) 一部分背书和分割背书。一部分背书和分割背书无效。

(2) 附条件背书。附条件背书所附条件无效，但背书仍有效。

（三）背书的效力

背书的效力是指票据因背书行为所带来的法律后果，在此主要介绍一下转让背书的效力。

1. 权利转移的效力

权利转移的效力是指票据上的权利因背书而由背书人转移于被背书人。

2. 担保责任的效力

担保责任的效力是指背书人以负担票据债务的意思为背书，对其后手有担保承兑和付款的责任，即若被背书人请求付款遭拒绝，可向背书人追索。

3. 权利证明的效力

权利证明的效力是指持票人应以背书的连续来证明其取得票据权利，背书连续是指本次背书人应是前一次背书的被背书人。

四、承　兑

（一）承兑的概念

承兑是指汇票付款人承诺在汇票到期日支付票据金额的票据行为，承兑是汇票独有的一种制度，而且不适用见票即付的汇票。

（二）承兑的格式

根据《票据法》的规定，付款人承兑汇票应当在正面作成，“承兑”字样和承兑人签章为绝对必要记载事项，承兑日期为相对必要记载事项，即未记载的，以付款人收到承兑提出之日起的第三日为承兑日期。

（三）承兑的效力

承兑的效力是承兑人于到期日承担绝对付款的责任，即成为主债务人。

五、保　证

（一）保证的概念

票据保证是票据债务人以外的人对票据债务的履行提供担保的附属票据行为。

票据保证与普通民事保证比较起来具有自身的特点：①票据保证是一种附属票据行为；②票据保证具有独立性；③票据保证人承担连带保证责任；④票据保证人应为票据债务人以外的人担当；⑤票据保证是一种要式行为；⑥票据保证是单方法律行为。

（二）票据保证的格式

1. 绝对必要记载事项

根据《票据法》规定，绝对必要记载事项有表明“保证”字样，保证人的名称和住所、保证人签章三项。

2. 相对必要记载事项

被保证人的名称和保证日期为相对应记载事项。《票据法》规定，保证人在汇票或粘单上未记载被保证人名称的，已承兑的汇票，承兑人为被保证人；未承兑的汇票，出票人为被保证人，保证人未记载保证日期的，出票日期为保证日期。

3. 不得记载事项

保证不得附有条件，附有条件的，不影响对汇票的保证责任。

六、伪造票据与变造票据

（一）伪造票据

1. 伪造票据的概念

伪造票据是指假冒他人名义，以行使票据权利，承担票据义务为目的进行的票据行为。伪造票据的方法是假冒他人签章，具体方法有多种多样，可以是用书写模仿他人签名；伪刻他人印章盖用；盗窃他人印章盖用；利用保管印章而冒用他人印章等。被冒用的“他人”也有多种形式，可以是现实存在的某个人，或已经死亡的人，或失踪的人，或是根本不存在的人等。伪造票据的特点是假冒人并未在票据上签署或盖用其真实签章，而且伪造的目的是行使票据权利或承担票据义务。如甲假冒乙的名义在票据上签写乙的姓名是为了让乙承担票据责任。

2. 伪造票据的效力

（1）伪造票据对伪造人的效力。票据伪造人伪造票据时，没有亲自签章于票据上，根据票据文义性特点，票据伪造人不负任何票据上的责任，但票据伪造人须承担民事上的因伪造行为而发生的侵权损害赔偿责任，情节严重的，应负伪造金融票证罪的法律责任。

（2）伪造票据对被伪造人的效力，票据伪造是伪造人假冒被伪造人所为的票据行为，被伪造人在伪造票据上没有任何意思表示，所以被伪造人不负任何票据上的责任。但如果事后得到被伪造人追认补充其授权的，则该票据行为有效，从而对被伪造人产生了承担票据债务的责任。

（3）伪造票据对真正签章人的效力，凡真正签章于票据上的人，仍应各负票据上的责任，不受伪造签章的影响。因为根据票据行为独立性特点，一行为无效，不影响其他行为的效力。

（二）变造票据

1. 变造票据的概念

票据变造是指无权而擅自变更票据文义的行为，即变更签章以外的票据上记载的内容。变造票据的前提是该票据在变造前须为形式上有效的票据，而在变造后仍须为形式上有效的票据。票据变造的具体方式，可以表现为将原有的记载涂去，改写新的记载，或者直接在原有的记载上加添新的字句，变造票据的后果是使票据权利义务关系的内容发生变化。

2. 变造票据的效力

（1）变造票据前票据签章人的责任。票据签章人在变造票据前已签章于票据上，并且变造票据未经其同意后，票据签章人的票据行为不受变造行为影响，所以变造票据前签章人应依变造前的原有文义负责。

（2）票据变造人的责任。分三种情况：①票据变造人并未在票据上签章，仅变造票据的文义，不负变造票据上的票据责任，只负民事责任及刑事责任；②票据变造人变造票据后，又签章于票据上的，根据票据的文义性特点，票据变造人应负票据变造后的票据上的责任；③持票人变造票据时，应承担因其变造行为给被变造人造成损失的责任，如触犯刑法，还要承担刑事责任。但持票人仍可对票据变造前的票据债务人行使票据权利。

（3）票据变造后票据签章人的责任。票据签章人变造票据后签章的，因票据具有文义性，变造后的票据文义即构成签章人的意思表示的内容，基于票据行为独立性特点，票据变造后，签章人应负票据变造后票据文义的责任。如果不能辨别是在票据被变造之前或之后签章的，视同在变造之前签章。

第三节　票据权利

一、票据权利的概念

票据权利是指持票人向票据债务人请求支付票据金额的权利。票据权利是票据关系中票据债权人享有的权利，是一种证券权利，产生于票据债务人的票据行为，因此该权利也叫票据上的权利。票据权利具有下列特征：

1. 票据权利是金钱债权

债务人履行义务时，不能以货物、劳务或其他无形财产权利来代替，票据持有人可凭票据向主债务人请求给付。如果不能得到票据上确定的金额时，可以凭票据行使追索权。

2. 票据权利的行使范围限定在票据的当事人之中

持票人有权向票据上的任何一个当事人请求付款，但是持票人不得向处在自己后面的当事人行使追索权。

3. 票据权利的确定性

票据经出票行为作成后，无论票据流通到何人手中，确定票据权利的事项都不会改变。

二、票据权利的内容

票据权利包括付款请求权和追索权。

（一）付款请求权

付款请求权是指持票人向汇票的承兑人、本票的出票人、支票的付款人出示票据要求付款的权利。付款请求权是第一次票据权利，又称主票据权利，行使付款请求权的持票人可以是票载收款人或最后的被背书人。承担付款义务的主要是票据的主债务人。

（二）追索权

票据追索权是指票据当事人行使付款请求权遭到拒绝或有其他法定原因存在时，向其前手请求偿还票据金额及其他法定费用的权利，是第二次权利，又称偿还请求权。行使追索权的当事人除收款人和最后被背书人外，还可能是代为清偿票据债务的保证人、背书人。

三、票据权利的取得

票据权利的取得是指依一定法律事实的发生而享有票据权利。票据权利的取得分为原始取得和继受取得两种方式。

（一）原始取得

票据的原始取得，是指持票人不经由其前手权利人而最初取得票据权利，它又分为出票取得和善意取得两种方式。

1. 出票取得

出票取得是指出票人作成票据，并将其交付于收款人完成出票行为，从而收款人成为票据权利人，取得票据权利，这是票据权利取得的最常见的方式。如 A 签发一张付款人为 B 收款人为 C 的汇票给 C，C 的票据权利即是一种出票取得。

2. 善意取得

善意取得又称票据的即时取得，或善意受让，是指受让人不知让与人无处分票据的权利而取得票据的所有权。善意取得票据权利，必须具备下列三个条件：（1）必须依照《票据法》上的转让方法而取得，即依背书或交付而取得票据权利。（2）必须是从无权利人处取得票据，无处分权的人必须是受让人的直接前手，否则不是善意取得。（3）票据取得人于受让时必须无恶意或无重大过失。受让人取得票据时，以自己的具体身份尽到了最大注意力，仍不知道其直接前手出让人为无权利人。

（二）继受取得

票据权利的继受取得是指持票人通过某种法律行为从有正当处分权的人那里取得票据的所有权，继受取得的方式有两种：

1.《票据法》上的继受取得

《票据法》上的继受取得是指持票人依照背书或交付的方式，从有正当处分权的人那里取得票据权利，票据是流通证券，所以用这种方式取得票据权利的方式最为普遍，如 A 以背书方式把一张金额为 10 万元的汇票转让给 B。

2. 非《票据法》上的继受取得

非《票据法》上的继受取得是指因普通债权的转让、继承、受赠或公司合并等原因而取得票据权利，如A持有一张B开给他的付款人为C的汇票，他突然遇车祸死亡，他的儿子D就可以通过继承方式取得这张汇票上的票据权利而成为持票人。

四、票据权利的行使与保全

（一）票据权利的行使与保全的概念

票据权利的行使是指票据权利人向票据债务人提示票据，请求其履行票据债务的权利，如提示承兑、提示付款等。票据权利的保全是指票据权利人为防止票据权利丧失而进行的行为，如中断时效等。票据权利的行使，往往需要使用一些票据权利的保全措施，所以法律上常常将二者并称。

（二）票据权利行使与保全的方式

票据权利行使与保全的方式，通常有提示付款、作成拒绝证书和时效中断三种：

1. 提示付款

提示付款是指票据权利人向付款人出示票据，请求付款，它一方面是票据权利人请求付款，即票据权利的行使，另一方面，又是行使追索权所必须具备的要件之一，即票据权利的保全。比如A持有一张B开给他由C付款的汇票，A向C提示付款，既是要求付款人C付款，是票据权利的行使，同时如果C拒绝付款，这一行为又成为A向出票人B行使追索权的必要条件之一，也就是提示付款这一行为又保全了A的票据权利。

2. 作成拒绝证书

作成拒绝证书是指在《票据法》规定的期间内，请求作成拒绝付款证书或拒绝承兑证书。它是票据权利保全的一种有效形式，也即付款人被拒绝付款后或被拒绝承兑后向出票人行使追索权的必要条件之一。拒绝证书一般由持票人向公证处、法院等机构申请，经公证处、法院等机构审查后作出。如前例中所述持票人A若被C拒绝付款，可以向B行使追索权，其必须在法定期限内向公证处、法院等机构申请作出拒绝证书。

3. 时效中断

汇票、本票及支票均有不同的时效规定，如果超过时效不行使票据权利的，其票据权利即丧失。但在票据的时效期内，往往会出现一些中断票据时效的行为，使票据时效重新计算，从而保全了持票人的票据权利。例如在票据时效进行中，一方当事人起诉，致使以前经过的时效期间统归无效，从中断时起，其时效期间重新计算。

五、票据权利的消灭

（一）票据权利消灭的概念与种类

票据权利的消灭是指因一定的法律事实而使票据上的付款请求权和追索权失去其法律意义。票据权利消灭因其原因和后果不同，可以分为票据权利的相对消灭和绝对消灭两类。相对消灭是指票据权利因民法上规定的债权消灭原因而消灭，绝对消灭是指票据权利因其自身原因或因《票据法》上规定的原因而归于消灭。

（二）票据权利消灭的原因

票据权利消灭的原因有以下几种：①履行，即付款；②抵销；③免除；④混同；⑤提存；⑥票据涂销或毁损；⑦票据权利保全手续的欠缺；⑧票据权利消灭时效届满。

关于票据权利的消灭时效，我国《票据法》规定，票据权利在下列期限内不行使而消灭：①持票人对票据的出票人和承兑人的权利，自票据到期日2年，见票即付的汇票、本票，自出票日起2年；②持票人对支票出票人的权利，自出票日起6个月；③持票人对前手的追索权，自被拒绝承兑或者被拒绝付款之日起6个月；④持票人对前手的再追索权，自清偿日或被提起诉讼之日起3个月。

第四节 汇票、本票和支票的法律规定

一、汇票的法律规定

（一）付款

付款是汇票的承兑人（付款人）向持票人支付汇票票据金额，以消灭票据权利义务的行为。

1. 付款的提示

付款的提示是指持票人向付款人或承兑人现实地出示票据，请求付款的行为。付款的提示是票据权利的行使和保全，如果持票人不按照法定期限提示付款的，则丧失对其前手的追索权，但经作出说明后，承兑人或者付款人仍应对持票人承担付款责任。持票人应按下列期限提示付款：①见票即付的汇票，自出票日起1个月内向付款人提示付款；②定日付款、出票后定期付款或者见票后定期付款的汇票，自到期日起10日内向承兑人提示付款。通过委托收款银行或者通过票据交换系统向付款人提示付款的，视同持票人提示付款。

2. 付款的方法和责任

（1）付款的方法。付款人或者承兑人必须在持票人请求付款的当日足额付款，不允许延期付款。汇票获得付款时，应当由持票人在汇票上签收，并将汇票交给付款人（开户银行）。持票人委托银行收款的，托收银行将代收的汇票金额转账收入持票人的账户，视同签收。

（2）付款的责任。受托银行只要依法将汇票金额收入持票人账户或从付款人账户支付，即为如约履行了义务，对于汇票当事人之间的纠纷或其他原因造成的损失，不承担任何责任。

付款人或代理付款人在付款时，必须承担审查义务。一要审查提示付款人的合法身份证明或者有效证件；二要审查汇票上背书是否连续。付款人或代理人付款时，有恶意或重大过失造成当事人损失的，应自行承担责任。即如果付款人或代理付款人在付款时故意或没有尽到应审查的义务而将汇票上金额付给了非票据权利人，由此所造成的损失由付款人或代理付款人自己承担。

（二）追索权

追索权是持票人在票据到期不获付款或到期前不获承兑或有其他法定原因，并在实施行使或保全票据上权利的行为后，可向其前手请求偿还票据金额、利息及其他法定款项的一种票据权利，是票据上的二次性权利，即付款请求权不能实现而行使追索权。

1. 追索权的当事人

追索权的当事人包括追索权人和偿还义务人，追索权人包括最后的持票人和代为清偿的票据债务人，代为清偿的票据债务人是指已经承担保证责任的保证人或者已经付款的背书人，偿还义务人包括出票人、背书人、承兑人、保证人。

2. 追索权行使的原因

汇票到期日前，有下列情况之一的，持票人可以行使追索权：汇票被拒绝承兑；承兑人或者付款人死亡、逃匿的；承兑人或者付款人被依法宣告破产或者因违法被责令终止业务活动的。

二、本票的法律规定

根据我国《票据法》的规定，本票即银行本票，在我国仅限于见票即付的银行本票，我国的银行本票分为定额和不定额本票两种，定额本票面额分别为1000元、5000元、10000元和50000元四种。

本票的背书、保证和追索权的行使，基本适用汇票的有关规定。但本票的付款提示期限为出票之日起2个月，并保证支付。即本票的出票人在持票人提示见票时，必须承担付款的责任，持票人未按规定期限提示见票的，丧失对出票人以外的前手的追索权。

三、支票的法律规定

（一）关于禁止签发的支票的规定

我国《票据法》规定，禁止签发空头支票。空头支票是指出票人签发的支票金额超过其付款时在付款人处实有的存款金额的。另外，支票的出票人不得签发与其在银行预留本名的签名式样或印鉴不符的支票，如果出票人签发空头支票或印章与预留印鉴不符的支票，按票面金额对其处以5%，但不低于1000元的罚款；同时处以2%的赔偿金，赔偿收款人损失。

（二）空白支票及其授权补记

支票与汇票、本票的不同之处在于支票的金额、收款人名称可以由出票人授权补记，未补记前，不得背书转让和提示付款，即所谓的空白支票问题。空白支票与空头支票不同，空白支票是指出票人在签发票据时仅在票据上签名盖章，故意将票据应记载的事项的一部分或全部空出，留给持票人以后补填记载的票据。在我国主要指出票人不能确定收款单位或实际结算金额情况下，光加盖有效印鉴，交给实际使用人，并授权其按实际情况补记完全，再将支票交给收款人。

（三）支票的付款

出票人必须按照签发的支票金额承担保证向该持票人付款的责任，出票人在付款人处的存款足以支付支票金额时，付款人应当在当日足额付款。支票限于见票即付，不得另行记载付款日期，持票人应当自出票日起10日内提示付款，否则将丧失对其前手的追索权，超过提示付款期限的，付款人不予付款，但出票人仍应当对持票人承担票据责任。

第五节 票据法律制度案例分析

案例一：

关于票据的无因性

[案例简介] 2009 年 12 月 10 日，某建筑公司为购买建筑器材，向某钢筋生产厂签发了一张远期银行承兑汇票，付款行为被告某商业银行，付款期限为出票后 3 个月，票载金额为人民币 500 万元，收款人为某钢筋生产厂。2010 年 1 月 3 日，某钢筋生产厂将该票据提示承兑，同时将该票据背书转让给 C 钢材厂。2010 年 2 月 15 日，C 钢材厂又将该票据转让给原告某医药公司。2010 年 3 月 15 日，原告某医药公司持该汇票要求被告某商业银行付款，被告以钢筋生产厂所供的钢筋质量不符合合同约定为由予以退票。同年 5 月 10 日，医药公司向人民法院提起诉讼，要求被告承担票据责任。

人民法院经审理后认为，票据最大的特征在于其流通性和无因性，票据签发之后，票据关系就与赖以签发的原因关系相分离，承兑人不能以原因关系对抗持票人的合法票据权利。故依法判决被告某商业银行承担票据责任。

[案例评析] 在上述案例中，原告某医药公司是该票据的合法持有人，应当享有票据权利；但被告某商业银行（承兑人）却以原因关系即某钢筋生产厂所供钢筋质量不符合合同约定为由，拒绝承担票据责任，这有悖票据无因性特征的原理及相关法律规定。如果允许承兑人以原因关系为抗辩理由拒绝承担票据责任，这对合法持票人（某医药公司）来说极不公平，也不利于维护票据的流通性。本案中，人民法院经审理认为，承兑人不能以原因关系对抗持票人的合法票据权利，并依法判决支持原告的诉讼请求，是完全正确的。

案例二：

空白支票的处理

[案例简介] 2009 年 8 月 4 日，A 公司因与 B 公司签订的购买钢材合同的付款期届满而自己无力还债，于是把 C 公司签发的以 A 公司为收款人的一张空白转账支票未经背书转让给 B 公司以抵偿它欠 B 公司的货款 100 万元，B 公司在该空白支票的金额栏填写了 100 万元后到某银行办理转让手续，某银行称 C 公司在该行存款只有 20 万元，不足以支付 100 万元，故予以拒付。B 公司于是找到 A 公司，A 公司称，该空白转账支票是 C 公司为偿付 A 公司 100 万元货款而签发的，A 公司已向 C 公司履行供货义务，A 公司是该支票的合法持有人，A 公司将该支票转让给 B 公司，B 公司可以持该支票向 C 公司主张票据权

利。B公司找到C公司，C公司认为：B公司并不是该空白支票的合法持有人，并不享有对该空白支票的补记权，其补记票据金额的行为无效，并且本公司与B公司并没有债权债务关系，没有义务履行B公司与A公司之间的债务，因此拒绝承担责任。

［案例评析］本案例的主要问题在于空白支票的补记权问题。

空白支票由出票人授权补记，未补记前不得背书转让和提示付款。本案例中C公司向A公司签发了空白转账支票，授权A公司补记金额，A公司享有该空白转账支票的补记权，B公司并不享有补记权。A公司没有补记票据金额也未采取背书转让方式将该空白支票转让给B公司。因此，B公司虽然持有该空白支票，并且补记了票面金额，但因为它不具有补记权，取得票据方式不合法而不是该支票的合法持有人，它的补记行为是无效行为。C公司有权以B公司不具有补记权，B、C两公司之间没有债权债务关系为由来对抗B公司，拒绝履行票据责任，所以，本案中C公司的主张是合法的。B公司不能向C公司主张票据权利，B公司只能基于与A公司之间的债权债务关系要求A公司承担赔偿责任。

案例三：

关于出票人与保证人

［案例简介］张某系某研究所的研究员，因专利发明获得了大量收入，银行为其开立了支票账户。2009年张某因家庭变故受到刺激，精神失常。2010年2月1日张某签了一张50万元的转账支票给某房地产开发公司用于购买房屋，该公司希望有保证人对该票据进行担保，于是张某找到其友刘女士作保证人。房地产公司收受支票后，于2月5日以背书的方式将该支票转让给了某租赁公司以支付所欠的建筑机械租金，该租赁公司又持该支票向某商场购置计算机设备，2月15日该商场向银行提示付款时，开户银行以超过提示付款期为由作了退票处理。商场只好通知其前手进行追索。在追索过程中，租赁公司和房地产公司均以有保证人为由推卸自己的责任，保证人刘女士以张某系精神病人，其签发的票据无效为由，拒不承担责任。经鉴定，张某确系精神病人，无民事行为能力。

［案例评析］本案的争论焦点在于张某系无民事行为能力人，其出票的行为是否有效？其他出票人及保证人刘女士是否可以拒绝承担责任？

根据《中华人民共和国票据法》第6条的规定：“无民事行为能力人或者限制民事行为能力人在票据上签章的，其签章无效，但是不影响其他签章的效力。”本案中张某经鉴定确系无民事行为能力人，因此其在票据上的签章是无效的。但该签章无效并不能认定该票据无效，如果票据的必要记载事项齐全，该票据仍然是有效的，并不影响其他票据行为人的签章效力。因此该案中经背书受让票据的房地产公司及租赁公司仍应该承担票据责任。

支票没有保证和承兑行为，因此本案中刘女士所做的保证只是一般的民事责任而非票据责任。由于张某的出票行为是无效的，因此刘女士在此基础上的保证行为也是无效的，刘女士有权不承担保证责任。

案例四：

出票人在票据上注明“限额××元”字样，是否具有《票据法》上的效力？

[案例简介] 2009年8月20日，A商场与B水果批发站签订了购销水果的合同，合同约定，B水果批发站供应A商场价值30万元的水果，A商场以空白转账支票的方式支付货款，同年8月23日，B水果批发站向A商场发出全部货物，A商场验收合格后签发给B水果批发站一张用途上注明“限额30万元”的空白转账支票，2009年9月1日，B水果批发站与C纸箱厂签订了购买40万元纸箱及包装袋的合同，于是将空白转账支票补记40万金额背书转让给了C纸箱厂，C厂于同年9月2日向D银行提示付款，不料D银行拒付，拒付理由是票面写有限额30万元字样，而提示汇票的票面金额40万元，超过了限额，C厂于是向出票人A商场行使追索权，A商场认为，自己在出票时明确写明限定转账金额为30万元，自己只承担30万元的付款责任，超过部分不承担，C厂又向B水果批发站追索权利，B水果批发站认为，尽管是自己补记的金额，但支票是A商场签发的，应由A商场承担付款责任，C厂无奈，只得向法院起诉，要求法院依法判决。

[案例评析] 本案例所涉及到的是一张由A作为出票人，B作为持票人，D银行作为付款人的空白转账支票，该支票经B补记后背书转让给C，C作为持票人向D提示付款遭拒绝后先后向A、B追索又遭拒绝一系列行为。C被A、B、D拒绝付款的焦点在于“限额30万元”的票据记载事项是否有法律效力，本案是围绕着这个问题发生纠纷的。

票据行为的有效成立，尤其是出票行为，要求必须具备符合法律规定的票据记载，即具备票据记载事项，票据记载事项有必要记载事项、有益记载事项、不发生票据效力的记载事项和不得记载事项。本案主要是关于不得记载事项。不得记载事项，又称有害记载事项，是指根据《票据法》不得记载事项，如果有该记载时，票据归于无效或该记载本身无效。我国《票据法》规定，支票上的金额可以由出票人授权补记，未补记前的支票，不得使用。由此可见，《票据法》只规定了空白支票补记人的补记权，并没有规定限额问题，即未明令禁止。超过限额的票面金额没有《票据法》上的效力，因此在支票上注明“限额××元”，该限制只具有民法上的效力，不具有票据法上的效力。

本案中，A商场在其签发的空白转账支票上写明“限额30万元”记载就属于不发生票据效力的事项，对D银行没有《票据法》上的约束力，D银行应该足额付款，D银行如果拒绝付款，可以向A、B追索，A、B应承担付款义务。

案例五：

票据变造后票据责任的承担

[案例简介] A、B两公司签订价值30万元货物购销合同，并规定以汇票结算，B按期向A发出全部货物后，A向B开出面额30万元汇票并交B持有，B取得汇票，后背书转让给C，C又背书转让给D，且背书转让时，C将30万元改为40万元，D取得票据后将其赠予E，E持票到期后向A提示付款，A以B发出的货物不符合约定质量为由拒绝付款。

E取得A拒绝付款的书面证明后于3日内向包括D在内的所有前手发出追索通知，并行使追索权，D以E取得票据时未支付对价为由拒绝承担。C向E支付全部40万元票款后，向B行使追索权，B以票据属于伪造，故票据无效为由拒绝承担连带责任。

[案例评析] 本案例的主要问题有以下几个方面：

1. A拒绝付款的理由不成立。根据票据行为具有无因性的特征，A不得以自己与B之间的合同纠纷对抗持票人E，主要是因为票据行为成立后，票据行为的效力是脱离于票据出票时的实质基础关系的。

2. B拒绝付款的理由不成立，因为该票据不是伪造，而是属于变造。票据伪造的典型特征是伪造人假冒他人名义签章，变造是指对票据除签章外的记载事项进行变更的行为，所以被变更后的票据仍然有效。

3. D的理由不成立，因为根据《票据法》规定，赠与也是票据权利取得的一种方式，因此D不应拒绝E的付款请求。

4. 该票据的变造是在C签章之后，故C应对其所变造的内容负责，即对40万元票据金额负责。如果变造人既变造票据金额，又在票据上签章的，要按变造后票据文义负责，B只对变造前所载的内容负责，即应对30万元负责，根据《票据法》规定，票据变造之前签章的人按票据变造前的文义负责，所以B只承担30万元票据责任，E可向C要求承担10万元的民事赔偿责任。

D是票据被变造后签章的人，应支付40万元，若D支付40万元后，向A或B追偿，A或B只支付30万元，D可向C请求民事赔偿，赔偿其余下的10万元。

复习思考题

1. 简述票据的概念和特征。
2. 简述票据行为的概念和特征。
3. 简述票据行为的成立要件。
4. 简述票据权利的种类。
5. 简述票据权利的取得方式。
6. 简述票据权利的消灭原因。
7. 《票据法》规定的票据行为有哪些？

第六章

国际贸易法律制度

内容提要

国际贸易在国际经济活动中占有重要地位，是国际经济活动不可缺少的重要组成部分。国际贸易法是调整各国之间商品、技术、服务的交换关系以及与这种交换关系有关的各种法律制度与法律规范的总和，国际贸易法是从事国际贸易活动必须掌握的知识。针对从事国际贸易活动的实际需要，本章主要介绍了国际货物买卖法、国际贸易术语以及与国际货物买卖相联系的有关国际货物运输、保险与支付方面的法律制度。

第一节　国际贸易法概述

一、我国的对外贸易法律制度

我国的对外贸易法律制度是指国家通过制定法律、法规，对货物进出口、技术进出口和国际服务贸易进行管理和控制的制度，具体是由《中华人民共和国对外贸易法》（以下简称《对外贸易法》）和其他的对外贸易管理方面的法律、法规、单行条例等共同构成的。我国的《对外贸易法》于1994年5月12日由八届全国人大常委会七次会议审议通过，并于2004年4月6日经十届全国人民代表大会第八次会议修订，于同年7月1日开始实施。我国对外贸易法是我国对外贸易法律制度的基本法，是整个外贸制度的核心。它规定对外贸易经营许可证制度，配额关税和海关制度、关税壁垒、检验制度、两反一保制度、货物进出口制度等等。

（一）《对外贸易法》的适用范围

《对外贸易法》第2条规定："本法适用于对外贸易以及与对外贸易有关的知识产权保护。本法所称对外贸易，是指货物进出口、技术进出口和国际服务贸易。"同时该法第68条规定："国家对边境地区与接壤国家边境地区之间的贸易以及边民互市贸易，采取灵活措施，给予优惠和便利。具体办法由国务院规定。"从这一规定而言，边境贸易被排除在《对外贸易法》的适用范围之外。

（二）对外贸易经营者

修订后的《对外贸易法》规定，对外贸易经营者是指依法办理工商登记或者其他执业手续，依照修订后对外贸易法和其他有关法律、行政法规的规定从事对外贸易经营活动的法人、其他组织或者个人。而修订前的对外贸易法规定，中国的自然人不能从事对外贸易经营活动。

根据《对外贸易法》第9条的规定，从事货物进出口或者技术进出口的对外贸易经营者，应当向国务院对外贸易主管部门或者其委托的机构办理备案登记；但是，法律、行政法规和国务院对外贸易主管部门规定不需要备案登记的除外。备案登记的具体办法由国务院对外贸易主管部门规定。对外贸易经营者未按照规定办理备案登记的，海关不予办理进出口货物的报关验放手续。这一规定表明我国已将过去实施的对外贸易经营权许可制度修改为备案制度。

（三）货物进出口与技术进出口

根据修订后的《对外贸易法》第16条的规定，国家基于下列原因，可以限制或者禁止有关货物、技术的进口或者出口：

（1）为维护国家安全、社会公共利益或者公共道德，需要限制或者禁止进口或者出口的；

（2）为保护人的健康或者安全，保护动物、植物的生命或者健康，保护环境，需要限制或者禁止进口或者出口的；

（3）为实施与黄金或者白银进出口有关的措施，需要限制或者禁止进口或者出口的；

（4）国内供应短缺或者为有效保护可能用竭的自然资源，需要限制或者禁止出口的；

（5）输往国家或者地区的市场容量有限，需要限制出口的；

（6）出口经营秩序出现严重混乱，需要限制出口的；

（7）为建立或者加快建立国内特定产业，需要限制进口的；

（8）对任何形式的农业、牧业、渔业产品有必要限制进口的；

（9）为保障国家国际金融地位和国际收支平衡，需要限制进口的；

（10）依照法律、行政法规的规定，其他需要限制或者禁止进口或者出口的；

（11）根据我国缔结或者参加的国际条约、协定的规定，其他需要限制或者禁止进口或者出口的。

根据对外贸易法的规定，国家对限制进口或者出口的货物，实行配额、许可证等方式管理；对限制进口或者出口的技术，实行许可证管理。实行配额、许可证管理的货物、技术，应当按照国务院规定经国务院对外贸易主管部门或者经其会同国务院其他有关部门许可，方可进口或者出口。国家对部分进口货物可以实行关税配额管理。

（四）对外贸易秩序

为了维护对外贸易秩序，修订后的《对外贸易法》规定对外贸易经营者在对外贸易经营活动中，不得违反有关反垄断的法律、行政法规的规定实施垄断行为。在对外贸易经营活动中实施垄断行为，危害市场公平竞争的，依照有关反垄断的法律、行政法规的规定处理。

在对外贸易经营活动中，不得实施以不正当的低价销售商品、串通投标、发布虚假广告、进行商业贿赂等不正当竞争行为。在对外贸易经营活动中实施不正当竞争行为的，依照有关反不正当竞争的法律、行政法规的规定处理。

同时，《对外贸易法》第34条还规定，在对外贸易活动中，不得有下列行为：

（1）伪造、变造进出口货物原产地标记，伪造、变造或者买卖进出口货物原产地证书、进出口许可证、进出口配额证明或者其他进出口证明文件；

（2）骗取出口退税；

（3）走私；

（4）逃避法律、行政法规规定的认证、检验、检疫；

（5）违反法律、行政法规规定的其他行为。

修订后的《对外贸易法》完善了我国的对外贸易救济制度，规定其他国家或者地区的产品以低于正常价值的倾销方式进入我国市场，对已建立的国内产业造成实质损害或者产生实质损害威胁，或者对建立国内产业造成实质阻碍的，国家可以采取反倾销措施，消除或者减轻这种损害或者损害的威胁或者阻碍。

其他国家或者地区的产品以低于正常价值出口至第三国市场，对我国已建立的国内产业造成实质损害或者产生实质损害威胁，或者对我国建立国内产业造成实质阻碍的，应国内产业的申请，国务院对外贸易主管部门可以与该第三国政府进行磋商，要求其采取适当的措施。

进口的产品直接或者间接地接受出口国家或者地区给予的任何形式的专向性补贴，对已建立的国内产业造成实质损害或者产生实质损害威胁，或者对建立国内产业造成实质阻碍的，国家可以采取反补贴措施，消除或者减轻这种损害或者损害的威胁或者阻碍。

因进口产品数量大量增加，对生产同类产品或者与其直接竞争的产品的国内产业造成严重损害或者严重损害威胁的，国家可以采取必要的保障措施，消除或者减轻这种损害或者损害的威胁，并可以对该产业提供必要的支持。

因其他国家或者地区的服务提供者向我国提供的服务增加，对提供同类服务或者与其直接竞争的服务的国内产业造成损害或者产生损害威胁的，国家可以采取必要的救济措施，消除或者减轻这种损害或者损害的威胁。

因第三国限制进口而导致某种产品进入我国市场的数量大量增加，对已建立的国内产业造成损害或者产生损害威胁，或者对建立国内产业造成阻碍的，国家可以采取必要的救济措施，限制该产品进口。

二、世界贸易组织（WTO）规则

根据《建立世界贸易组织协议》于1995年1月1日正式诞生的世界贸易组织（以下简称WTO）是当今世界上全面规范、调整各国贸易政策与贸易关系的全球性贸易组织，现已有100多个成员方，中国也已于2001年12月12日正式加入该组织。

WTO多边贸易体制在全面吸收关税及贸易总协定（以下简称GATT）的规则的同时，也全面继承了GATT的基本原则为其新体制的基本原则，并不同程度地把它们的适用范围从货物贸易领域扩展到服务贸易、与贸易有关的投资措施和与贸易有关的知识产权等多边贸易体制调整的新领域。WTO的基本原则包括：

（一）最惠国待遇原则

最惠国待遇原则是指一国在经济关系中给予另一国国民的优惠待遇不应低于该国现在和将来给予任何第三国国民的待遇。WTO实行的是多边无条件的最惠国待遇原则，这一原则是 WTO 的基石。WTO 的最惠国待遇原则一般适用于下列范围：

（1）有关进口、出口、过境商品的关税及各种捐税；

（2）有关商品进口、出口、过境、存仓和换船方面的海关规则、手续和费用；

（3）进、出口许可证颁发和其他限制措施；

（4）船舶驶入、驶出和停泊时的各种税收、费用和手续；

（5）关于移民、投资、商标、专利以及铁路运输方面的待遇。

WTO 规定的最惠国待遇原则又有许多例外，即在某些场合下不适用这一原则。这些例外包括：

（1）一般例外，即一些国家已跟某些贸易伙伴作出的优惠安排，如一些特惠安排、关税同盟、自由贸易区及毗邻国家之间对边境贸易所给予的优惠安排等，一般不适用最惠国待遇。

（2）安全例外，即为了国家安全，对核裂变物质、武器军火贸易；或为了保护公共卫生，为了保护动植物免受病害、衰退、死亡，成员方有权对这类物品的进出口加以限制或禁止，即可不适用最惠国待遇的规定。

（二）国民待遇原则

国民待遇原则是指一国在经济活动和民事权利方面给予其境内的外国国民不低于其给予本国国民享受的待遇。WTO 成员方在国民待遇原则下的义务包括：

（1）国内税和其他国内费用，影响产品的国内销售、推销、购买、运输、分配或使用的法令、条例和规定，以及对产品的混合、加工或使用须符合特定数量或比例要求的国内数量限制条例，在对进口产品或本国产品实施时，不应用来对国内生产提供保护；

（2）一缔约国领土的产品输入到另一缔约国领土时，不应对它直接或间接征收高于对相同的国内产品所直接或间接征收的国内税或其他国内费用；

（3）一缔约国领土的产品输入到另一缔约国领土时，在关于产品的国内销售、推销、购买、分配或使用的全部法令、条例和规定方面，所享受的待遇应不低于相同的本国产品所享受的待遇。

国民待遇原则的适用例外除上述的一般例外和安全例外两种情况，还包括：

（1）政府采购，即为政府采购目的，一缔约方可对其他缔约方产品实行歧视待遇，给本国产品以优惠待遇；

（2）国民待遇原则不阻止各国政府专门向国内生产者支付的补贴，包括从符合规定而征收的国内税费的收益中支付的补贴与以政府购买本国产品的方式实现的补贴。

（三）互惠原则

互惠原则又称对等原则，是指两国互相给予对方以贸易上的优惠待遇。互惠原则是 WTO 最为重要的原则之一，它明确了成员方在关税与贸易谈判中必须采取的基本立场和相互之间必须建立一种什么样的贸易关系。

不适用互惠原则的例外有以下几种：

（1）允许成员国在某些特殊情况下援引 GATT 的免责条款，撤回它已作出的关税减让；

（2）发展中国家为了保护其国内的工业和农业，如遇各缔约国经谈判确定的固定税则对它们的国际收支不利时，须在进口数量限制或关税保护方面免除上述固定税则的适用；

(3) 发达国家对其承担的对发展中国家减免税和其他壁垒的义务不能希望互惠，即发达国家不能要求发展中国家在贸易谈判过程中作出与其本身发展、金融和贸易的需要不相称的贡献。

(四) 透明度原则

透明度是世界贸易组织三个主要目标——贸易自由化、透明度和稳定性之一。世界贸易组织中的透明度原则是指同过境的货物流通有关的基本权利和义务，即当政府实施有关过境货物的法律和规章时，必须予以公布，而且贸易商可以得到人人都可以了解到的这些法律和规章。透明度原则并不要求缔约国公开那些会妨碍法令的贯彻执行、会违反公共利益，或会损害某一公私企业的正当商业利益的机密资料。

(五) 逐步削减关税原则

逐步削减关税原则是指通过互惠互利的谈判，大幅度降低关税和进出口其他费用水平，特别是降低使少量进口都受到阻碍的高关税，以发展国际贸易。逐步削减关税原则是 GATT 自始倡导的原则，其一直作为最惠国待遇原则、互惠原则和透明度原则等原则的实际执行载体，是 GATT 历次谈判的主要议题。世界贸易组织继承了 GATT 的逐步削减关税原则，并将代替 GATT 继续以逐步削减关税的方式实现国际贸易自由化的目标。

(六) 一般取消数量限制原则

数量限制是国家对允许进出口的商品数额采取的限制措施，它主要通过配额制度和许可证制度来实施。一般取消数量限制原则是指为了逐步促进贸易的自由化，在一般情况下，不允许国家对其进出口的商品数量进行限制。与关税、政府补贴等措施相比，数量限制是政府直接干预对外贸易的形式，其后果与关税措施一样，都阻碍了正常国际贸易，违背了公平贸易原则。

但 WTO 规则也承认在四种情况下可以采取数量限制措施：(1) 为保护农业、渔业产品市场而实施的限制；(2) 为了保护本国的国际收支平衡而实施的限制；(3) 为促进不发达国家成员经济发展而实施的限制；(4) 为实施保障措施协议规定的数量限制。但是，采取这种措施的成员方有义务在上述困境不复存在时，立即消除这种限制措施。

第二节 国际货物买卖法

一、《联合国国际货物销售合同公约》

国际货物买卖是国际贸易的主要组成部分，是通过买卖合同形式进行的跨国交易。因此有关它的订立及履行等问题，都必须通过国际货物买卖法来加以规范。可以说，国际货物买卖合同是国际货物买卖法的核心内容。在国际货物买卖法方面，主要的国际公约有罗马国际统一私法协会编纂的 1964 年的两个海牙公约以及 1980 年联合国国际贸易法委员会制定的《联合国国际货物销售合同公约》。

1964 年 4 月 25 日，海牙国际外交会议通过了《国际货物买卖统一法公约》和《关于国际货物买卖合同成立统一法》。这两个公约分别是世界上第一部关于国际货物买卖和买卖合同订立的统一实体法。上述公约已于1972年生效，由于其在理论和实践上存在着的局限和不足，因而参加这两个公约的国家并不多。1977年国际贸易法委员会第十届年会通过了《国际货物买卖合同公约》草案，1978年第十一届年会上又通过了《国际货物买卖合同成立公约》，并决定将两个公约合并为《联合国国际货物销售合同公约》（以下简称《公约》）草案。该草案在1980年3月由62个国家代表参加的维也纳外交会议上正式通过。我国参与了该公约制定的全过程，签署并批准了公约。公约于1988年1月1日起正式生效，至1990年6月，该公约已对包括中国在内的26个国家具有约束力。

（一）《公约》的适用范围

1. 根据《公约》的规定，《公约》适用于：缔约国中营业地分处不同国家的当事人之间的货物买卖

根据《公约》的规定，适用公约的国际货物买卖合同当事人营业地必须分处不同国家之外，还必须满足以下条件：

（1）双方当事人的营业地分处公约的成员国之内。如果只有一方在公约国内，或双方均不在公约国领土内，则公约不予适用。

（2）在上述情况下，由国际私法规则导致适用某一缔约国的法律。

2. 不适用公约的货物买卖

所谓货物，各国法律有不同规定，通常指有形动产，包括尚待生产与制造的货物。《公约》用排除法，列举了不适用《公约》的货物买卖：

（1）股票、债券、票据、货币及其他投资证券的交易；

（2）提供劳务、服务的买卖；

（3）电力销售；

（4）船舶或飞机的买卖；

（5）仅供个人或家用的货物买卖；

（6）拍卖销售；

（7）执行法律令状或其他令状的销售。

（二）国际货物买卖合同的成立

国际货物买卖合同是双方当事人意思表示一致的结果，它是通过一方提出要约，另一方对要约表示承诺而成立的。《公约》对合同成立的实质要件，即要约与承诺的各项规则作了具体的规定。

（三）卖方和买方的义务

1. 卖方义务

根据《公约》的规定，卖方的义务主要包括：

（1）提交货物和单据的义务。提交货物和单据是卖方的一项主要义务之一。包括卖方应在合同指定的时间和地点移交货物和单据。如果合同中对交货时间、地点未作规定，则应按公约的规定办理，即：①交货地点。按照《公约》的规定，卖方没有义务在任何其他地点交付货物，而是在自己的营业地向买方提交货物。但是，如果在订立合同时，双方都知道货物不在卖方的营业地，而是在某一特定地点，则交货地点即是该货物存放或生产制造的特定地点。当卖方的交货义务涉及运输时，则卖方只要把货物交给第一承运人就算履行了交货义务。②交货时间。在一般情况下卖方应在合同中双方约定的时间（确定的日期或期间）

提交货物。如果合同中没有约定，则根据《公约》的规定，即卖方应在订立合同后的一段合理时间内交货。所谓合理时间，按照一般的国际实践，是作为事实由法院根据货物的性质及合同的其他规定决定的。如果卖方在规定日期前交付货物，则买方有收取货物或拒绝收取货物的选择权。③书证的交付。在国际货物买卖中，存在着两种交货方式：一种是实际交货，即卖方亲自把货物连同代表货物所有权的单据一起交到买方手中，完成货物所有权与占有权的同时转移；另一种方式是象征性交货，即卖方只把代表货物所有权的证书（提单、发票等）交到买方手中，完成货物所有权的转移即为完成交货义务。

在实际交货时，交货义务是在指定的时间、地点把货物提交到买方控制之下完成的；在象征性交货中，则是卖方把代表货物所有权的单据交给买方，此时交单的时间和地点即为履行交货义务的时间和地点。因此，在国际货物买卖合同中，交付单据是卖方的一项十分重要的义务，根据公约的规定，卖方交付单据的义务具体包括：卖方应保证单据的完整和符合合同及公约的规定。所谓完整，是指卖方应提交一切与货物有关的单据使之足以作为买方正当获得所有权及占有货物的保证。这些单据通常包括：提单、保险单、发票、商检证、进出口许可证、领事签证、原产地证书等等。此外，卖方应在合同约定的时间、地点交付单据。根据公约的规定，如果卖方在规定日期前提交了单据，如单据中有与合同不符之处，卖方有权予以修改，但对由此给买方造成的损失要承担赔偿责任。

（2）卖方的担保义务。根据《公约》的规定，卖方除了承担交货义务外，还应承担的第二个义务是保证提交的货物在各方面符合合同的规定，包括卖方对所交货物的质量保证和所有权保证。

质量担保又称瑕疵担保，指卖方对其所售货物的质量、特性或适用性承担的责任。《公约》规定，卖方提交的货物除了应符合合同的规定外，还应符合《公约》的如下要求：①货物适用于同一规格货物通常使用的目的；②货物适用在订立合同时买方明示或默示通知卖方的特定目的；③在凭样品或说明书的买卖中，货物要与样品和说明书相符；④卖方应按照同类货物通用的方式装箱或包装，如果没有通用的方式，则用足以保全货物的方式装箱或包装。否则，卖方则要承担交货不符，违反合同的责任。根据各国法律与实践，如果因货物的质量问题导致人身伤亡和财产损失，当事人还要依法承担产品责任。

所有权担保又称追夺担保，是指卖方所提交的货物必须是第三者不能提出任何权利要求的货物。卖方在订立合同时应保证其所售货物的所有权不因存在卖方所不知的瑕疵而被追夺。根据《公约》的规定，其含义有三：①卖方应向买方担保他确实有权出售该货物。假如卖方将偷窃的东西卖给买方，则违反他对货物的所有权负有担保义务的条款；②卖方应担保货物上不存在在订立合同时不为买方所知的他人的权利，如抵押权、留置权等；③卖方应向买方担保第三者对其提交的货物不得以侵权或其他类似理由提出合法要求。

2. 买方义务

根据《公约》的规定，买方有支付价金与收取货物两项义务。

（1）支付价金的义务。《公约》规定，买方应根据合同和《公约》的规定履行支付价金的义务，包括根据合同或任何法律和规章规定的步骤和手续，在约定的时间和地点支付货款。按照一般的国际实践，付款应履行的步骤和手续，包括买方向银行申请信用证或银行付款保函，向政府部门申请进口许可证及所需外汇等等。这些手续是买方付款的前提和保证。根据《公约》规定，完成这些步骤和手续都是买方的义务，不履行这些义务，则构成买方违反付款义务。付款时间和地点是由双方在合同中约定的，如合同中未作约定，则依据《公约》的规定：在卖方的营业地，或在凭移交货物或凭单据付款时，则是提交货物或单据的时间和地点。《公约》也把买方的付款义务与检验货物的权利联系在一起，规定买方在未有机会检验货物前，可以拒绝付款，但这一程序不得与双方议定的交货或支付程序相抵触。

（2）收取货物。根据《公约》的规定，买方收取货物的义务包括两方面：采取一切理应采取的行动以期卖方能提交货物以及接收货物。

何谓一切理应采取的行动，《公约》未作明确规定，在实践中这些行动是由买卖双方在其合同中约定的。以FOB合同为例，为了使卖方如期交付货物，买方应自费租船，并将船名、泊地、装船日期通知卖方，这样才能保证卖方及时装货。实际上凡是国际货物买卖合同的顺利履行，均需买卖双方的相互配合与合作。如果买方不予配合或配合失当，则构成违反收取货物的义务。在国际货物买卖中"接收"与"接受"是两个概念，"接受"指买方认为货物在品质、数量等各方面均符合合同要求。货到目的地，经检验后，即使货物不符合合同规定，买方也应接收货物，并向卖方及时提出索赔，如将货物弃之码头或露天任其遭风吹雨打，则买方违反了收取货物的义务，由此造成的损失应由买方负责。

（四）国际货物买卖合同的主要条款

国际货物买卖合同由首部、正文和尾部三部分组成。正文是合同的核心内容，这一部分具体地规定了双方当事人的权利和义务，一般包括以下条款：（1）标的物条款；（2）价格条款；（3）运输条款；（4）保险条款；（5）支付条款；（6）检验条款；（7）不可抗力条款；（8）法律适用条款；（9）仲裁条款。

上述条款中，除标的物条款、价格条款和支付条款属于必不可少的之外，欠缺其他的某一条款或几项条款，并不影响合同的有效订立。当事人若认为有必要，还可增加新的条款。

（五）违反买卖合同的补救方法

1. 卖方违约的补救方法

卖方违约是指卖方不交付货物或单据或交付延迟、交货不符合合同规定以及第三者对交付货物存在权利或权利主张。当发生以上违约行为时，《公约》给买方提供了以下救济方法：

（1）卖方实际履行。当卖方不履行合同义务时，买方可要求其实际履行合同义务，包括要求卖方提交符合合同规定的货物或对不符合规定的货物进行修理、更换或提交替代物等。买方并可通过法院以强制手段强迫卖方履行以上义务。

根据《公约》的规定，实际履行应满足以下条件：①买方不得采取与这一要求相抵触的救济方法；②买方应给予卖方履行合同的宽限期；③当卖方交货不符时，只有这种不符构成根本违反合同（Fundamental breach）时，买方才能要求提交替代物，而且应在发现交货不符时，将这一要求及时通知对方；④法院是否做出实际履行的判决依赖于该国国内法的规定。

（2）减少价金。当卖方交货不符合合同规定时，买方可要求减少价金。《公约》规定，不论价款是否已付，买方都可减低价格。减低价格应按实际交付的货物在交货时的价值与符合合同规定的货物在当时的价值两者之间的比例计算。

在下列情况下，买方丧失要求减少价金的权利：①如果卖方对交货已采取补救办法；②买方拒绝了卖方对违约采取的补救办法或对卖方提出的补救办法未在合理时间内做出答复。

(3) 解除合同。根据《公约》规定，当卖方不履行合同或《公约》义务构成根本违反合同时，买方可以宣布撤销合同。所谓根本违反合同，是指一方当事人违反合同的结果，使另一方蒙受损害，实际上剥夺了他根据合同规定有权期待得到的东西，除非违反合同一方并不预知而且一个同等资格、通情达理的人处于相同情况中也没有理由预知会发生这种结果。具体包括以下三个条件：①卖方不履行其约定或法定的任何义务，构成根本违反合同；②卖方声明他不在规定的时间内履行交货义务；③在买方给予的宽限期届满后仍不履行合同。

如果卖方已交货，买方则丧失宣告撤销合同的权利，除非：①在延迟交货的情况下，买方在得知交货后的合理时间内宣布撤销合同；②在交货不符的情况下，买方在检验货物后的合理时间内提出撤销合同；③在给予卖方作出履行合同或作出补救的宽限期届满后或在拒绝接受卖方履行义务后的合理时间内宣布撤销合同。

根据《公约》规定，买方宣布撤销合同的声明，只有在向卖方发出通知时才产生效力，宣告撤销合同的后果是，要求另一方返还已支付的货款。

值得注意的是，当卖方交付的货物中有部分符合合同时，买方应接受符合规定的部分；只有当卖方完全不交货或不按合同规定交货构成根本违反合同时，才能宣布撤销整个合同。当卖方交货数量大于合同规定数量时，买方有选择权，全部接受或拒绝多交部分。

(4) 损害赔偿。根据《公约》的规定，买方享有要求损害赔偿的权利不因他行使采取其他救济办法的权利而丧失。也就是说，无论买方采用了实际履行并给予宽限期，或宣告撤销合同等救济方法，如果不足以弥补由于卖方违约造成的损失，买方仍可以继续要求损害赔偿。

(5) 补进并要求损害赔偿。在卖方不交货时，买方依法宣告撤销合同后，若另外购进货物，还可向卖方提出因另外购进货物所造成的损害赔偿。

2. 买方违约的补救办法

买方违约包括买方不按合同规定支付货款和不按合同规定收取货物。在这种情况发生时，根据《公约》规定，卖方可选择以下救济方法：

(1) 实际履行。《公约》第62条规定，卖方可要求买方支付价款，收取货物或履行其他义务。除非卖方已采取了与此项要求相抵触的救济方法。

在要求实际履行的过程中，如货物仍在卖方手中，则卖方有保全货物的义务；如果货物是易腐烂或保全货物要支付不合理费用时，卖方可在通知买方后转售货物。在这种情况下，卖方只能要求损害赔偿，而不能再要求实际履行。根据《公约》的规定，实际履行的救济不影响卖方对由于买方延迟付款或接收货物蒙受的损失，提出要求损害赔偿的权利。

(2) 损害赔偿。实际履行可以达到买卖双方当初订立合同时预期的目的，但在买方违约并拒绝履行合同时，尽管卖方依《公约》可以要求实际履行，但法院能否作出实际履行的判决，以及判决的执行等都是费时、费力的事情。在瞬息万变的国际市场上，卖方往往不愿承担将货物长期留在自己手中的风险，特别当货物属于易于腐烂，或保存货物要支出较高费用的时候，卖方宁愿选择较为简便、快捷的办法处理货物，同时向买方要求损害赔偿。根据《公约》的规定，损失赔偿额应与买方违约给卖方造成的实际损失与可得利润相等，即赔偿额为合同价与转售额之间的差价。此外，卖方为保全货物支出的合理费用都可以从转售额中予以扣除。

（3）宣告撤销合同。根据《公约》的规定，在下列情况发生时，卖方可以宣告撤销合同：①买方不履行其在合同或《公约》中的义务构成根本违反合同；②买方不在卖方给予的宽限期内履行合同；③买方声明不履行合同。宣告撤销合同的法律后果是不需要再交付货物，在货物已经交付时，可以要求返还货物。

根据《公约》规定，如果买方已支付了价金，卖方则不能宣布撤销合同，除非：①在得知卖方延迟履行义务前，宣布撤销合同；②对于其他违反合同的事件，卖方在得知这种情况后的合理时间内宣布撤销合同；或在给予买方的宽限期届满或在得知买方声明不履行合同的一段合理时间内宣布撤销合同。

对于未收货款的卖方，在不同的情况下，可行使以下四种权利：①停止交货权。②留置权。③停运权。④再出售权。

由此可见，在买方违约时，卖方的救济方法可分为两大类：一类是债权方面的救济方法，如实际履行，损害赔偿，解除合同；另一类是物权方面的救济方法。前者是针对当事人行使的，后者是卖方直接针对货物行使的。

3. 预期违约的法律效力

预期违约是指在合同订立以后，履行期限届满之前，一方当事人明确肯定地向另一方当事人表示他将不履行合同或以其行为表明其将不履行合同的情形。

根据《联合国国际货物买卖合同公约》的规定，如果订立合同后，另一方当事人由于下列原因显然将不履行其大部分重要义务，一方当事人可以中止履行义务：①他履行义务的能力或他的信用有严重缺陷；②他在准备履行合同或履行合同中的行为：如果在履行合同日期前，明显看出一方当事人将根本违反合同，另一方当事人可以宣告撤销合同；当另一方显然将不履行其大部分重要义务时，一方可以暂时中止合同的履行。即在买方有先期违约的情况下，卖方可停止发货或对在途货物行使停运权；在卖方先期违约的情况下，买方停止付款。此外，当事人还应承担以下义务：①必须将自己中止或解除合同的决定立即通知对方；②当对方提供了履行合同的充分保证时，则应继续履行合同；③假如当事人一方没有另一方不能履行合同的确切证据而中止合同的履行，并给另一方造成损失，则应负违反合同的责任。

（六）货物所有权与风险的转移

1. 所有权转移

由于各国法律对所有权转移适用不同的原则和规定，因此，1980 年《联合国国际货物销售合同公约》除了在卖方义务中规定了卖方的所有权担保义务外，对货物所有权何时转移以及合同所有权的影响均不涉及。归纳起来，国际上对所有权转移有以下几种原则和做法：

（1）合同订立时间为所有权转移时间。如“法国民法典”第 1583 条规定，当事人就标的物及其价金相互同意时，即使标的物尚未交付，价金尚未支付，买卖即告成立，而标的物的所有权亦于此时在法律上由卖方转移于买方。

（2）货物特定化后，在交货时所有权发生转移。所谓特定化，又称划拨（identify），是指在货物上加标记，或以装运单据，或向买方发通知或以其他方式清楚地注明货物已归于有关合同项下。美国《统一商法典》采用这一原则。根据《法典》规定，货物在特定于合同项下之前，所有权不发生转移。

(3) 货物特定化后，以双方当事人的意图决定所有权转移。英国《货物买卖法》适用这一原则。英国《货物买卖法》对所有权转移问题，根据货物是特定物或是非特定物，分别做出不同的规定。对于特定物的买卖，该法第 17 条规定，货物所有权的转移时间取决于缔约双方当事人的意图。

(4) 订立物权合同转移货物所有权。德国法采用这一原则。和以上国家的做法均不相同，德国法认为，货物所有权转移属于物权法范围，而货物买卖合同属于债权法范围；因此买卖合同解决不了物之所有权转移问题，需要买卖双方另就货物所有权转移问题订立物权协议。根据这一物权协议，动产的货物所有权是在卖方将货物交付买方时发生转移。在卖方必须交付物权凭证的场合，卖方则通过提交物权凭证完成所有权转移。而对于不动产则以登记时间为所有权转移时间。

(5) 交货时所有权转移。我国法律采用这一原则。我国没有专门的货物买卖法，也没有特定化的概念。按照《民法通则》的规定："按照合同或其他合法方式取得财产的，财产所有权从财产交付时起转移。法律另有规定或当事人另有约定的除外。"

2. 风险转移

在国际货物买卖中，货物风险主要指货物在高温、水浸、火灾、严寒、盗窃、查封等非正常情况下发生的短少、变质或灭失等损失。划分风险的目的就是确定这些损失应当由谁来承担。

(1) 风险划分原则。《联合国国际货物买卖合同公约》对风险转移确定了以下原则：

①以交货时间确定风险转移。与某些国家，如英国以所有权转移时间确定风险转移时间的原则不同，《公约》采用了所有权与风险相分离的方法，确定了以交货时间作为风险转移时间的原则。《公约》第 69 条规定，从买方接收货物时起，风险转移于买方承担。

②过失划分原则。从交货时间起，风险从卖方转移于买方这一原则的适用有一个前提，即风险的转移是在卖方无违约责任的情况下。假若卖方发生违约行为，则上述原则不予适用。

③国际惯例优先。在国际货物买卖中，有些国际惯例对风险转移有自己的规定。《公约》第 10 条规定，双方当事人业已同意的任何惯例和他们之间确立的任何习惯做法，对双方当事人均有约束力。例如根据《1990 年国际贸易术语解释通则》，FOB、CIF、CFR 合同的风险划分是以装运港船弦为界。卖方承担货物越过船弦前的风险，货物越过船弦后的风险由买方承担。如果当事人在合同中选择了这种贸易术语，那么国际贸易术语规定的风险分担原则优先于《公约》的规定，即风险划分以船弦为界而不是以交付单据（即交货）的时间划分。

④划拨是风险发生转移的前提条件。根据《公约》的规定，货物在划拨合同项下前风险不发生转移。

(2) 风险转移时间。按照以交货时间作为风险转移时间的原则，《公约》将交货分为以下几类：①涉及运输的交货。涉及运输的交货可以分为两种情况：一种是卖方没有义务在指定地点交货，此时风险于货交第一承运人时起转移给买方；另一种是卖方必须在某一特定地点交货，此时，风险以在该地点货交承运人时起转移给买方。②在途货物的交货。对于在运输中出售的货物，《公约》规定，原则上从订立合同时起，风险转移到买方承担。如果情况需要，从货物交付给签发载有运输合同单据的承运人时起，风险就由买方承担。如果卖方在订立合同时已经知道或理应知道货物已经损坏或遗失，而不将这一事实告之买方，则上述风险转移的原则不予适用。③不涉及运输的交货。不涉及运输的交货也有两种情况：一种是在卖方营业地交货，此时，风险从买方接收货物时转移给买方；或在货物交买方处置但遭无理拒收时起转移给买方；另一种情况是在卖方营业地以外地点交货，当交货时间已到，而买方知道货物已在该地点交他处置时，风险开始转移给买方。

二、《国际贸易术语解释通则（INCOTERMS 2010）》

国际贸易术语又称交货条件，是以不同的交货地点为标准，用简短的概念或英文缩写字母表示的术语。在国际贸易中，这些术语可以明确表示商品的价格构成、货物风险的划分以及买卖双方在交易中各种费用的负担和责任范围。国际贸易术语是在长期的国际贸易实践中形成的习惯，不具有法律约束力，仅供商人选择适用。但如果交易双方在合同中采用了某一个贸易术语，则其规定的基本权利义务对双方均有约束力。

《国际贸易术语解释通则》（International Rules for the Interpretation of Trade Terms）是国际商会为统一各种贸易术语的不同解释于1936年制订的，命名为《1936年国际贸易术语解释通则》（《INCOTERMS 1936》）。随后，为适应国际贸易实践发展的需要，国际商会先后于1953年、1967年、1976年、1980年、1990年和2000年、2010年进行过多次修订和补充。

2010年9月27日，国际商会在巴黎召开全球发布会，正式推出《国际贸易术语解释通则2010》，简称为《INCOTERMS 2010》。2011年1月1日，全面修订的国际贸易术语解释规则正式生效。

（一）INCOTERMS 2010的修订背景

自从上一个INCOTERMS 2000年版发布以来，国际贸易形势发生了巨大的变化。目前的版本主要考虑以下议题。

1. “9.11”恐怖事件发生后货物的安全条例

“9.11”恐怖袭击发生后，各国海关加强了对货物的安全检验和核准工作，这给进出口双方增加了难度和工作量。而这些工作的顺利进行需要在INCOTERMS 2010中各方的义务中加以明确。如C－TPAT是美国国土安全部海关边境保护局（CBP）在“9.11”事件发生后所倡议成立的自愿性计划，并于2002年4月16日正式实行。透过C－TPAT，CBP希望能与相关业界合作建立供应链安全管理系统，以确保供应链从起点到终点的运输安全、安全信息及货况的流通，从而阻止恐怖分子的渗入。

2. 美国于2004年修订了统一商法典

2004年美国统一商法典的修订删除了与现行INCOTEMS不一致的条款，更多地采用了INCOTERMS的条款。而且，很多专家和商人都认为INCOTERMS是美国统一商法典的一个很好的替代品。INCOTERMS既可以用于国际贸易，也可以用于国内贸易。这一点有助于INCOTERMS向国内贸易领域渗透。

3. 新的协会货物保险条款颁布

最近，在国际贸易中普遍采用的英国伦敦保险协会所制定的协会货物运输保险条款

（即ICC保险条款）做出了值得关注的修改，新版本扩展了保险责任起讫期，对保险公司引用免责条款做出了一些条件限制，而这些新的条款也需要在INCOTERMS 2010中加以体现。

4. 电子版代替纸质文件

目前电子化正成为国际贸易的主要手段和重要途径，成为21世纪国际贸易发展的大趋势。买卖双方的交易磋商、买卖双方的结算、买卖双方的交单都逐渐向电子化迈进。EDI（电子数据交换系统）的使用，使国际贸易传统的制单方式变得极为简化和标准化，传输速度大大提高，减少了重复劳动和出错率，大大提高了工作效率。电子单据的使用需要在INCOTERMS 2010中加以明确，以避免不必要的纠纷。除此之外，各国专家也提出了诸如农产品在运输中的转售、船舷作为风险转移点的争议、统一无关税区内的贸易以及码头操作费用的重复收取和纠纷等问题，这些也进入了国际商会的讨论和修订范围。

（二）INCOTERMS 2010的主要变化

1. 贸易术语的变化

（1）新增DAT和DAP两个术语。新版本增加了DAT和DAP两个全新的术语。DAT（Delivered at terminal）是指在指定目的地或目的港的集散站交货。

DAP（Delivered at place）是指在指定目的地交货。两者的主要差异是DAT下卖方需要承担把货物由目的地（港）运输工具上卸下的费用，DAP下卖方只需在指定目的地把货物处于买方控制之下，而无须承担卸货费。此次增加是通过DAP取代了先前的DAF、DES和DDU三个术语，而DAT取代了先前的DEQ，且扩展至适用于一切运输方式。

（2）贸易术语分类的变化。INCOTERMS 2000中的13种术语按术语缩写首字母分成四组，即，E组，F组，C组以及D组。这种分类反映了卖方对于买方的责任程度。然而，《INCOTERMS 2010》将这11种术语分成了截然不同的两类。第一类包括那些适用于任何运输方式，包括多式运输的7种术语，EXW，FCA，CPT，CIP，DAT，DAP和DDP。第二类，实际上包含了比较传统的只适用于海运或内河运输的4种术语，FAS，FOB，CFR和CIF。

（3）术语义务项目的调整。每种术语项下买卖双方各自的义务虽然仍列出十个项目，但与INCOTERMS 2000不同之处在于，卖方在每一项目中的具体义务不再“对应”买方在同一项目中相应的义务，而是改为分别描述，并且各项目内容也有所调整。INCOTERMS 2010中买卖双方的义务项目的修改主要包括：

A1/B1由“提供符合合同规定的货物/支付价款”修改为“卖方/买方的一般义务”；

A2/B2由“许可证，其他许可和其他手续”修改为“许可证，其他许可，安全清关和其他手续”；

A6/B6“费用划分”修改为“费用分摊”；

A8/B8由“交货凭证，运输单据或有同等作用的电子信息”修改为“交货单据/运输证明”；A10/B10“其他义务”修改为“信息协助和相关费用”。

2. 术语义务内容的调整

（1）A1/B1：电子单据的变化。《国际贸易术语解释通则》的早期版本已经对需要的单据做出了规定，这些单据在有关各方同意的前提下可被电子数据交换信息替代，通常只适用于发票。不过INCOTERMS 2010赋予电子通讯方式完全等同的功效，只要各方当事人达成一致或者按照惯例执行。

(2) A2/B2 和 A10/B10：新增安全条款。如今对货物在转移过程中的安全关注度很高，因而要求检查货物确定不会因除其自身属性外的原因而对生命财产造成威胁。因此，在各种术语的 A2/B2 和 A10/B10 条款内容中包含了买卖双方取得或提供帮助取得安全核准的义务。

(3) A3/B3：保险责任的变化。INCOTERMS 2010 是自协会货物保险条款修改以来的第一个版本，这个最新版本充分考虑了保险条款的变动。INCOTERMS 2010 在涉及运输和保险合同的 A3/A4 条款中罗列了有关保险责任的内容，原本它们属于内容比较泛化的“其他义务”的 A10/B10 款。为了阐明当事人的义务，对 A3/A4 款中涉及保险的内容做出修改，新增了保险责任自交货点起到目的地止，买卖双方互通信息的内容。

(4) A4/B4：连环销售的增加。与工业制成品的销售不同，农矿产品在销售链运转的过程中常常被频繁地销售好几次，这种交易叫做连环销售（string sales)。在这种情况下，在一连串销售中间的销售商并不将货物“装船”，因为它们已经由处于这一销售串中的起点销售商装船。因此，连环销售的中间销售商对其买方应承担的义务不是将货物装船，而是“设法获取”已装船货物。INCOTERMS 2010 的相关术语中同时规定了“设法获取已装船货物”和“将货物装船”的义务。

(5) A5/B5：“船舷”的变化。INCOTERMS 2000 针对传统的适用于水上运输的主要贸易术语如 FOB，CFR 和 CIF，均强调以船舷为界来划分风险。这种划分风险的方式长期以来饱受争议。而实际上“船舷”只是个买卖双方活动领域之间假想的界限，长期以来已不能反映各国港口的习惯做法。此次修定最终删除了“船舷”的规定，强调在 FOB，CFR 和 CIF 下买卖双方的风险以货物在装运港口被装上船时为界，而不再规定一个明确的风险临界点。

(6) A6/B6：码头装卸费的明确。码头装卸费，指的是承运人在码头收取的装卸费用。以 C 组术语为例，卖方必须负责将货物运输至约定目的地，卖方已把这部分费用包含在最初的货物价格中，最终由买方承担。卖方核算的运输成本有时包括货物在港口内的装卸，或者集装箱码头设施费用，但是承运人或码头运营方也可能向买方收取这些费用。在这种情况下，买方就可能为一次服务付两次费。INCOTERMS 2010 在相关术语的 A6/B6 条款中对这种费用的分配做出了详细规定，如在 C 组术语中，规定卖方承担到目的港运费，但不承担目的港的卸船费用、目的港水域驳运费用以及转运环节费用，不过同时仍然建议双方在合同中明确规定码头装卸费的承担。

3. 完善了术语介绍和使用指南

每一种 INCOTERMS 2010 中的术语在其条款前面都有一个使用指南。指南解释了每种术语的基本原理：何种情况应使用次术语；风险转移点是什么；费用在买卖双方是如何分配的。这些指南并不是术语正式规则的一部分：它们是用来帮助和引导使用者准确有效地为特定交易选择合适的术语。

（三）INCOTERMS 2010 的主要特点

《2010 年国际贸易术语解释通则》（以下简称 Incoterms 2010）的主要特点：

1. 两个新的贸易术语——DAT 与 DAP，取代了 2000 年国际贸易术语解释通则中的 DAF、DES、DEQ 和 DDU 规则

国际贸易术语的数量从 13 个减至 11 个，这是因为 DAT（运 输 终点交货）和 DAP（目

的地交货）这两个新规则取代了 INCOTERMS 2000 中的 DAF、DES、DEQ 和 DDU 规则。但这并不影响约定的运输方式的适用。

2. INCOTERMS 2010 的 11 个术语分为两类

（1）适用于任一或多种运输方式的规则：

EXW 工厂交货

FCA 货交承运人

CPT 运费付至

CIP 运费及保险费付至

DAT 目的地交货

DAP 所在地交货

DDP 完税后交货

（2）只适用与海运及内河运输的规则：

FAS 船边交货

FOB 船上交货

CFR 成本加运费

CIF 成本、保险费加运费

第一类所包含的 7 个 INCOTERMS 2010 术语 EXW、FCA、CPT、CIP、DAT、DAP 和 DDP，可以适用于特定的运输方式，亦可适用于一种或同时适用于多种运输方式，甚至可适用于非海事运输的情形。但是需要注意，以上这些规则仅适用于存在船舶作为运输工具之一的情形。在第二类术语中，交货点和把货物送达买方的地点都是港口，所以只适用于海上或内陆水上运输。FAS，FOB，CFR 和 CIF 都属于这一类。最后的三个术语，删除了以越过船舷为交货标准而代之以将货物装运上船。这更贴切地反映了现代商业实际（参见表 6－1）。

表 6－1　　国际贸易术语表（INCOTERMS 2010）

组别	术语	英文	中文名	交货地点	风险转移界限	签订运输合同及支付运费	保险责任及费用	出口报关责任及费用	进口报关责任及费用	适用运输方式	详细概念
E 组	EXW	Ex Works	工厂交货（插入指定地点）	车间、仓库、工厂所在地	买方处置货物后	买方	买方	买方	买方	任何运输方式或多式联运	指当卖方在其所在地或其他指定地点将货物交由买方处置时，即完成交货。代表卖方最低义务。

续表

组别	术语	英文	中文名	交货地点	风险转移界限	签订运输合同及支付运费	保险责任及费用	出口报关责任及费用	进口报关责任及费用	适用运输方式	详细概念
F组	FCA	Free Carrier	货交承运人（插入指定交货地点）	出口国的地点或港口	承运人或运输代理人处置货物后	买方	买方	卖方	买方	任何运输方式或多式联运	指卖方在其所在地或其他指定地点将货物交给买方指定的承运人或其他人。
	FOB	Free on Board	船上交货（插入指定装运港）	指定的装运港口	货物交到船上时	买方	买方	卖方	买方	海运或内河水运	指卖方以在指定装运港将货物装上买方指定的船舶或通过取得已交付至船上货物的方式交货。
	FAS	Free Alongside Ship	船边交货（插入指定装运港）	指定的装运港口	卖方将货物交到船边时	买方	买方	卖方	买方	海运或内河水运	指当卖方在指定的装运港将货物交到买方指定的船边（例如，置于码头或驳船上）时，即为交货。
C组	CFR	Cost and Freight	成本加运费（插入指定目的港）	指定的装运港口	货物交到船上时	卖方	买方	卖方	买方	海运或内河水运	指卖方在船上交货或以取得已经这样交付的货物方式交货。CFR价＝FOB价＋F运费
	CIF	Cost Insurance and Freight	成本、保险费加运费（插入指定目的港）	指定的装运港口	货物交到船上时	卖方	卖方	卖方	买方	海运或内河水运	指在装运港当货物越过船舷时卖方即完成交货。CIF价＝FOB价＋I保险费＋F运费，俗称“到岸价”。
	CPT	Carriage Paid to	运费付至（插入指定目的地）	国内陆路口岸或港口	在交货地点，买方指定的承运人控制货物后	卖方	买方	卖方	买方	任何运输方式或多式联运	指卖方将货物在双方约定地点交给买方指定的承运人或其他人。CPT＝FCA＋运费
	CIP	Carriage and Insurance Paid to	运费、保险费付至（插入指定目的地）	国内陆路口岸或港口	在交货地点，买方指定的承运人控制货物后	卖方	卖方	卖方	买方	任何运输方式或多式联运	指卖方将货物在双方约定地点交给买方指定的承运人或其他人。CIP＝FCA＋运费＋保险费

续表

组别	术语	英文	中文名	交货地点	风险转移界限	签订运输合同及支付运费	保险责任及费用	出口报关责任及费用	进口报关责任及费用	适用运输方式	详细概念
D组	DAP	Delivered At Place	目的地交货（插入指定目的地）	指定目的地	买方处置货物后	卖方	卖方	卖方	买方	任何运输方式或多式联运	指卖方在指定的目的地交货，只需做好卸货准备无需卸货即完成交货。卖方应承担将货物运至指定的目的地的一切风险和费用（除进口费用外）。
	DAT	Delivered At Terminal	运输终端交货（插入指定港口或目的地的运输终端）	指定港口或目的地的运输终端	买方处置货物后	卖方	卖方	卖方	买方	任何运输方式或多式联运	指当卖方在指定港口或目的地的指定运输终端将货物从抵达的载货运输工具上卸下，交由买方处置时，即为交货。“运输终端”意味着任何地点，而不论该地点是否有遮盖，例如码头、仓库、集装箱堆积场或公路、铁路、空运货站。卖方应承担将货物运至指定的目的地或目的港的集散站的一切风险和费用（除进口费用外）。
	DDP	Delivered Duty Paid	完税后交货（插入指定目的地）	进口国国内目的地	买方处置货物后	卖方	卖方	卖方	卖方	任何运输方式或多式联运	指当卖方在指定目的地将仍处于抵达的运输工具上，已完成进口清关，且已做好卸货准备的货物交由买方处置时，即为交货。代表卖方最大责任。

第三节 国际货物运输法

一、国际海上货物运输规则

国际海上货物运输是指使用船舶经海路将货物从一个国家的特定港口运至另一个国家的特定港口的运输，包括班轮运输和租船运输两种。

班轮又称定期船，是指在固定的航线上，按照既定的港口顺序和预先公布的船期表，并收取相对固定的运费进行经常的往返运输的船舶。利用班轮进行的货物运输是班轮运输。

租船运输又称不定期船运输，是指根据承租人与出租人签订的租船合同，出租人将船舶租给承租人使用，以完成特定的货运任务，承租人按商定的运价支付运费。

（一）提单

1. 提单的含义和作用

提单是一种用以证明海上货物运输合同已经成立、货物已由承运人接管或装船，以及承运人保证凭以交付货物的单证。它是由承运人在接收货物或货物装船后，应托运人的要求签发的，是海上货物运输中最广泛使用的一种合同形式。

提单有以下三方面的作用：

（1）提单是承运人和托运人之间订立运输合同的凭证。在班轮运输中，如果托运人已事先订立了货运协议，则提单是运输合同的证明；如事先无协议，提单则为运输合同。当托运人背书转让提单给第三人，提单就是承运人与第三人间的运输合同。

（2）提单是承运人从托运人处收到货物的凭证。托运人将货交承运人后，承运人签发提单，证明其已按提单内容收到了货物，日后按提单内容向收货人交付货物。

（3）提单是代表货物权利的凭证。提单是货物的所有权凭证，谁持有提单，谁就有权提取货物。作为权利凭证，提单可以进行买卖和转让。

2. 提单的种类

提单可以按照不同的标准划分，常见的有：

（1）以货物是否装船可分为已装船提单和收货待运提单；

（2）按提单上有无批注，分为清洁提单和不清洁提单；

（3）按提单上收货人抬头分为记名提单、不记名提单和指示提单；

（4）按运输方式分为直达提单、转船提单或联运提单和多式联运单据（或提单）或联运单据（或提单）。

3. 提单的内容

提单通常是由正面和背面内容构成的一张纸，但并无法定格式要求。提单的正面内容主要包括以下事项：

（1）货物的品名、标志、包数或件数、重量或体积，以及运输危险货物时对危险性质的说明；

（2）承运人的名称和主营业所；

（3）船舶名称；

（4）托运人的名称；

（5）收货人的名称；

（6）装货港和在装货港接收货物的日期；

（7）卸货港；

（8）多式联运提单增列接收货物地点和交付货物地点；

（9）提单的签发日期、地点和份数；

（10）运费的支付；

（11）承运人或其代表的签字。

提单缺少上列一项或几项内容的，原则上不影响提单的性质。提单的背面内容通常是预先印制好的运输合同条款，除规定合同应适用的法律外，还具体规定了承运人与托运人的权利和义务。

（二）国际海上货物运输公约

1. 调整国际海上货物运输的主要公约

提单背面的运输合同条款由承运人事先单方面拟定，如果法律对此不施加应有的管制和干预，该类条款将明显有利于承运人，而货主的利益则缺乏必要的保障。因此，调整国际海上货物运输合同的国内法和统一实体法条约不同于一般的任意性合同法，它具有强行法的性质。在国际上，先后达成了三项有关提单的强行性国际公约：

（1）《海牙规则》，其全称为《1924 年统一提单的若干法律规则的国际公约》，1924 年 8 月在布鲁塞尔订立，1931 年 6 月生效。内容包括承运人的责任义务与豁免、赔偿限额及托运人的义务和索赔与诉讼时效等。其主要成就在于确定了承运人的最低责任范围。中国未加入该公约，但我国《海商法》及航运公司制订的提单中吸纳了《海牙规则》中关于承运人责任和豁免的规定。

（2）《维斯比规则》，1968 年 2 月在布鲁塞尔签订的《修改统一提单的若干法律规则的国际公约的议定书》，简称为《维斯比规则》。该规则于 1977 年 6 月生效，对《海牙规则》的修改主要是提高了承运人对货物赔偿的最高限额，增加了“集装箱准则”条款以及保护承运人的雇员及代理人利益的条款等，对《海牙规则》的基本原则未作实质性的修改。我国未加入该条约，但其中关于提单的证据作用及承运人责任限制和赔偿额的规定等内容均在我国《海商法》中的有关规定中得到反映。

（3）《汉堡规则》，于 1978 年 3 月在汉堡会议上通过，1992 年 11 月生效。其全称为《1978 年联合国海上货物运输公约》，它对《海牙规则》修改得比较彻底，主要是删除了不合理的条款，扩大了承运人的责任，比较合理地调整了货主与承运人之间的利益。我国不是《汉堡规则》的缔约国，但我国《海商法》采用了该规则中关于货物实际承运人，清洁提单、延迟交货的概念。

2. 国际海上货物运输公约的内容

（1）承运人的基本责任。《海牙规则》规定了承运人必须履行的最低限度的责任，包括：①承运人须在开航前和开航时恪尽职守使船舶适航。根据《海牙规则》的规定，适航包括三项内容：船舶适于航行、船员的配备、船舶装备和供应适当以及船舶要适货。②适当和谨慎的装载、搬运、配载、运送、保管、照料和卸载所运货物。

《海牙规则》仅涉及承运人对货物灭失或损坏所承担的责任，但未规定承运人对延迟交货应负的责任，《汉堡规则》要求承运人对这两者均承担责任。

（2）承运人的责任期间。按照《海牙规则》规定，承运人承担责任是从货物装上船起，至卸下船止的整个期间。当使用船上吊杆装卸货物时，指从装货时吊钩受力开始至货物卸下船脱离吊钩为止的整个期间，即实行“钩到钩原则”。当使用岸上吊杆装卸时，则货物从装运港越过船舷时起到卸货港越过船舷为止的整个期间，即实行“舷到舷原则”。

《汉堡规则》采用“接到交”原则，规定自承运人接管货物时起至将货物交付时止为承运人对货物责任的期间。

（3）承运人责任的豁免。《海牙规则》实行的是承运人的不完全过失责任。在下列情况下，承运人的责任可免除：A. 船长、船员、领航员或其他受雇人在驾驶或管理船舶中的过失；B. 非承运人过失发生的火灾；C. 天灾、海上或者其他可航水域的危险或者意外事故；D. 战争或者武装冲突；E. 政府或主管部门的行为、检疫限制、扣押；F. 罢工、暴动或骚乱；G. 海上救助或企图救助人命或财产；H. 托运人、货物所有人或其代理人的行为；I. 货物的自然特性或固有缺陷；J. 货物包装不良或标志欠缺、不佳；K. 经谨慎处理仍未发现的船舶潜在缺陷；L. 非由于承运人或者承运人的受雇人、代理人的过失造成的其他原因。承运人依上述规定免责的，除B项规定的原因外，应当负举证责任。承运人可以在提单中明确放弃某项权利的豁免或者加重自己的责任和义务。

《汉堡规则》实行“推定过失责任原则”，即除非承运人证明他本人及代理人或所雇佣人员为避免事故（除火灾外）的发生及其后果已采取了一切合理要求的措施，否则承运人对在其掌管货物期间因货物灭失、损坏及延误交货所造成的损失负赔偿责任。

（三）航次租船合同

租船合同包括下列三种：

1. 航次租船合同

航次租船合同是指船舶出租人向承租人提供船舶或船舶的部分舱位，装运约定的货物，从一港运至另一港，由承租人支付约定运费的合同。

2. 定期租船合同

定期租船合同是指出租人向承租人提供配备船员的船舶，由承租人在约定期间按照约定的用途使用，并支付租金的书面协议。

3. 光船租船合同

光船租船合同是指船舶出租人向承租人提供不配备船员的船舶，在约定的期间内由承租人占有、使用和营运，并向出租人支付租金的合同。

上述三种租船合同，只有航次租船合同的性质属于货物运输合同。航次租船合同主要包括以下内容：

（1）出租人和承租人的名称；

（2）船名和船籍；

（3）载货重量、容积和货名；

（4）装货港和目的港；

（5）受载期限；

（6）装货、卸货期限及其计算办法；

（7）超过装货、卸货期限后的滞期费和提前完成装货、卸货的速遣费；

（8）运费；

（9）其他有关事项。

国际间的航次租船合同在订立时，大多采用波罗的海与白海会议制订的统一租船合同格式，其代号是“金康”。

二、国际航空货物运输规则

航空运输是一种现代化的运输方式，由于它具有便利、快捷、安全、卫生等特点，因而在国际贸易中使用范围日益广泛。目前，调整国际航空运输的国际公约主要有三个：

（1）《华沙公约》，即《关于统一国际航空运输某些规则的公约》。1929 年签订于华沙，1933 年 2 月生效。我国已于 1958 年加入了这一公约。

（2）《海牙议定书》，即《修改 1929 年统一国际航空运输某些规则的公约的议定书》，1955 年订于海牙，1963 年 8 月生效。我国已于 1975 年加入了该议定书。

（3）《瓜达拉哈拉公约》，全称为《统一非缔约承运人所办国际航空运输某些规则以补充华沙公约的公约》，1961 年订于瓜达拉哈拉，1964 年 5 月生效。我国尚未加入该公约。

国际航空货物运输公约的主要内容包括：

（一）航空货运单

按照《华沙公约》的规定，承运人有权要求托运人填写一式三份的航空货运单。货运单是双方订立合同、接受货物、运输条件及关于货物的情况的初步证据，而不是货物所有权的凭证。《海牙议定书》将货运单改称为航空运单，对其须载明的各项货运资料的项目作了简化，并不容许填发可流通的航空货运单。

航空货运单的主要内容包括起运地、目的地及约定的经停地点；托运人、承运人或第一承运人及必要时收货人的名称、地址；货物名称、性质、包装件数；运费金额、支付时间、地点，付费人等。根据《华沙公约》的规定，如果承运人接受了货物但未填写货运单，则承运人无权援引公约中关于免除或限制承运人责任的规定。

（二）托运人责任

按照《华沙公约》的规定，托运人的责任有：

（1）负责正确填写航空托运单，否则，对承运人和其他人遭受的一切损失负责赔偿。

（2）向承运人交付货物并提供各种必需资料，以便完成相关的海关、税务或公安手续，将有关证件附于货运单交承运人，否则承担相应责任。

（3）托运人有权在运输途中提回货物或在中途经停时终止运输或要求在目的地、中途经停地把货物交付非货运单上指定的收货人，但此项权利的行使不能使承运人或其他托运人遭受损失。

（三）承运人责任与免责

根据《华沙公约》的规定，承运人的责任包括：

（1）承运人对货物航空运输期间因毁灭、遗失、损坏或延迟交货而造成的损失负责。所谓空运期间是指货物交付承运人保管的整个期间。

（2）承运人的责任限额为每公斤250法郎。合同的规定不能低于此限额。如果托运人在交付货物时，曾经特别声明货物运到后的价值，并已缴付必要的附加费，承运人可赔付不超过该声明的金额。

在下列情况下，承运人可以免责：

（1）如果承运人能够证明其与其代理人为避免损失已采取一切必要的措施或不可能采取这种措施；

（2）如果承运人证明损失是因驾驶、航空器的操作或导航的过失造成的；

（3）损失是由受害人的过失引起或助成。

（四）索赔与诉讼时效

当收货人发现货物受损时，最迟应在收货后7天之内以书面形式向承运人提出异议。如果是迟延交货，则最迟应在收货后的14天之内提出，超过异议期的，除非承运人有欺诈行为，否则不能提出异议。《海牙议定书》将这两个时间分别改为14天和21天。有关空运赔偿的诉讼时效为两年，从航空器到达目的地之日起计算。

三、国际铁路货物运输规则

国际铁路货物运输在国际贸易货运中占有重要的地位，目前关于铁路货物运输的国际公约包括：

（1）《国际货约》。全称为《国际铁路货物运输公约》，于1890年由欧洲各国在瑞士首都伯尔尼签订。我国未加入这一公约。

（2）《国际货协》。全称为《国际铁路货物联运协定》，是1951年在华沙订立的。我国于1954年正式加入该协定。

《国际货协》的主要内容包括：

（一）国际铁路货物运输合同的订立

《国际货协》规定，发货人在托运货物的同时，应按规定的格式对每批货物填写运单和运单副本，由发货人签字后向始发站提出托运申请。在发货人提交运单中所列的全部货物和按发送路现行的国内规章付清所负费用后，发站即在运单和运单副本上加盖日期戳记。运单一经加盖发站的日期戳记，即表明运输合同业已缔结。

（二）国际铁路承运人责任制度

1. 铁路的基本责任和责任期限

铁路应付的连带责任包括两个方面：

（1）按照《国际货协》运单承运货物的铁路，应负责完成货物的全程运送；

（2）每一继续运送的铁路，自接收附有运单的货物时起，即视为参加这项运输合同，并承担因此而发生的义务。

铁路对货物负责的期限从承运货物时起，至到站交付货物时为止，如向非参加《国际货协》铁路的国家办理货物转发送时，则负责到按另一种国际协定的运单办完运送手续时为止。

2. 铁路的免责

铁路对货物发生全部或部分灭失、减量或毁损的免责原因共有十项，归纳起来包括两个方面：

（1）应由铁路提出证明的原因，包括由于铁路不能预防和不能消除的情况，以及由于发货人或收货人的过失或由于其要求，而不能归咎于铁路的情况；

（2）当发货人或收货人未证明是由于其他原因时，即认为损失是由于以下原因而造成的情况，包括由于货物的特殊自然性质引起货损、发生的标准范围内的自然减量以及由于发货人、收货人和货物押运人的各种过失引起货损等八种原因。

铁路对货物未能按期运到的负责情况有两种：一是发生雪（沙）害、水灾、崩陷和其他自然灾害，按照有关国家铁路主管部门的指示，期限在15天以内；二是发生其他致使行车中断或限制的情况，以有关国家政府规定的时间为准。

3. 铁路的责任限额

铁路对其责任范围内赔偿损失的款项，在任何情况下，均不得超过货物全部灭失时的款项。当运输逾期时，铁路应按造成逾期铁路的运费，向收货人支付规定比例的罚款。

（三）发货人和收货人的权利与义务

1. 发货人在办理托运手续时的义务

发货人在办理托运手续时，对铁路负有的义务包括：（1）对其在运单上所记载和声明的事项的正确性负责；（2）将货物在运送全程中为履行海关和其他规章所需要的添附文件附在运单上并对其正确性负责，必要时，还须附有证明书和明细书。

2. 发货人和收货人有支付运送费用的义务

为了保证核收包括运送费用在内的运输合同项下的一切费用，铁路有权留置货物。

3. 发货人和收货人享有运输合同变更权

发货人和收货人享有运输合同变更权，发货人和收货人可以各自变更一次运输合同。

4. 货物到达到站，收货人应付清运送费用并领取货物

收货人只有在货物因毁损或腐坏而使质量发生变化，以致全部或部分不能按原用途使用时，才可以拒绝领取货物。即使运单中所载的货物部分短少，收货人也应按运单向铁路支付应付的全部款额，但他享有对未交付部分的货物的索赔权。

（四）索赔与诉讼

发货人和收货人有权根据运输合同提出赔偿请求。赔偿请求应附有相应根据并注明款额，以书面方式由发货人向发送站、收货人向到达站提出。货物运到逾期时，由收货人提出，同时还须提交运单。铁路自提出赔偿请求之日起，必须在180天内审查这项请求，并答复赔偿请求人。

根据运输合同向铁路提出的赔偿请求和诉讼，以及铁路对发货人或收货人关于支付运送费用，罚款和赔偿损失的要求和诉讼，可在9个月期间内提出，但货物运到逾期的赔偿请求和诉讼，应在2个月内提出。

四、国际货物多式联运规则

（一）国际货物多式联运概述

国际货物多式联运是指按照一个多式联运合同，以至少两种不同的运输方式，由多式联运经营人将货物从一国境内接管货物的地点运至另一国境内指定交付货物的地点的货物运输。

调整国际货物多式联运的国际规则主要有两个：一是由国际商会于1973年制定的《联

合运输单证统一规则》，作为国际惯例，该规则的适用取决于当事人在联合运输单证中的选择。二是联合国于 1980 年通过的《联合国国际货物多式联运公约》（以下简称《联运公约》），该公约强制适用于起运地和到达地均位于缔约国境内的所有多式联运合同。

（二）《联合国国际货物多式联运公约》的主要内容

1. 多式联运单据

多式联运单据是证明多式联运合同及多式联运经营人接管货物并按合同条款提交货物的证据。

多式联运经营人接管货物时，即应签发多式联运单据，该单据依发货人的选择，可以是可转让的单据，也可以是不可转让的单据。该单据如列明按指示交付，须经背书后转让；如列明向持票人交付，无须背书即可转让；如列明记名的收货人，则是不可转让的单据。

2. 联运经营人的赔偿责任

（1）责任期间。《联运公约》实行的是联运经营人的全程统一责任制，即从其接管货物之时起到交付货物时为止的整个期间承担责任。

（2）赔偿范围与责任限制。根据《联运公约》确定的推定过失或疏忽原则，多式联运经营人对在其掌管货物期间内发生的货物灭失、损坏和延迟交付引起的损失承担赔偿责任。《联运公约》规定了对货物灭失和损坏的赔偿责任，限制为每件 920 记账单位或按毛重每公斤 2.75 记账单位计算，以较高者为准。如果联运不包括海上运输或内河运输，则按毛重每公斤 8.33 记账单位计算。

3. 索赔与诉讼

（1）提出索赔通知的期限。收货人向多式联运经营人提出书面索赔通知的期限是：对于货物灭失或损坏，不迟于在货物交给他的次一个工作日提出；如果货物灭失或损坏不明显，不迟于在货物交给他之后的连续 6 日内提出。对于延迟交付造成的损失，不迟于在货物交给他之后连续 60 日内提出。

多式联运经营人向发货人提出书面索赔通知的期限是：不迟于在损失发生后连续 90 日内，或在他将货物按规定交付之后连续 90 日内提出，两者中以较迟者为准。

（2）诉讼时效。多式联运的诉讼时效为两年，自货物交付之日起计算。如在货物交付后的六个月内未提出书面索赔通知，则诉讼在此期限届满后即失效。

五、国际货物运输保险法

（一）国际货物运输保险合同

国际货物运输保险合同是指以进行国际运输的货物为保险标的而在保险人和被保险人之间达成的合同。

1. 国际货物运输保险合同的订立及内容

保险合同的订立须经投保与承保两个步骤，即要约与承诺两个过程。投保人向保险人提出的投保申请属于要约，保险人如果愿意承保并在其上签名构成承诺。

保险合同主要包括以下内容：保险人与被保险人名称，货物名称，货物价值，保险金额，保险责任和除外责任，保险期间，保险费，此外还需列明运输工具；运输路线；投保险别等。

2. 国际货物运输保险单的种类

保险人在保险合同成立之时或以后，应当及时向被保险人签发书面保险单证，并在其上载明当事人双方约定的合同内容，作为合同有效成立的证据。国际货物运输的保险单主要有以下几种：

（1）定值保险单。指载明保险标的的约定价值的保险单，该价值就是保险公司在保险事故发生后的赔偿价值。

（2）航程保险单。指以一次或多次航程为期限的保险单，保险人对被保险货物在特定航程中的风险予以承保。

（3）流动保险单。指保险人与被保险人就总的承保条件，如承保风险、费率、总保险金额、承保期限等事先予以约定，细节留待以后申报的保单。

（二）国际货物运输保险的风险与损失

1. 保险人承保的风险

保险人承保的风险是指尚未发生的，有可能使保险标的遭受损害或灭失的危险与事故。在不同运输方式中，保险标的所遭受的保险风险存在差异；在同一种运输方式中，不同国家的保险条款所列明的保险风险也不尽相同。一般可分以下几种：

（1）自然灾害，指不以人的意志为转移的自然力量所引起的灾害，包括恶劣气候、雷电、海啸、地震和洪水等。

（2）意外事故，指由于偶然的、非意料中的原因所造成的事故，包括海上运输工具的搁浅、触礁、沉没、倾覆、碰撞以及火灾、爆炸等。

（3）外来风险，指除上述承保风险以外的，规定在各种附加险中的风险，包括偷窃、渗漏、短量、串味等一般外来风险和战争、罢工、交货不到、拒收等特殊外来风险。

2. 保险人承保的损失

由于承保风险所引起的保险标的的损失，按照受损程度可以划分为两类：

（1）全部损失，是指货物发生保险事故后灭失，或者受到严重损坏完全失去原有形体、效用，或者不能再归被保险人所拥有，包括实际全损和推定全损两种情况。对于实际全损，保险人给予赔偿。对推定全损，由被保险人选择按实际全损进行索赔或按部分损失进行索赔。如按实际全损索赔，则必须向保险人发出委付通知，即把全损货物委付给保险人，如不发通知，则视为按部分损失进行处理。

（2）部分损失，是指全部损失以外的一切损失。在海上货物运输保险中，分为共同海损和单独海损两种。共同海损是指在同一海上航程中，船舶、货物和其他财产遭遇共同危险，为了共同安全，有意地合理地采取措施所直接造成的特殊牺牲，支付的特殊费用。共同海损应当由受益方按照各自的分摊价值的比例分摊。单独海损，是指由承保风险所直接造成的船舶、货物或其他财产的单独一方的利益损失。单独海损通常由受损人自己承担或者由其向有过失的责任方请求赔偿。

第四节　国际贸易支付

一、《托收统一规则》

《托收统一规则》是由国际商会在该会1958年的《商业单据托收统一规则》的基础上于1995年修订而成。它将各国关于商业票据与托收中的不同术语、不同理解、处理方法统一起来。它虽不具有普遍的法律约束力，仅供有关当事人在合同中自愿采用，但事实上它已在国际贸易中得到广泛的承认和使用。现将该规则内容简介如下：

（一）托收的含义及其分类

托收是指卖方以买方为付款人开立汇票，委托银行代向买方收取货款的一种结算方式。《托收统一规则》将托收分为光票托收和跟单托收两种。光票托收是仅凭卖方开出的汇票所为的托收，不附具任何发票或装运单据；跟单托收是指凭汇票和发票、提单、保险单等商业单据进行的托收。

根据《托收统一规则》和国际贸易支付的实践，跟单托收根据交单条件的不同又可分为付款交单和承兑交单两种。付款交单是指付款人（买方）在向代收行支付了货款或其他票据金额后才能取得提单、保险单、发票等。付款交单又可分为即期交单和远期交单两种。承兑交单是指付款人（买方）承兑汇票后即可获得装运单据，于汇票到期日再付款。承兑交单方式只适用于远期汇票的托收。

（二）托收的有关当事人及其权利义务关系

按照《托收统一规则》的规定，一笔托收业务共有四个当事人：

（1）委托人，即委托银行办理托收业务的客户，通常指国际货物买卖合同的卖方；

（2）托收行，即受委托人的委托办理托收业务的银行，通常是卖方营业所在地的银行；

（3）代收行，即托收行以外参与办理托收指示的任何银行，通常是买方营业所在地的银行；

（4）付款人，即根据托收指示书向其作出提示的人，通常是指国际货物买卖合同的买方。

在上述当事人中，委托人与托收行、托收行与代收行之间的关系均为委托代理关系，他们之间的权利义务受代理法的一般原则的支配。

关于委托人与代收行之间的关系，根据代理法的一般原则，在委托人与代收行之间没有合同关系。因此，如果代收行违反托收指示书行事致使委托人受到损失时，委托人不能直接对代收行起诉。

二、《跟单信用证统一惯例》

为了统一对跟单信用证的解释，明确各方当事人的权利义务，国际商会（ICC）于1933年发布《跟单信用证统一惯例》，在数十年间该惯例几经修订不断完善。ICC银行委员会在2006年10月25日的巴黎秋季例会中，全票通过新修订的《UCP600》文件，并于2007年的7月1日起开始实施。

(一) 信用证的概念、特征及分类

1. 信用证的概念

根据《UCP600》的规定，信用证是指一项不可撤销的安排，无论其名称或描述如何，该项安排构成开证行对相符交单予以承付的确定承诺。

2. 信用证的特征

与托收方式比较，信用证的主要特征是：

(1) 信用证是银行信用，开证行同买方都是第一债务人，而且银行首先付款。

(2) 信用证交易与基础合同是互相独立的，即银行只以单证相符为付款条件，而不问基础合同的实际履行情况。

(3) 信用证支付环节多，手续繁琐，费用多。

(4) 由于银行付款只审核单证是否相符，而不问合同的实际履行情况，因此较易产生欺诈。

3. 信用证的分类

信用证按不同标准可作不同分类，主要有：

(1) 保兑信用证和不保兑的信用证；

(2) 付款信用证、承兑信用证和议付信用证；

(3) 可转让信用证和不可转让的信用证；

(4) 备用信用证。

《UCP600》删除了《UCP500》第6条关于信用证的形式有可撤销与不可撤销信用证的规定，摈弃了可撤销信用证，进一步明确了信用证是一项不可撤销的安排。

(二) 信用证的当事人及其权利、义务关系

1. 信用证的当事人

一般来说，信用证的运转可能涉及的当事人主要有：

(1) 开证申请人，即向银行申请开立信用证的进口人（买方）；

(2) 开证行，受开证申请人之委托为其开出信用证的银行；

(3) 受益人，即有权享有信用证上的利益的出口人（卖方）；

(4) 通知行，即接受开证行的委托，负责将信用证通知受益人的银行；

(5) 付款行，即信用证上指定的向受益人付款的银行；

(6) 议付行，即愿意买入或贴现受益人按信用证所开立的汇票的银行；

(7) 承兑行，即根据承兑信用证在卖方出具的汇票上承兑的银行；

(8) 保兑行，即对开证行开出的不可撤销信用证上承担保兑责任的银行。

2. 信用证各方当事人之间的权利义务关系

(1) 开证申请人与开证行之间的关系，是以开证申请书及其他文件所确定的合同关系。

(2) 开证行与受益人之间的关系，如果开证行所开出的是不可撤销的信用证，则当该信用证送达受益人时，在开证行与受益人之间就成立了一项对双方都有约束力的合同。

(3) 通知行与开证行、受益人、开证申请人之间的关系。通知行与开证行之间的关系是委托代理关系，通知行接受开证行的委托代理开证行将信用证通知受益人并从开证行获取佣金。通知行与受益人之间不存在合同关系。通知行之所以通知受益人，是因为它对开证行负有义务，而不是对受益人负有此项义务。通知行与开证申请人之间无直接合同关系，通知行只是开证行的代理人。

（4）开证行与付款行、承兑行、议付行的关系。如果开证行指定或授权其他银行付款、承兑或议付，而其他银行接受，则在两者之间形成了合同关系。

（三）《UCP600》实质变动条款

《UCP600》相对于《UCP500》存在五个实质变动条款，将对进出口产生重要影响。

1. “议付”定义条款

根据《UCP600》第二条定义，“议付指被指定银行在其应获得偿付的银行工作日当天或在此之前，通过向受益人预付或者同意向受益人预付款项的方式购买相符提示项下的汇票（汇票付款人为被指定银行以外的银行）及/或单据。”

2. 增加融资许可条款

根据《UCP600》第七条，信用证规定由指定银行延期付款但其未承诺延期付款，或虽已承诺延期付款，但未在到期日付款，只要规定的单据提交给指定银行或开证行，并且构成相符交单，则开证行必须承付。

3. 拒付后对单据的处理条款

根据《UCP600》第十六条不符单据及不符点的放弃与通知b款规定，当开证行确定提示不符时，可以依据其独立的判断联系申请人放弃有关不符点。然而，这并不因此延长第十四条b款中述及的期限。

4. 单据处理天数条款

根据《UCP600》第十六条不符单据及不符点的放弃与通知c款的规定，c款中要求的通知必须以电讯方式发出，如果不可能以电讯方式通知时，则以其他快捷方式通知，但不得迟于提示单据日期翌日起至第五个银行工作日终了。

5. 转让信用证条款

根据《UCP600》第三十八条可转让信用证的规定，转让信用证指明确表明其“可以转让”的信用证。根据受益人（第一受益人）的请求，转让信用证可以被全部或部分地转让给其他受益人（第二受益人）。

转让信用证最大的变化在于《UCP600》中明确第二受益人的交单必须经过转让行。此条款主要是为了避免第二受益人绕过第一受益人直接交单给开证行，损害第一受益人的利益。

第五节　国际贸易法律制度案例分析

案例一：

FOB下买方未按时派船

［案例简介］申请人（卖方）和被申请人（买方）签订了买卖芸豆合同，双方在有关上述合同的违约责任和赔偿问题上发生争议，申请人向中国国际贸易仲裁委员会深圳分会提交了仲裁申请书。

申请人与被申请人2009年5月6日签订了GC/CHFS9608（E）号买卖芸豆的购销合

同。合同约定，由申请人卖给被申请人2008年产长腰奶花芸豆2500吨，每吨单价375美元，FOB大连，由被申请人的联营人××国际发展（集团）有限公司在2009年6月5日前开出不可撤销的即期信用证，货物装运期为2009年6月25日至7月15日，合同要求被申请人必须至少提前七天将抵达指定装运港的船期等事项通知申请人。

申请人称本案中构成违约的一方是被申请人，由于其没有按照合同约定按期派船装货，导致合同无法履行，合同约定的装运期间为2009年6月25日至7月15日。申请人于2009年6月25日传真要求被申请人派船接货，但被申请人未履行合同约定的派船义务。双方当事人于2009年7月5日在××市进行了协商，申请人要求被申请人在合同规定装运期内履行合同，派船装货。被申请人的代表提出不能如期派船装运，但同意价格上调的要求，同时要求申请人不要将该货转卖他人。关于装运期，被申请人说回香港后将尽快确定船名和船期。申请人于2009年7月9日及23日两次发传真给被申请人要求立即答复能否于2009年8月10日前装运出去，并将7月5日协商内容再次以文字形式加以强调传真给对方。2009年7月23日，申请人致被申请人写明："上述合同的最后装运期为2009年7月15日，贵公司两位代表来××市，通知我公司本合同无法于2009年7月15日以前执行，考虑到两公司长期合作的关系，双方经商谈，就货物价格等条款达成口头协议，货物单价上调到USD395/MT FOB××市，贵公司同意于2009年7月10日16：30之前明确答复我公司该合同能否于2009年8月10日前执行，并按此日期安排船舶装运，后我公司多次打电话及发传真催促贵公司通知船名及船期，但至今仍无任何消息。"申请人在该函中还提到："现最后装运期已过，该合同仍无法执行，贵公司已构成违约，由此产生的加工损失、各项整理费用、银行利息和仓库费用应由贵公司承担。后我公司多次催促贵公司给予答复，但至今仍无任何书面回复，由此已经产生的一切责任及费用亦应由贵公司承担。且由于贵公司一拖再拖，故我公司自行处理该货物而产生的一切费用也应由贵公司承担。"被申请人对此并未提出任何异议。

经仲裁庭审理认定如下事实：被申请人在2009年6月5日，主动以传真通知申请人，运载货物的船将约在6月25日~31日间在××市装货。6月25日，申请人向被申请人催问船期，同日，被申请人答复买家正式租船，预期7月5日至15日间抵达。7月5日，因被申请人尚未通知派船，双方当事人就船期进行协商，事后，申请人要求被申请人答复承运合同项下货物的船只能否在8月10日前到达××市。被申请人未做出答复。申请人提出在这次会议上双方同意将合同价格提高至每吨395美元，因缺乏证据支持，仲裁庭不予支持。9月12日，被申请人通知申请人"由于墨西哥政府方面的因素，无法如期将货装运，唯一可行的方法是先把积货卖到任何可能的地方以减少损失。此票货分批或部分先处理以减轻利息仓租。"

[案例评析] 本案合同为FOB合同，按照约定的时限派船接货是买方（被申请人）重要的合同义务。但被申请人既未能在合同约定的时间（2009年6月25日至7月15日）履约也未能在申请人给予宽限的8月10日前派船至指定装运港接运货物，已构成根本违约。根据中国法律和国际贸易惯例，在FOB条件下，被申请人应负责赔偿申请人因合同得不到履行不得不将货物转售所产生的损失，包括因货物未能按期出运而产生的仓储费、资金积压的利息损失以及货款价差和不能及时收回货款所滋生的利息。

案例二：

关于买卖双方的权利义务

［案例简介］我某出口公司与德国一家公司签订出口一批农产品的合同。其中品质规格为：水分最高15%，杂质不超过3%，交货品质以中国商检局品质检验为最后依据。但在成交前我方公司曾向对方寄送过样品，合同签订后又电告对方，确认成交货物与样品相似。货物装运前由中国商检局品质检验签发品质规格合格证书。货物运抵德国后，该外国公司提出：虽然有检验证书，但货物品质比样品差，卖方有责任交付与样品一致的货物，因此要求每吨减价6英磅。

我公司以合同中并未规定凭样交货为由不同意减价。于是，德国公司请该国某检验公司检验，出具了所交货物平均品质比样品差7%的检验证明，并据此提出索赔要求。我方不服，提出该产品系农产品，不可能做到与样品完全相符，但不至于低7%。由于我方留存的样品遗失，无法证明，最终只好赔付一笔品质差价。

［案例评析］该案是一宗既凭品质规格交货，又凭样品买卖的交易。根据《联合国国际货物销售合同公约》的规定，卖方提交的货物除了应符合合同的规定外，还应符合该公约的如下要求：

（1）货物适用于同一规格货物通常使用的目的。

（2）货物适用在订立合同时买方明示或默示通知卖方的特定目的。

（3）在凭样品或说明书的买卖中，货物要与样品和说明书相符。

（4）卖方应按照同类货物通用的方式装箱或包装，如果没有通用的方式，则用足以保全和保护货物的方式装箱或包装。

在该案中卖方成交前的寄样行为及订约后的“电告”都是合同的组成部分。因此所提交的货物既应符合合同中关于规格的要求又应符合样品的品质，两个条件都要满足。

案例三：

CIF合同项下货物风险的转移

［案例简介］我国某公司与韩国某公司签订一份CIF合同，进口电子零件。合同订立后，韩国公司按时发货。我国公司收到货物后，经检验发现货物外包装破裂，货物严重受损。韩国公司出具证明，说明该风险损失发生在运输途中。对于该批货物的运输风险双方均未投保。双方对风险责任的承担发生分歧。

［案例评析］根据《2000年国际贸易术语解释通则》的规定，在CIF条件下，卖方应提供符合合同要求的货物，并应自负费用订立运输合同及保险合同，并使买方或任何其他对货物有保险利益的人有权直接向保险人索赔，以及向买方提供保险单或其他保险凭证。卖方

承担货物在装运港超过船舷以前的灭失或损坏的一切风险，买方承担货物在装运港超过船舷以后的灭失或损坏的一切风险。

从本案事实来看，货物的风险损失是在运输途中造成的，按照CIF条件下风险转移的规则，该损失应由买方负责，但由于在CIF条件下对货物投保的义务在卖方，而本案中卖方没有履行投保义务，使得买方在货物发生风险损失后无法取得保险赔偿，因此卖方应对买方的损失承担责任。

案例四：

海上运输货物损害赔偿纠纷剖析

［案例简介］被告中国某运输总公司T分公司（以下简称被告）所经营的船舶“清山6号”，承运J国东方食品有限公司托运的7726袋玉米，从中国T港到J国S港，该批货物向J国海上火灾保险公司（以下简称原告）投保。被告于2009年3月28日签发了货物已装船的清洁提单，同年4月3日，该轮驶抵目的港卸货时，据卸货记录记载短卸81袋货物，船方有争议。4月20日，经J国某仓储公司核查货损情况证实短货61袋，并出具了仓储报告。5月31日，原告按J国某仓储公司的核查报告，对收货人的货物损失予以确认赔偿。随后，原告取得代位求偿书。同时还查明，该批货物的价格条件是FOB中国T港。针对这起涉外海运货物损害赔偿纠纷，争议双方意见针锋相对。原告提出，根据“清山6号”轮签发的第18号提单背面条款第四条规定：“有关承运人的义务、赔偿责任，权利及豁免应适用《海牙规则》。”而《海牙规则》第三条第二款规定：“除遵守第四条规定外，承运人应当适当和谨慎地装载、操作、积载、运输、保管、照料和卸载所运货物。”因此原告认为：《海牙规则》和我国海运规则中都有有关承运人的责任期间，即应从货物装上船舶之时起到卸离船舶之时止的规定，而事实证明，“清山6号”轮签发了清洁提单和签署了记载着卸货时货损的卸货记录，因此，该批货物的损失的责任应由承运人承担。而被告则辩称，被告与收货人J国东方食品有限公司之间的承运关系，和原告与收货人之间的保险关系，是不同的法律关系，被告与原告之间没有直接的联系，原告向被告提起海运货物损害赔偿诉讼缺乏法律依据。

［案例评析］本案涉及的是一起涉外海运货物损害赔偿纠纷。《海牙规则》是1924年由布鲁塞尔外交会议讨论通过的统一提单若干法律规定的国际公约。自30年代生效以来，得到大多数航运国家的承认，我国虽然没有参加该规则，但有关的内容，已被中国远洋运输公司和中国对外贸易运输总公司的提单条款所采用。

提单是托运人与承运人签订海上货物运输合同的证明，而且也是承运人对货物接管和装船的单证。一旦承运人签发了清洁提单，就表明货物不仅外表状况良好，而且证明货物重量或数量符合提单正面内容的记载。毋庸置疑，这种提单成为承运人收到提单所载货物的表面证据。倘若承运人在交货时，因举不出充分证据以证明货物数量短少，系托运人或其他人所致，或货物数量的短少属于免责范围，那么就难以免除在责任期间应承担的管货责任。

根据本案事实，被告签发的第18号提单背面条款第四条规定："有关承运人的义务、赔偿责任、权利及豁免应适用《海牙规则》。"因此根据《海牙规则》第三条第二款的规定，作为承运人的被告，其责任期间是在货物装船以后至卸下船时止。在此期间内，除法律规定的免责事由外，承运人应该对装上船的货物的安全负责。而从本案来看，该批货物的短少，正是在承运人管货期间；而且当货物装船时，被告已签发了已装船的清洁提单，这就表明，被告实际接收和装船的货物，与其签发的提单正面记载的货物数量相符。提单作为证明货物由承运人接管或装船的单证，在目的港按照提单记载的货物数量，交付给收货人是被告的责任，因此，被告对货物短少应负赔偿责任。

案例五：

单证是否相符的审核以及拒付的有效性

［案例简介］某年6月，我国A贸易公司与美国VAT公司签订了一份合同，约定：A公司向VAT公司购买1000吨苯乙烯，溢短装5%；CFR价格1200美元/吨；装运期为同年7月；以信用证方式付款，货物装运前一个月通过银行B开立以VAT公司为受益人的不可撤销信用证。合同订立后，我国某银行B受A公司委托开出金额为120万美元的信用证，同时信用证上加注根据《UCP500》办理。同年8月9日，我国某银行B收到该信用证的议付行美国某银行C寄来的相关单据。我国某银行B在审单后认为单证存在不符点，即于同年8月11日通知了A公司和美国银行C：我们正联络申请人对不符点予以接受，持有的相关单据风险和处置权归于你方。同年8月16日美国某银行C针对我国某银行B提出的单证不符点进行反驳并且坚持认为单据是相符的。8月19日，我国某银行B在答复中指出根据《UCP500》第14条B款，我们拒绝接受不一致的单据。8月23日我国A贸易公司要求我国某银行A拒付信用证下的所有货款，次日我国某银行B通知美国某银行C并退回全套单据。美国某银行C诉诸美国法庭来审理与我国某银行B的信用证争议案。受理此案的美国法庭检查所有单据并认为不存在单证不符问题。根据《UCP500》第14条D款，若开证行拒绝接受单据，其必须于接到单据后7个工作日内发出明确的拒付指示，而我国某银行A在8月11日的电报中并未写明"拒付"字样，并且该行通知中表明了该行有接受单据的可能性。据此美国法官认为，该行第一次提出拒付的时间是在8月19日，而此时已超过了7个工作日，该拒付无效。

［案例评析］上述案例体现了《UCP500》下有关于单证相符审核以及拒付的有效性等相关规则的不明确性。由于在《UCP500》中没有提供检查单证相符的遵守标准，法院审理有关基于单证不符而拒付的信用证案件中通常采用四类标准：严格相符；灵活的严格相符；大体上相符以及合理相符。鉴于法院在实际审理案件中未能对审核标准达成一致，《UCP600》修改了原来UCP500下的相关规定，拒绝使用严格相符的标准并且支持理性关联检验下的相符原则。而且，根据UCP600第2条"相符交单"的定义，"相符"是指交单与信用证条款、统一惯例的使用条款和国际标准银行实务相一致。由于国际商会对于审核单据的国际标准银行实务已经存在专门规定，《UCP600》比《UCP500》为银行审单提供了更为

明确的参考标准。同时，《UCP600》第 2 条 d 款则明确拒绝单据中的内容必须与单据本身、其他信用证要求的单据或者信用证内容“完全相同”的要求，但是要求上述内容之间“不得相互抵触”。UCP600 也针对有效的拒绝进行了澄清。例如，《UCP600》的第 16 条 C 款指出银行在决定拒绝兑付或议付时必须一次性通知提示人。

UCP600 比 UCP500 更明确地指出拒付通知必须包括以下内容：银行拒绝兑付或议付；导致银行拒绝兑付或议付的各个不符点。同时该通知也必须包括下述指示：银行持有单据等候提示人进一步指示；或者开证行持有单据直至收到申请人通知弃权并同意接受该弃权，或在同意接受弃权前从提示人处收到进一步指示；或者银行退回单据；或者银行按照先前从提示人处收到的指示行事。

复习思考题

1. 根据《联合国国际货物销售合同公约》的规定，买卖双方负有哪些义务？
2. 在国际货物买卖中，当卖方违反交货义务时，买方可以得到哪些补救？
3. 《联合国国际货物销售合同公约》对货物的风险转移作了哪些规定？
4. 根据《2000 年国际贸易术语解释通则》，在 FOB 条件下，买卖双方的责任与义务如何分担？
5. 信用证关系的当事人包括哪些？

第七章

反倾销法律制度

内容提要

我国改革开放以来，对外贸易取得了巨大的发展，但我国出口产品屡遭外国，特别是西方发达国家反倾销调查的事实，也引起了我国政府和从事对外贸易的公司与企业的广泛关注。随着我国进一步的改革开放，国外许多产品也以倾销的方式打入我国市场，对我国的相关产业造成了损害，我国也依据自己的反倾销立法，对外国产品的倾销行为进行了反倾销诉讼。本章主要介绍国际反倾销法律制度、欧美各国的反倾销法律规范及我国的反倾销立法和实践。

第一节　反倾销法概述

一、倾销的含义及其特征

倾销是指一国产品以低于正常价值的价格进入另一国市场，并因此对该国领土内已经建立的某项工业造成实质性损害或产生实质性损害的威胁，或对某一国内工业的新建产生实质性阻碍。一般说来，倾销具有以下四个方面的特征：

（一）倾销的方式通常表现为一国的出口商以不正常的低价向另一国出售其商品

倾销这种不正常的低价是相对其他市场（通常是出口国本国）而言的。例如，1970 年日本索尼公司以 180 美元的价格在美国销售其制造的电视机，而同样型号的电视机在日本则要价 333 美元。这一行为构成了索尼公司对美国的倾销。可见，倾销是一种国际价格歧视，是一种在不同市场上以差别价格销售商品的行为。

（二）倾销形成的原因往往是人为的

如一国的出口商自行压低其商品在另一国市场的销售价格或由于出口国政府的贴补从而降低出口国的出口产品在另一国市场的销售价格等。

（三）倾销往往是以争夺国外市场、扩大出口为其主要目的

在有些情况下，一国的出口商为了占领国外市场，击败竞争对手而暂时压低其商品在一

国的销售价格，一旦目的达到再提高价格，这种情形通常被称为掠夺性倾销。单纯以扩大出口为目的无限期地持续地以低价向另一国出售商品则通常被称为持续性倾销。

（四）倾销就其本质而言属于一种不公平贸易行为

倾销往往是出口商凭借自己在国内市场上的垄断地位或接受某种出口补贴而获得在另一国市场的竞争优势。因此，它不仅破坏了正常的竞争机制，破坏了他国经济，也使得本国的消费者受到不应有的损害。

从倾销的上述几个方面的特征来看，它无疑是属于国际贸易中的一种不正当行为，有碍正常的国际贸易秩序，因此，许多国家的国内立法和有关的国际公约都规定了对倾销进行抵制和限制，从而产生了反倾销法。

二、反倾销法的含义及其特征

反倾销法（Anti - dumping Law）是指进口国为了保护本国的经济和本国生产厂家的利益，维护正常的国际贸易秩序而对倾销这种不公平贸易行为进行限制和调整的法律规范的总称。它具有下列几个方面的特征：

第一，反倾销法的目的在于保护进口国的经济和进口国生产厂家的利益，维护正常的国际贸易秩序，它是进口国为抵制倾销和消除倾销危害的一种合法手段。由于倾销属于一种不公平贸易行为，它对进口国的经济和进口国生产厂家的利益构成极大的威胁，因此，进口国往往通过制定反倾销法对倾销行为及其危害后果进行限制。然而，这种限制必须是在合理的范围之内，一旦超出了这个范围，便成为一种保护贸易措施，成为国际贸易中的非关税壁垒，从而妨碍正常的国际民事流转，与维护正常的国际贸易秩序的目的相悖。

第二，反倾销法乃属于经济行政法的范畴。反倾销法通常由国家的行政机关实施，适用于一般的行政程序，依反倾销法所采取的救济方法也是以征收反倾销税来抵消倾销价差的行政救济方法。

第三，反倾销法一般说来属于进口国的国内立法。由于各国都在不同程度上将反倾销法作为一种保护贸易的措施，加上反倾销法受一国的外交和经济政策影响极大，在实施过程中有很大的灵活性和主观随意性，从而使各国的反倾销法在很大程度上对国际贸易产生了消极影响。为了尽可能减少这种消极影响，许多国家谋求达成协议，使各国的反倾销法趋向于统一。1948 年 1 月 1 日生效的《关税与贸易总协定》第 6 条第一次对倾销与反倾销规定了一项国际规则，但它只是一个原则性的条款，对一些重要的内容，例如正常价值和损害的标准、反倾销诉讼程序等都没有规定，不少国家主张建立一套对各国有约束力的解释以及反倾销行动的规则，于是在 1967 年的肯尼迪回合达成了《关于执行总协定第 6 条的决定》，明确了倾销实质损害的标准。1979 年东京回合谈判达成 1979 年反倾销守则，又对 1967 年反倾销守则作了进一步的完善。虽然 1979 年反倾销守则“被认为是比较完善的，具有广泛接受的基础”，但由于其签字方仅为 23 个，约束范围很小。进入 80 年代以来，一方面国际倾销行为有增无减，另一方面某些发达国家频繁运用国内法中的反倾销措施以达到保护本国相应工业的目的。为确保反倾销措施不会对国际贸易产生限制性的效果，切实加强总协定第 6 条的实施，乌拉圭回合谈判仍将倾销与反倾销措施作为其重要议题之一，并已达成了新的“反倾销守则”，全称为《关于执行关税与贸易总协定第 6 条的协议（1994）》。这一协议使得国际反倾销约束机制更趋完善，并由于按一揽子签约而获得了广泛的约束力，对国际贸易产生了重大影响。

第二节 国际反倾销规则的基本内容

一、倾销价格的确定

确定某一进口产品是否存在着倾销，《反倾销协议》规定要将两种价格进行比较，即用被指控的倾销产品的出口价格与该产品在出口国国内市场的销售价格，或该产品向第三国的出口价格，或该被指控产品的结构价格（即生产成本加上合理的管理费用、销售和其他费用以及利润），以及在特定情况下的替代国价格进行比较。进行比较的两种价格必须具有可比性。因此，在比较前，要对两种价格作必要的调整，以便能在同一商业环节水平上进行公平比较。若前者高于或等于后者，则不存在倾销；反之，则存在倾销。

（一）出口价格的确定

《反倾销协议》对此作出较明确的规定。即出口价格是指在正常贸易情况下进口商向出口商购买商品所实际支付的价格。当不存在出口价格时或者在有关当局看来，因为出口商与进口商或某个第三者之间存在着联营或某种补偿安排，从而导致这种出口价格不可靠时，则可根据该进口产品首次转售给某个独立的买方的价格推定出口价格；或者该产品没有转售给一个独立的买方，或者是以产品进口时的价格转售，则可依据上述当局认为合理的价格予以确定。

（二）正常价值的确定

正常价值是指出口国或原产地国在正常贸易过程中，用于消费的同类产品实际已付或应付的可比价格，简而言之，指出口国的国内价格。《反倾销协议》对正常价值的确定采用以下三种方法：出口国国内销售价格、向第三国出口的价格、结构价格。

1. 出口国国内销售价格

出口国国内销售价格是确定正常价值的最基本的而且是首要的方法，它是指被指控的倾销产品或与其相同或相似的产品在调查期间，在出口国国内市场上已付或被约定应付的价格。

2. 向第三国出口的价格

当不存在或无法确定该产品国内销售价格或该批销售在进口国销售量太少而无法加以适当比较时，可采用出口国向第三国的出口的最高可比价格作为正常价值。

但如果在出口国国内市场上相同产品的销售，或者向一个第三国市场的销售，其价格低于每单位固定的和可变的生产成本加上销售、一般及行政管理费和销售费用时，因价格原因，其销售可被视为不是在正常贸易过程中的销售，并在确定其正常价值时可不予考虑。

一般而言，使用上述两种价格作为正常价值，都会涉及根据不同情况（例如销售条件的不同，税收的差异，贸易水平的高低，数量和产品物理性能的不同等）对这些价格作必要的调整的问题，其目的是为了实现正常价值和出口价格的公平比较，即通常应在该产品出厂价的水平上和尽可能接近于在作出销售时的同一时间的基础上进行比较。

此外，《反倾销协议》还对在进行价格比较而涉及货币兑换以及产品是从一个中间国进口的情况下，如何进行价格比较也作了一些规定。

3. 结构价格

当上述两种方法不能或不应使用时，有关当局将用结构价格方法来确定该出口产品的正常价值。根据《反倾销协议》的规定，结构价格就是指被指控倾销的产品的生产成本加上合理的管理费用、销售和其他费用以及利润。生产成本通常包括原材料、能源、劳动力等。其计算通常应根据受调查的出口商或市场上存有的记录为基础，该记录应符合出口国普遍解释的会计原理，能合理反映与生产有关的成本以及产品销售。

关于管理费、销售和一般费用应以与生产有关的实际数据以及受调查的出口商或生产商在正常贸易过程中相关产品的销售为根据计算。如不能以上述为基础计算时，则以该出口商或生产商在国内市场上有关生产和销售原产地的一般相同类别产品所产生或实现的实际费用计算；或者以其他受调查的出口商或生产商在国内市场上有关生产和销售原产地相同产品所产生和实现的实际费用数额的加权平均数计算。

《反倾销协议》对利润计算的规定原则上也如此，但利润不得超过在原产地国内市场上同类产品销售时通常得到的利润。

二、工业损害的确定

确定进口国产业损害的存在是进口国对倾销的进口产品征收反倾销税的另一主要条件，它主要涉及进口国产业的认定、确定产业损害存在的标准等内容。

（一）进口国产业的认定

进口国主管当局在确定损害的存在时，首先要认定进口国的国内产业。根据《反倾销协议》的规定，“国内产业”是指进口国国内生产相同或类似产品的生产者全体，或虽不构成全体，但其国内生产相同或类似产品产业的大部分生产者。在符合特定条件下，“国内产业”也可以以一个地区为范围构成，其条件是这个地区形成了一个相对独立的竞争市场，即：①该地区生产者生产的相同或类似产品的全部或绝大部分在本地区内销售；②该地区的需求在很大程度上不是由境内其他地区的生产商供应，在这种情况下，进口国主管当局可将该地区生产相同或类似产品的生产者视为“国内产业”，并对他们提供救济。当然进口国也只能对进入该地区的倾销产品征收反倾销税，而不能对销往其他地区的产品征收反倾销税。

另外，根据《反倾销协议》的规定，当两个或两个以上的国家已达到一体化程度时，即它们具有一个单一的统一市场的性质特点，则该整个地区的产业应被视为“国内产业”。

在认定进口国国内产业时，确定哪些产品是倾销的进口产品的相同或类似产品更显得重要。《反倾销协议》的规定基本上是：相同或类似产品是指那些与被调查的进口产品同样的产品，即在所有方面都跟该产品相似的产品，如不存在这一产品时，指那些虽在所有方面与其不尽相同，但在物理性质与功能上一样或最接近的进口国其他产品，而且必须能从进口厂商的资料和数据上分别出来。

根据《反倾销协议》的规定，进口国当局在认定国内产业时，一般应排除那些与出口国的生产商、出口商存在经济联系的企业。此外，也应排除那些不在公共市场上销售相同或类似产品而只供同一企业集团内部使用或消耗的产品的企业。

（二）确认产业损害存在的标准

这里所述产业损害的存在，按照《反倾销协议》的规定，是指被指控的进口产品对进口国市场相同或类似产品的产业造成实质性损害、实质性损害威胁或严重阻碍了进口国这类产业的建立。然而，在确定损害时，都要考虑一些基本因素，这些因素包括：

（1）倾销产品的数量是否构成了急剧增长——无论是绝对数量还是相对于进口国的生产或消费而言；

（2）该产品是否对进口国相同或类似产品的价格产生影响及其影响程度；

（3）该产品对进口国国内产业相同或类似产品的生产商产生的影响和后续冲击程度，包括生产产量、销售、库存、市场份额、价格、利润、生产率、投资回收率、现金流动、设备利用能力、就业等诸多因素。

产业损害的存在除了确认存在实质性损害外，还可以确认存在实质性损害的威胁或严重阻碍某一产业的新建。

实质性损害的威胁是指在反倾销调查时，进口国的国内产业虽未处于实质性损害的境地，但已受到了这种威胁，这种威胁不是臆测的、推断出来的，而是真实的、迫近的和可以预见的。一般而言，如果进口国有充分理由和证据认为被指控的进口产品会大量增加，如大量在途产品，或出口国拥有巨大的生产该同类产品的能力或大量闲置设备，或出口国计划继续扩大对进口国之出口；进口国仓库积压大量产品或库存大量增加；出口商在进口国建立了一系列推销网点，市场份额急剧增长；或筹措资金能力剧增，等等，都有可能被进口国主管当局认定造成了实质性损害的威胁，从而对进口产品征收反倾销税。但《反倾销协议》也指出，在涉及倾销进口产品造成实质性损害威胁时，适用反倾销措施应特别小心地加以考虑和作出决定。

严重阻碍某一产业的新建是指倾销产品未对进口国的国内产业造成实质性损害或构成实质性损害的威胁，但如果严重阻碍了进口国生产该同类产品的一个新产业的建立，也可被认为存在着损害。严重阻碍某一产业的新建，应该是一个新产业的新建在实际建立过程中严重受阻，不能理解为是倾销的产品阻碍了建立一个新产业的设想或计划，而且必要时要有充分的证据。

（三）因果关系

按照《反倾销协议》的规定，进口产品被征收反倾销税，不仅要证明该产品存在着倾销以及进口国国内产业存在着损害，而且还要证明上述倾销与损害之间存在着因果关系，即证明进口国国内相同或类似产品产业的损害是由于进口产品的倾销造成的。《反倾销协议》第3条规定：倾销进口产品引起的本协议所指的损害必须得到事实证明。可能同时会有损害进口国产业的其他因素，由于其他因素引起的损害不能归咎于倾销进口产品。

进口国有关当局在考虑该国相同或类似产品国内产业是否受到损害时，除了考虑进口产品倾销因素外，还要考虑许多其他因素，如需求和消费模式的变化，劳资纠纷争议，国内产业的出口实绩和生产率，限制性贸易做法，技术的发展以及公平价格的进口产品的数量等。但是，有关当局在决定损害与倾销的因果关系时，并不一定企图估价倾销的进口产品是造成损害的主要原因，而是要证明倾销的进口产品是造成损害的一个原因，即可认为它们之间存在着因果关系。

三、反倾销的调查程序

WTO反倾销协议对反倾销诉讼的提起、调查、裁定、采取临时措施、价格承诺以及征收反倾销税等都作了许多具体的规定。这种规定与一般的商事纠纷案件有很大的不同。根据《反倾销协议》的规定，大体可分以下几个阶段：

（一）反倾销调查的提起与受理

反倾销调查可以以下述两种方式中的任何一种方式提起：

（1）由一个受倾销影响的国内产业或受倾销影响的国内产业代表向有关当局以书面申请提起反倾销调查；

（2）由有关当局决定进行反倾销调查。不管上述哪一种方法，都需要有足够的证据证明进口产品构成了对进口国相同或类似产品的产业造成了实质性的损害，倾销进口产品与所称损害之间存在因果关系。只有这样，有关当局才会受理或进行反倾销调查。如果有关当局认为没有上述足够证据时，应拒绝当事人的申请，不予受理或终止调查；如果倾销幅度按出口价格的百分比表示小于2%，则出口价格的百分比表示幅度应视为是最小的；或者如果从一个特定国家进口倾销产品的数量被确定为占进口国国内市场有相同产品不足3%时，则该倾销产品的数量通常可被忽略不计。凡倾销幅度被认为是最小的，或倾销产品的数量可忽略不计，则该项倾销调查应立即终止。

一项书面申请应包括下述主要内容：

（1）申请人名称、身份以及申请人对国内相同产品生产价格与数量的陈述；

（2）被指控倾销产品所属国家名称、出口商名称或身份以及进口该产品当事人名单；

（3）被指控产品在出口国国内市场上销售，或向第三国出口，或结构价格的价格资料；

（4）被指控进口产品数量发展变化的资料以及对进口国国内产业后续冲击程度的资料等。

此外，《反倾销协议》还规定，有关当局还需决定该申请是否受到国内生产商的支持，若其集体产量构成了国内产业相同产品生产商全部生产量的50%以上，则该申请应被视为代表国内产业提出的。但是，如果表示支持申请的国内生产商不足国内产业相同产品全部生产量的25%，则调查申请不予受理。

（二）初步裁决

《反倾销协议》规定各缔约国当局可按其规定迅速开展调查，并在此基础上作出初步裁决。同时，也规定了有关当局应给予有关当事人“以充分的机会用书面提交他们认为对该调查有关的全部证据”。在适当调查的基础上，有关当局可作出肯定或否定的有关倾销或损害的初步裁决。

（三）价格承诺

反倾销调查开始后，如收到出口商令人满意的修改其产品价格或停止向该地区以倾销价格出口其产品的自动承诺后，主管当局认为倾销的损害结果将可以消除，则可中止或终止调查，但如主管当局认为接受其价格承诺是不现实的（如出口商出口产品数量巨大等），则可拒绝其价格承诺。

价格承诺也可由有关当局建议，由出口商决定是否接受，但如出口商不接受该建议，有关当局不应在审理案件时带有偏见。

不论上述哪一种情况，已作出了价格承诺的出口商均应向有关当局定期提供有关承诺执行情况的材料和允许对有关数据的核实。如若违反承诺，进口国当局可采取紧急行动，包括采取反倾销临时措施。

但如价格承诺被接受，可按出口商要求或当局决定完成损害调查。在此情况下，如果作出不存在损害或损害威胁的决定，则该价格承诺自动失效。

价格承诺的有效期限通常不得超过《反倾销协议》规定的征收反倾销税的有效期限，并应进行必要的审查以确定是否需要保持价格承诺。

（四）临时措施

《反倾销协议》规定，在初步裁决确认存在着倾销和损害的事实及因果关系后，进口国当局为防止该国产业进一步受到损害，可采取反倾销的临时措施。实施临时措施的前提条件是：

（1）已开始进行反倾销调查，并已给予有利害关系的当事人以提供资料和发表意见的充分的机会；

（2）已作出肯定性的倾销初步裁决以及因此对国内产业造成损害的；

（3）采取该措施对防止在调查期间发生损害是必需的。临时措施的形式主要有两种：一种是采取征收临时税的形式；另一种是采取担保（即保证金或支付现金）的形式。在一定情况下，也可以采取预扣估计倾销税的措施。不管采取哪一种形式，其金额不得大于临时预计的倾销幅度。临时措施只能从开始调查之日起的60天后采取。

临时措施的实施期限有较严格限制，一般不应超过4个月，当有关当局认为有必要或应涉案的主要出口商要求后，可适当延长，但不得超过6个月。但在调查过程中，如果当局在审查是否征税额低于倾销幅度不足以抵消损害时，上述期限分别为6个月和9个月。

（五）征收反倾销税

在有关当局最终确认进口产品构成了倾销，并因此而对进口国某一相同或类似产品的产业造成了实质性的损害，就可对该倾销产品征收反倾销税。征收反倾销税的税额应是正常价值与出口价格之间的差额（即倾销幅度），不可超过这一差额征收，但可少于该差额征收。对征收反倾销税的进口产品，如已在此之间实施了临时措施，如临时措施的金额超过应征收反倾销税的金额，则超过部分应予尽快退还。《反倾销协议》对征收反倾销税的期限也作了一些具体规定。原则上反倾销税一直有效，直到能抵消倾销造成的损害。但最终反倾销税一般仍应自征税起不超过5年之内结束，除非另有特殊情况。征收反倾销税，像反倾销调查中初步和最终裁决（不论肯定的或否定的）一样都应予以公告，并陈述其理由和法律依据。

第三节　欧美反倾销法的最新发展

一、美国反倾销法的最新发展

美国于1916年制定了第一部反倾销法，即美国《1916年关税法》第301节所规定的反倾销条款。1921 年美国重订反倾销法，即《1921 年反倾销法》。在 20 世纪 70 年代以前，美国一直适用《1921 年反倾销法》。1979 年美国在其《贸易协定法》中对《1921 年反倾销法》作了重大修改，并将其订入《1930 年关税法》第一章。1984 年美国《贸易与关税法》对反倾销法进行了广泛的修正，第一次详细规定了倾销对美国工业所造成的重大损害威胁及其参考的因素。1988 年美国《综合贸易与竞争法》也对反倾销法作了若干修正，其中最主要的是制定了反规避条款。乌拉圭回合谈判结束后，美国又通过了《乌拉圭回合协议法案》(以下简称《法案》)，对美国现行反倾销法作出了一定的修改。美国反倾销法的主要内容包括：

(一) 倾销的确定

根据美国反倾销法的规定，凡进口产品在美国市场上以低于公平价值销售，就构成倾销，也即用该产品的出口价格或出口构成价格与正常价值进行公平比较，如出口价格或出口构成价格大于正常价值，即不构成倾销，反之，则构成倾销。因此，出口价格或出口构成价格和正常价值的确定就成为确定倾销是否存在以及倾销幅度大小的关键。

1. 出口价格和出口构成价格

美国反倾销法规定，出口价格是指出口商将产品首次出售（或协议出售）给无关联的美国进口商时的价格。而出口构成价格是指出口商或与他们有关联的销售商在美国首次出售给无关联的购买商时的价格。如果进出口商之间是代理、合营、子公司或总公司或控股公司关系，美国商务部将使用出口构成价格而不使用出口价格，之所以如此，主要是防止进出口商进行价格转移、制造虚假的出口价格。

2. 正常价值的确定

“正常价值”是确定进口产品是否存在倾销的两个基本要素之一。它是指出口国或原产地国在通常贸易过程中用于消费的相同产品实际已付或应付的可比价格，简而言之，指出口国的国内价格。美国反倾销法对正常价值的确定采用下述三种方法，即出口国国内市场销售价格、向第三国出口价格和结构价格。

(1) 出口国国内市场销售价格。这是确定正常价值的最基本的而且是首要的方法，指被指控的倾销产品或与其相同或类似的产品在调查期间，在出口国国内市场上首次出售的价格（或在没有成交的情况下，以销售报价为准）。

(2) 第三国销售价格。如果不存在或无法确定该产品在出口国国内市场的销售价格，这时，美国商务部依法可采用出口国向第三国的出口的最高可比价格作为正常价值。

(3) 结构价格。当前述两种方法不能或不应使用时，有关当局将使用结构价格来确定该出口产品的正常价值。根据美国反倾销法的规定，结构价格就是指被指控倾销的产品的生产成本并加上合理的一般管理费用、销售和其他费用以及利润。

3. 对非市场经济国家出口产品正常价值的确定

美国反倾销法认为，上述三种确定正常价值的方法不适用于来自非市场经济国家的产品。该法对来自非市场经济国家的产品的正常价值规定了另外特殊的确定方法，即所谓的替代国价格。

美国反倾销法对非市场经济国家的定义为：“不能以成本或价格构成的市场原则运行的任何国家。在这些国家的产品销售不能反映产品的一般价值。”在认定非市场经济国家时，应考虑的因素是：该国货币的可兑换程度；工人工资水平是否由自由谈判来决定的；建立合作企业或进行投资的准入程度；政府所有或控制生产方式的程度；政府控制企业资源分配、产品价格以及产业政策的程度；其他因素。美国主管当局（商务部）对非市场经济国家的认定一直有效，除非由其推翻。其认定不受司法审查。

在确定非市场经济国家产品的正常价值时，美国采用一个或多个市场经济国家“生产时使用的要素价值加上一般的费用和利润以及内外包装的成本和其他费用，来确定正常价值”（即结构价格的方法）。

美国法律规定在使用上述方法时，要考虑经济发展水平与该非市场经济国家有可比性的市场经济国家，以及有可比较产品的重要生产国。

（二）产业损害的确定

确定产业损害的存在是美国对倾销的进口产品征收反倾销税的另一主要条件。它主要涉及进口国产业的认定、确定产业损害的标准以及累积进口等内容。

1. 产业的认定

美国主管当局在确定损害的存在时，首先要认定什么是美国的国内产业。根据美国反倾销法的规定，“产业”是指美国“境内生产相同或类似产品的生产者全体，或其总产量占其国内生产相同或类似产品总产量的大部分的生产者。”在符合特定条件下，“产业”也可以一个地区为范围构成，其条件是这个地区形成了一个相对独立的市场。

在认定进口国国内产业时，确定哪些产品是倾销的进口产品的相同或类似产品非常重要。美国反倾销法规定，相同或类似产品是指那些与被调查的进口产品在特征与用途上一样或最接近的进口国产品，而且必须能从进口厂商的资料和数据上分别出来。

2. 确认产业损害存在的标准

这里产业损害的存在，是指被指控的进口产品对美国生产相同或类似产品的产业造成实质性损害、实质性损害威胁或严重阻碍了美国这类产业的建立。美国的反倾销法对何谓实质性损害所下的定义是指那些“非无关紧要的、非实质性的或非微不足道的损害”。在确定损害是否存在时，要考虑一些基本因素，这些因素包括：

（1）倾销产品的数量是否构成了急剧增长，无论是绝对数量还是相对于进口国的生产或消费而言；

（2）该产品是否对进口国相同或类似产品的价格产生影响及其影响程度，如大幅度削价或阻止大幅度价格上涨；

（3）该产品对进口国国内产业的生产产生的影响，包括生产产量、销售、库存、市场份额、价格、利润、生产率、投资回收率、现金流动、设备利用能力、就业、筹措资金的能力等诸多因素。

损害的存在除了确认实质性损害外，还可以确认实质性损害的威胁或严重阻碍了某一产业的新建来证明存在的损害。

（三）倾销与损害之间的因果关系

按照美国反倾销法的规定，进口产品被征收反倾销税还要证明美国国内相同或类似产品产业的损害是由于出口产品倾销造成的。

进口国有关当局在考虑该国相同或类似产品的国内产业是否受到损害时，除了考虑进口产品倾销因素外，还考虑许多其他因素，如需求的变化、劳资纠纷争议、国内产业的出口实绩和生产率、公平价格的进口产品的数量等。但是，有关当局在决定损害与倾销的因果关系时，并不一定要证明企图估价倾销的进口产品是造成损害的主要原因，而是要证明倾销的进口产品是造成损害的原因之一，即可认为它们之间存在着因果关系。

美国有关当局在审查倾销的进口产品与该进口国产业损害是否有因果关系时，主要是考虑进口产品的数量增长，对该国相同或类似产品价格的影响以及对该国国内生产厂商的冲击程度等因素。

（四）关于反规避措施

由于美国在乌拉圭回合谈判中不满意邓克尔草案关于反规避条款的设计，协议最后文本删除了反规避条款。但美国国内法仍保留了反规避条款，根据《法案》，判断是否存在规避的标准为：（1）在美国或第三国生产是否是小型加工生产；（2）被控倾销国家生产的部件的价值是否在商品总价值中占重要部分。如果这两个条件的回答是肯定的，则被认定为规避倾销。

二、欧盟反倾销法的最新发展

在 1968 年之前，欧洲共同体不存在一部统一的反倾销法。各国有关反倾销规定只是散见于本国的海关法或进出口货物法之中。1968 年 4 月 17 日欧共体第一次颁布了统一适用于所有成员国的欧共体反倾销法——《欧共体理事会关于防止来自非欧共体成员国的倾销与补贴进口产品的条例》。该条例在 1973 年、1977 年、1979 年、1988 年进行了修改。每次修改均产生一个新的反倾销条例。为履行乌拉圭谈判达成的新反倾销协议，欧盟自 1994 年初起，较大幅度地对现行反倾销法规作了修订和补充。该法规于同年 12 月底通过。欧盟现行有效的反倾销条例是 1995 年 12 月 22 日第 384/96 号理事会条例，全称为《关于对从非欧共体成员国家进口产品保护的第 384/96 号理事会条例》，1998 年 4 月又对该条例的个别条款作了修改。欧盟新的反倾销法的内容主要有：

（一）关于倾销的规定

《欧盟反倾销条例》首先规定了构成产品倾销的原则和确定方法。某项产品对欧盟的出口价格低于出口国同类产品的正常价值，则该产品就被认为构成了倾销。在欧盟内自由流通的任何倾销产品对欧盟产业造成了损害就可被征收反倾销税。《欧盟反倾销条例》将世界上的国家分为市场经济和非市场经济两大类，分别确定其产品正常价值。

1. 对正常价值的确定

对市场经济国家而言，正常价值是指出口国或产地国国内市场在正常交易过程中旨在用于消费时的同类产品实际已付或应付的可比价格。若出口国或产地国国内市场在正常交易过程中不存在该同类产品的销售，或者该销售不能作为适当的比较基础，则正常价值是指：出口到任何第三国的同类产品的出口价格，它应是具有代表性的价格，或者是指由生产成本加上合理的销售、管理费用和利润构成的结构价格。

但是，如果进口产品来自非市场经济国家，则正常价值的确定应按照：

（1）一个市场经济的第三国的同类产品在该国国内市场消费时的价格；

（2）或一个市场经济的第三国向其他国家，包括向欧盟销售时的出口价格；

（3）一个市场经济的第三国的同类产品的结构价格。对此价格，若有必要，可对包括合理利润幅度在内的价格进行适当调整。然而，自 1998 年 4 月后，对来自俄罗斯和中国的产品进行反倾销调查时，当受调查的生产商提出要求，并以充分证据表明生产商是在市场经济条件下经营的，可按上述市场经济国家的规定确定正常价值。

2. 出口价格的确定

出口价格应是产品向欧盟出口销售实际已付或应付的价格，扣除跟销售直接有关的和实际准许的所有税收，折扣和回扣；若无出口价格，或者出口商与进口商或第三方之间的联合体或有补偿安排，或者有其他理由认为产品向共同体出口销售实际已付或应付的价格不可靠，则出口价格是按产品出售给共同体一家独立买家的第一次转售价格。在这种情况下，要对进口与转售之间的所有费用进行适当调整。

（二）关于损害的规定

《欧盟反倾销条例》规定，只有倾销的进口产品对共同体产业造成实质性损害或损害威胁，或严重阻碍了产业的建立，才能裁定存在着损害。

《欧盟反倾销条例》对共同体产业的界定是："共同体产业"一词应解释为所有相同产品的共同体生产商，或者他们的集体产量占全部共同体相同产品生产总数相当比例的生产商（即25%以上），但不包括与出口商或进口商有关联的生产商，或者生产商自己就是倾销产品的进口商，在这种情况下，"共同体产业"一词应指其他的生产商。

根据《欧盟反倾销条例》规定，在确定是否存在损害时应考虑的因素有：①倾销产品的数量无论在绝对方面或相对方面，对共同体的生产或消费是否已构成明显增长；②与共同体同类产品的价格相比，倾销产品的价格是否对其已构成了明显的下降；③对共同体有关产业事后实际的或潜在的有关经济因素的影响程度，这些经济因素包括：生产、利用能力、销售、库存、市场份额、价格、利润、投资收益率、资金流通、就业等。关于确定存在损害威胁的问题，条例认为，只有"在情况的变化使倾销引起损害，这种情况必须能清楚预见，并十分紧迫"时，才能作出损害威胁存在的裁决。

（三）关于共同体利益

《欧盟反倾销条例》将"为了共同体的利益，对倾销产品进行干预是必要的"作为征收反倾销税的三个必要条件之一。条例第21条规定：按照本条例，确定根据共同体利益是否需要干预，应将所有各种利益作为一个整体来考虑，包括国内产业，用户和消费者的利益。并且只有当所有各方都有机会发表意见后，才能按本条作认定。在审查中，应对消除损害性倾销对贸易的扰乱以及恢复有效的竞争予以特别考虑。当有关部门依据所有提供的材料，能够清楚地作出结论，根据共同体利益没有必要采取措施，那么，即使经认定有倾销和损害也可以不采取措施。

（四）"日落条款"

"日落条款"规定：出口商的"价格承诺"或共同体征收反倾销税，其有效期为5年，待5年期满后，即像太阳落山一样自动失效，即出口商可解除价格承诺协议的约束以及欧盟不再对倾销产品征收反倾销税。5年期限的计算自价格承诺协议或征收最终反倾销税的裁决生效之日起开始。如有企业提出措施届满后会导致继续倾销和损害，欧盟委员会要在咨询后，对打算进行复审者予以通知公告，该通知必须在5年届满前刊出，直至复审结果公布之前，原来措施仍然有效。在5年届满时，欧盟委员会也要在其官方公报上刊登措施届满的通知。

第四节 中国反倾销立法与实践

一、中国的反倾销立法

为了适应加入 WTO 的要求，在原有的《中华人民共和国反倾销和反补贴条例》的基础上，《中华人民共和国反倾销条例》（以下简称《条例》）已于 2001 年 10 月 31 日由国务院第 46 次常务会议通过，自 2002 年 1 月 1 日起施行。根据 2004 年 3 月 31 日《国务院关于修改〈中华人民共和国反倾销条例〉的决定》，《条例》再次进行了修订，于 2004 年 6 月 1 日起实施。修订后的《中华人民共和国反倾销条例》共 6 章 59 条，内容包括总则、倾销与损害、反倾销调查、反倾销措施、反倾销税和价格承诺的期限与复审以及附则。

（一）反倾销的主管机构

《条例》规定反倾销的主管机构是商务部的公平贸易局和产业调查局。公平贸易局承担反倾销、反补贴、保障措施等涉及进出口公平贸易的相关工作及对外事务；负责相关进口案件的受理、立案、对外公告的发布、产品范围调整、信息披露、对有关利害关系方的通知等；负责倾销、补贴和保障措施进口数量增长的调查和裁决；产业调查局负责进口反倾销、反补贴、保障措施及其他贸易救济措施案件中国内产业损害的调查和裁决。

（二）我国反倾销条例的主要内容

1. 倾销的确定

《条例》第 3 条规定，倾销，是指在正常贸易过程中进口产品以低于其正常价值的出口价格进入中华人民共和国市场。对进口产品的正常价值，应当区别不同情况，按照下列方法确定：

（1）进口产品的同类产品，在出口国（地区）国内市场的正常贸易过程中有可比价格的，以该可比价格为正常价值；

（2）进口产品的同类产品，在出口国（地区）国内市场的正常贸易过程中没有销售的，或者该同类产品的价格、数量不能据以进行公司比较的，以该同类产品出口到一个适当第三国（地区）的可比价格或者以该同类产品在原产国（地区）的生产成本加合理费用、利润，为正常价值。

进口产品不直接来自原产国（地区）的，按照前款第（1）项规定确定正常价值；但是，在产品仅通过出口国（地区）转运、产品在出口国（地区）无生产或者在出口国（地区）中不存在可比价格等情形下，可以以该同类产品在原产国（地区）的价格为正常价值。

根据《条例》第 5 条的规定，进口产品的出口价格，应当区别不同情况，按照下列方法确定：

（1）进口产品有实际支付或者应当支付的价格的，以该价格为出口价格；

（2）进口产品没有出口价格或者其价格不可靠的，以根据该进口产品首次转售给独立购买人的价格推定的价格为出口价格；但是，该进口产品未转售给独立购买人或者未按进口时的状态转售的，可以以外经贸部根据合理基础推定的价格为出口价格。

进口产品的出口价格低于其正常价值的幅度，即为倾销幅度。

2. 损害的确定

根据《条例》第7条规定，损害是指倾销对已经建立的国内产业造成实质损害或者产生实质损害威胁，或者对建立国内产业造成实质阻碍。在确定倾销对国内产业造成的损害时，应当审查下列事项：

（1）倾销进口产品的数量，包括倾销进口产品的绝对数量或者相对于国内同类产品生产或者消费的数量是否大量增加，或者倾销进口产品大量增加的可能性；

（2）倾销进口产品的价格，包括倾销进口产品的价格削减或者对国内同类产品的价格产生大幅度抑制、压低等影响；

（3）倾销进口产品对国内产业的相关经济因素和指标的影响；

（4）倾销进口产品的出口国（地区）、原产国（地区）的生产能力、出口能力，被调查产品的库存情况；

（5）造成国内产业损害的其他因素。

对实质损害威胁的确定，应当依据事实，不得仅依据指控、推测或者极小的可能性。倾销进口产品来自两个以上国家（地区），并满足一定条件的，可以就倾销进口产品对国内产业造成的影响进行累积评估。

3. 反倾销调查

《条例》规定国内产业或者代表国内产业的自然人、法人或者有关组织（以下统称申请人），可以依照本条例的规定向商务部提出反倾销调查的书面申请。申请书应当附具下列证据：申请调查的进口产品存在倾销；对国内产业的损害；倾销与损害之间存在因果关系。

商务部应当自收到申请人提交的申请书及有关证据之日起60天内，对申请是否由国内产业或者代表国内产业提出、申请书内容及所附具的证据等进行审查，并决定立案调查或者不立案调查。在特殊情形下，商务部没有收到反倾销调查的书面申请，但有充分证据认为存在倾销和损害以及二者之间有因果关系的，可以决定立案调查。

商务部根据调查结果，就倾销、损害和二者之间的因果关系是否成立作出初裁决定，并予以公告。初裁决定确定倾销、损害以及二者之间的因果关系成立的，商务部应当对倾销及倾销幅度、损害及损害程度继续进行调查，并根据调查结果作出终裁决定，予以公告。在作出终裁决定前，应当由商务部将终裁决定所依据的基本事实通知所有已知的利害关系方。

反倾销调查，应当自立案调查决定公告之日起12个月内结束；特殊情形下可以延长，但延长期不得超过6个月。

有下列情形之一的，反倾销调查应当终止，并由外经贸部予以公告：

（1）申请人撤销申请的；

（2）没有足够证据证明存在倾销、损害或者二者之间有因果关系的；

（3）倾销幅度低于2%的；

（4）倾销进口产品实际或者潜在的进口量或者损害属于可忽略不计的；

（5）外经贸部和国家经贸委共同认为不适宜继续进行反倾销调查的。

来自一个或者部分国家（地区）的被调查产品有前款第（2）、（3）、（4）项所列情形之一的，针对所涉产品的反倾销调查应当终止。

4. 反倾销措施

初裁决定确定倾销成立，并由此对国内产业造成损害的，可以采取下列临时反倾销措施：征收临时反倾销税或要求提供保证金、保函或者其他形式的担保。临时反倾销税税额或者提供的保证金、保函或者其他形式担保的金额，应当不超过初裁决定确定的倾销幅度。

临时反倾销措施实施的期限，自临时反倾销措施决定公告规定实施之日起，不超过4个月；在特殊情形下，可以延长至9个月。自反倾销立案调查决定公告之日起60天内，不得采取临时反倾销措施。

倾销进口产品的出口经营者在反倾销调查期间，可以向商务部作出改变价格或者停止以倾销价格出口的价格承诺。商务部认为出口经营者作出的价格承诺能够接受并符合公共利益的，可以决定中止或者终止反倾销调查，不采取临时反倾销措施或者征收反倾销税。中止或者终止反倾销调查的决定由商务部予以公告。出口经营者违反其价格承诺的，商务部依照本条例的规定，可以立即决定恢复反倾销调查；根据可获得的最佳信息，可以决定采取临时反倾销措施，并可以对实施临时反倾销措施前90天内进口的产品追溯征收反倾销税，但违反价格承诺前进口的产品除外。

终裁决定确定倾销成立，并由此对国内产业造成损害的，可以征收反倾销税。征收反倾销税应当符合公共利益。征收反倾销税，由商务部提出建议，国务院关税税则委员会根据商务部的建议作出决定，由商务部予以公告。海关自公告规定实施之日起执行。反倾销税税额不超过终裁决定确定的倾销幅度。

终裁决定确定的反倾销税，高于已付或者应付的临时反倾销税或者为担保目的而估计的金额的，差额部分不予收取；低于已付或者应付的临时反倾销税或者为担保目的而估计的金额的，差额部分应当根据具体情况予以退还或者重新计算税额。

下列两种情形并存的，可以对实施临时反倾销措施之日前90天内进口的产品追溯征收反倾销税，但立案调查前进口的产品除外：（1）倾销进口产品有对国内产业造成损害的倾销历史，或者该产品的进口经营者知道或者应当知道出口经营者实施倾销并且倾销对国内产业将造成损害的；（2）倾销进口产品在短期内大量进口，并且可能会严重破坏即将实施的反倾销税的补救效果的。商务部发起调查后，有充分证据证明前款所列两种情形并存的，可以对有关进口产品采取进口登记等必要措施，以便追溯征收反倾销税。

反倾销税的征收期限和价格承诺的履行期限不超过5年；但是，经复审确定终止征收反倾销税有可能导致倾销和损害的继续或者再度发生的，反倾销税的征收期限可以适当延长。

反倾销税生效后，商务部可以在有正当理由的情况下，决定对继续征收反倾销税的必要性或继续履行价格承诺的必要性进行复审；也可以在经过一段合理时间，应利害关系方的请求并对利害关系方提供的相应证据进行审查后，决定对继续征收反倾销税的必要性进行复审。根据复审结果，由商务部依照本条例的规定提出保留、修改或者取消反倾销税的建议，国务院关税税则委员会根据商务部的建议作出决定，由商务部予以公告；或者由商务部依照本条例的规定，作出保留、修改或者取消价格承诺的决定并予以公告。复审期限自决定复审开始之日起，不超过12个月。

二、中国的反倾销实践

自从1997年3月25日我国《反倾销和反补贴条例》（以下称《条例》）颁布以后，中国产业界对反倾销的呼声越来越高，很多因进口产品低价倾销而处于困境的企业看到了希望。然而企业界对“反倾销”这个名词虽是耳熟，但对“反倾销”的一些具体内容、规定、条件、做法、申请程序并不了解。同样，反倾销对对外经贸管理部门也提出了新的要求，因为“反倾销”从产生起就带有贸易保护主义的色彩，所以极易引起受诉国的不信任与敌意，执行人员如在程序或实体上有与条例或国际通常做法不符之处，都极易受到外国的指责，在国际上给中国形象带来不良影响。

1997 年 12 月 10 日中国发起的第一例反倾销调查——新闻纸一案从立案到终裁，几乎用足了反倾销调查的最长时限（一般情况下为 1 年，特殊情况下为 1 年半），但其取得的成功及意义则是不可估量的。

中国自 1997 年 12 月对进口新闻纸发起首例反倾销调查以来，截至 2009 年 8 月，中国共对来自 25 个国家或地区的进口产品发起反倾销调查 56 起。

（一）对来自美、加、韩的新闻纸案

该案于 1997 年 12 月 10 日正式公告立案，1999 年 6 月 3 日公告终裁。

1. 涉案企业及最终税率

加拿大：

豪森纸浆纸业有限公司 61%；

雄师集团 59%；

太平洋纸业公司 57%；

阿维纳公司 78%；

芬利森林工业公司 78%；

其他加拿大公司 78%；

韩国：

韩松纸业有限公司 9%；

其他韩国公司 55%；

美国：

所有美国公司 78%。

2. 答卷

立案后原外经贸部与原经贸委都会发放答卷，但两份答卷内容不同，原对象也不同。外经贸部的答卷发放给受诉企业，主要内容是针对倾销存在与否及倾销幅度大小；原经贸委的答卷发放给国内申请人，内容是针对国内产业所受损害的程度。一般来讲，原经贸委的损害调查答卷都会按时全部收回，并且基本上可采纳作为证据（注：需实地核查核实），这很容易理解，因为申请人为申请做了那么多准备，填一张问卷自然不在话下。但原外经贸部发放的答卷则呈现不同的回答水准。一项反倾销案在立案公告前对外是保密的，所以外方在知道受诉后，常常应对措手不及。而填写答卷的时间一般只有 30 天（注：这是国际通常期限），实在不行可向原外经贸部申请延长，在短短的 30 天内让一个公司以中文回答问卷，并需附上诸多繁杂的证据材料（公司财务表、审计报告、发票等），实在很紧张。

从新闻纸案中可以看出，对应诉方而言，好的开始就是成功的一半。当时问卷回答得最好的公司韩国韩松纸业得到了最低的终裁税率（9%），加拿大豪森纸业的答卷也被采纳，不但使自己受益（61%），还使其他两家答卷不合格的加拿大企业随之受益，得到了 57% 和 59% 的较低税率。

从结果中明显可以看出，回答问卷的重要性，也可以看出原外经贸部对答卷审查之严，总体来讲，未被采用的问卷有以下几种：

（1）对问卷未做答复（美国公司）；

（2）提供的数据不充分，不能用来计算正常价值，又没有及时补充证据和材料；

（3）提供的财务年度数据（1996年7月至1997年6月）与原外经贸部规定的调查期不一致（1996年12月至1997年12月）；

（4）财务报告未将新闻纸单列一项，而是与特殊纸列在一大项中，以致于令调查当局无法确定新闻纸生产的真实成本及相关费用；

（5）只提供两笔代表性交易，没有报告所有的国内销售；

（6）没有提供有关国内销售的凭证及证明材料；

（7）提供第三国（或地区）出口价格（对中国澳门、中国香港、中国台湾、泰国、马来西亚）时，只就每一国家或地区提供一笔交易，被认为是不完整和不充分的；

（8）在提供的国内销售中，不同客户之间，同一客户不同期间、同一客户的相同期间，销售价格存在非常大的差异，而且变化反复无常，被认为是不可靠的；

（9）没有报告其下属第三家生产厂的销售情况，并且没有进行过任何解释；

（10）提供的1997年的财务报告是供内部使用，未经审计的；

（11）提供的生产成本只是本年的生产成本，没有1997年全年的生产成本；

（12）根据所提供的数据，无法对销售、管理和一般费用进行分摊及对利润进行计算；

（13）答卷未使用中文；

（14）对出口价格的调查部分，被诉方在答卷中只提供了向中国出口的商业发票，未提供其他相关出口证明文件，如提单、运费、付款证明等。

对上述中任何一项的违反，并不当然导致整个答卷不被采纳。一旦被诉方答卷全部或部分被认为是不完整的，不可靠的，则不能用来计算正常价值和/或出口价格，此时，采用最佳现有材料。原外经贸部在不采纳加拿大阿维纳公司提供的正常价值数据材料时，采用另一加拿大公司——豪森公司的正常价值计算和确定阿维纳公司的正常价值。因此，一个国家中，只要有一个应诉企业的答卷完整、准确，被采用后，该国其他公司都会随之受益。该案中，没有一家美国企业应诉、填问卷，因此所有美国公司的税率都是78%的最高税率。

3. 原国家经贸委对损害程度的调查

原国家经贸委对损害程度的调查主要集中在以下几方面：

（1）倾销产品的数量，新闻纸在立案前3年中进口数量的绝对增长和相对增长。如裁决显示，加拿大1996年向中国出口新闻纸比1995年增长743.36%。

（2）倾销产品价格。加、韩、美在大量对华出口的同时不断降低价格，以谋取更多的市场份额。如1997年美国向中国市场出口新闻纸价格比1996年下降15.3%。

（3）倾销产品对国内产业造成的影响。该影响主要从以下因素得到反映：①中国国内相似产品的产量急剧萎缩：1997年受加、韩、美大量向中国出口的冲击，几家新闻纸厂总产量比1996年减少154932吨，减幅达20%。②中国国内相似产品的销售量和销售收入下降：1997年比1996年总销量减少幅度为22%，总销售收入减少26%。③中国国内相似产品价格被迫大幅下调：1997年比1996年下降9.1%。④中国国内相似产品库存剧增：1997年末库存比1996年增加幅度为175%。⑤中国国内新闻纸产业的开工率严重不足：1997年国内新闻纸厂的平均开工率仅67.83%，比1996年下降了27个百分点。⑥中国国内新闻纸产业利润下降，处于严重亏损状态：1997年税前利润比1996年大幅下降，减少幅度为88%，全国新闻纸产业陷入全面亏损状态。⑦中国国内新闻纸产业就业率和失业数量均大幅度上升，就业人员的平均工资水平日益下降。1997年第四季度，9家新闻纸厂的平均失业率达17.94%，1997年1月至11月平均工资比1996年同期下降了15.8%。

（4）倾销产品出口国的生产能力、出口能力和库存。这类因素主要预示着美、加、韩三国潜在的对华出口能力与可能性，生产能力与潜在出口能力相对应，而大量的库存则预示着极有可能进一步大量对华低价出口，即如不及时采取反倾销措施，可能导致国内产业损害的扩大与加重。

4. 证明倾销与损害之间的因果关系

除了下面证明外，主要从反面证明，即新闻纸产业受到的上述损害主要并非由除倾销以外的其他因素造成。其他因素包括：

（1）其他国家的进口产品；

（2）需求变化；

（3）消费模式变化；

（4）国内外正常竞争；

（5）不可抗力因素。

原经贸委注意到：初裁后企业生产经营状况已出现变化，包括国内厂家生产下降趋势止跌回升；销量回升；价格下降趋势得到抑制；库存开始下降；平均开工率上升等。通过以上现象也反映出中国企业的损害主要是源于美、加、韩三国的对华倾销。

（二）对来自于俄罗斯的冷轧硅钢片反倾销案

原外经贸部于1999年3月12日正式公告立案，对原产于俄罗斯的进口冷轧硅钢片进行反倾销调查，是中国对外反倾销第二案。

1999年12月3日，原外经贸部和原国家经贸委发布了关于该案的初步裁定，两部门的调查结论均为肯定，裁定自1999年12月30日起，中国海关将对原产于俄罗斯的进口冷轧硅钢片开始实施临时反倾销措施。对新利佩茨克钢铁股份有限公司征收11%的税率，维茨钢铁有限公司税率是43%，其他俄罗斯公司税率是73%。

立案当日，原外经贸部约见了俄罗斯驻中国大使馆官员，向他们正式递交了立案公告和公开部分的申请书，同时通知了申请人和已知的俄罗斯生产商、出口商。1999年4月6日至4月20日，原外经贸部向在立案通知规定的期间内报名应诉的俄生产商、出口商发出了反倾销调查问卷。有两家俄罗斯公司在规定的答卷期内交回了问卷。1999年4月30日，原国家经贸委向国内相关生产企业和进口商发放了《国家经贸委反倾销反补贴调查问卷》，并在规定时间内全部收回问卷。

原外经贸部认为新利佩茨克公司在俄罗斯国内市场的销售价格具有可比性，采用该公司在调查期内的国内销售价格作为确定其正常价值的依据。

另一家公司——维茨钢铁有限公司被认为没有完整地提供调查期内的财务报表，无法确定其生产成本，也就不可得知其国内销售价格是否是高于成本的销售，因而无法用其提供的资料确定正常价值。经过将正常价值与出口价格相比较，原外经贸部作出了肯定的初裁。

原国家经贸委对损害进行了调查，考察指标与新闻纸案中基本相同，并得出了认定实质性损害存在且该实质性损害是由于进口产品的倾销引起的。

最终反倾销税是多少还有待于双方进一步提供材料及两部门的进一步调查。

（三）对进口光纤征收反倾销税案

1. 对进口光纤立案调查

商务部于2003年5月7日正式收到长飞光纤光缆有限公司和江苏法尔胜光子有限公司代表国内非色散位移单模光纤产业正式提交的反倾销调查申请，申请人请求对原产于美国、日本和韩国的进口非色散位移单模光纤进行反倾销调查。

商务部依据2002年1月1日开始实施的《中华人民共和国反倾销条例》有关规定，对申请人的资格、申请调查产品的有关情况、国内同类产品的有关情况、申请调查产品对国内产业的损害及损害程度、申请调查国家的有关情况等进行了审查。同时，商务部就申请书中提供的涉及倾销、损害及倾销与损害之间的因果关系等方面的证据进行了审查，并书面征求了国内光纤产业对此次反倾销申请的意见。

根据审查结果，商务部决定自2003年7月1日起对原产于美国、日本和韩国的进口非色散位移单模光纤进行反倾销立案调查。根据《中华人民共和国反倾销条例》，商务部从公告发布之日起对进口非色散位移单模光纤产品的倾销及倾销幅度、进口非色散位移单模光纤产品对国内产业的损害进行调查和确定。本案通常情况下在1年内结束，即于2004年7月1日前结束，特殊情况下可延长至18个月。

2. 倾销与损害调查

2003年7月1日，商务部发布非色散位移单模光纤反倾销立案公告，并以书面形式通知了各有关利害关系方。根据公告要求，国外生产厂商在20天之内向调查机构登记应诉。

2003年7月28日，调查机关向已知的、报名应诉的生产商和出口商发出了反倾销调查问卷，并要求其在37天内按规定提交准确、完整的答卷。在该期间内，部分应诉公司在问卷规定的期限内向调查机关申请延期递交答卷并陈述了相关理由。经审查，调查机关同意申请公司的延期要求。调查机关对上述应诉公司提交的答卷进行了初步审查，对公司答卷中某些不清楚及需要解释的问题发放了一系列补充问卷，有关应诉公司就补充问卷提交了相应的补充答卷。调查期间内，案件各利害关系方及其代理人分别拜会了调查机关，陈述对本案调查的观点和意见，并就被调查产品范围等问题向调查机关提交了评述意见和相关的证据材料。

2003年10月16日，美国康宁公司向调查机关提交了召开被调查产品范围听证会的申请，随后其他美国应诉公司以及韩国应诉公司也向调查机关提交了召开听证会申请。为了给各利害关系方以充分陈述意见的机会，调查机关于2003年12月3日召开了非色散位移单模光纤反倾销案被调查产品范围听证会。为了公平地进行反倾销调查，就被调查产品范围存在的争议，2004年2月25日至2月27日，调查机关组成核查小组前往申请人企业了解被调查产品和有关企业的一些具体情况。

3. 商务部公布对进口光纤反倾销案的初裁决定

2004年6月16日，商务部发布2004年第28号公告，公布了非色散位移单模光纤（简称G652单模光纤）反倾销调查的初裁决定，认定原产于美国、日本、韩国的进口G652单模光纤存在倾销，国内相关产业遭受了实质损害，同时倾销和实质损害之间存在因果关系。并决定对该产品采取保证金形式的临时反倾销措施。

根据初裁决定，自2004年6月16日起，进口经营者在进口原产于美国、日本、韩国的

G652单模光纤时，应依据初裁决定所确定的各公司倾销幅度（7%—46%）向中国海关提供相应的保证金。

4. 商务部公布延长光纤反倾销调查期

鉴于本案情况较为特殊和复杂，2004年6月22日，商务部发布2004年第29号公告，将对原产于美国、日本和韩国的进口非色散位移单模光纤的反倾销调查期限延长6个月，即调查截止日期为2005年1月1日。

5. 商务部举行光纤反倾销案的产业损害听证会

2004年9月7日，商务部在北京举行了非色散位移单模光纤反倾销案产业损害调查听证会。本次听证会依据6月1日新实行的《中华人民共和国反倾销条例》和商务部《产业损害调查听证规则》规定召开，是非色散位移单模光纤反倾销案调查的一项重要内容和程序。本案国内外利害关系方及其代理人等32个单位报名参加本次听证会。听证会上，各利害关系方围绕中国国内产业是否受到进口产品的损害、倾销和损害的因果关系等问题分别陈述了各自的意见，提交了相关材料。

6. 商务部公布对进口光纤反倾销案的终裁决定

2005年1月1日，商务部发布2004年第96号公告，公布了对原产于美国、日本、韩国的进口非色散位移单模光纤反倾销调查的终裁决定：在本案调查期内，原产于美国、日本、韩国的进口非色散位移单模光纤存在倾销，并对中国国内相关产业造成了实质损害，且倾销与实质损害之间存在因果关系。商务部决定自2005年1月1日起，对原产于美国、日本、韩国的进口被调查产品征收7%—46%不等的反倾销税，期限为5年。同时，因美国康宁公司终裁倾销幅度为1.51%，属于微量倾销幅度，免于征收反倾销税。

第五节　反倾销法律制度案例分析

案例一：

中企临阵脱逃致美对织带征反倾销税

[案例介绍] 2010年2月6日，美国商务部公布对华窄幅织带反倾销反补贴合并调查倾销部分的初裁结果，两家强制应诉企业中，厦门姚明织带饰品有限公司（下称“姚明织带”）倾销幅度为0，另一家由于未应诉，被裁定为231.40%的惩罚性税率。13家获得平均税率资格的企业被裁定为115.70%的税率，其他未应诉企业的全国统一税率为231.40%。

2009年7月9日，美国宾夕法尼亚州拥有65年历史的比威客奥弗瑞公司连同其全资子公司狮子绸带公司向美国商务部提出申请，要求对中国产窄幅织带发起反倾销反补贴调查。

2009年7月23日，美国对此作出立案决定。这是美国对中国纺织品发起的首起“双反”调查，也是后配额时代美国对中国纺织品采取的第一起贸易救济措施。

[案例评析] 中国大陆有15家织带企业参与了这场应诉。根据美方的做法，选择行业中输美出口量排名第一、第二名的中方企业作为代表强制应诉。姚明织带即名列其中。根据美方要求，企业填写了美国方面的调查问卷以及提供相关的资料。应诉工作之繁重，超出了企业的想象。从订单、形式发票、商业发票、装箱单、出厂单、提单以及中国与美国两方海关的报关单，甚至连公司与客户之间往来的信函都要提交。最终因两家抽样调查的企业临阵脱逃而拖累，被征收高额的反倾销和反补贴税。

这两家企业放弃应诉可能是由于织带企业大多规模不大，而打这类官司需面临重重困难以及相对较高的费用。如果平时经营管理上不大规范，应诉就会更繁琐，费用也会更高。

在这起织带官司中，美国对中国台湾相关产品只征收不超过4.54%的税款，除了与美国承认中国台湾地区市场经济地位外，与台湾企业整体积极应对也有关系。

案例二：

欧盟对中国鞋类产品的反倾销诉讼

[案例简介] 十多年来，欧盟一直采取各种措施对其制鞋企业进行保护。2005年7月7日，欧盟对输欧华鞋进行反倾销调查，并于2006年10月5日裁决。除一家中国企业获得市场经济待遇，被“从轻处罚”裁以9.7%的反倾销税外，其他所有企业都被裁征收16.5%的反倾销税，期限2年。引起一千余家中国鞋企的强烈不满。2007年1月，奥康、泰马、金履、新生港元等中国鞋企向欧盟法院起诉，要求对裁定进行司法审查。遗憾的是，中国鞋企的起诉没有达到预期目的。2008年10月，这个反倾销裁定进入期满复审阶段。2009年12月，欧委会以14票支持，13票反对的表决结果，决定延长这个裁定的效力15个月，对华鞋以同样的税率继续征收反倾销税。

2010年2月4日，中国起诉欧盟，称：欧盟2006年的裁决和2009年的期满复审违反了WTO《反倾销协定》几乎所有的核心条款（含实质性条款和程序性条款）。具体包括：

（1）根据欧盟反倾销规则，对“非市场经济”国家产品征收反倾销税，税率针对整个国家，不针对具体的供应商，除非这些供应商证明它完全符合欧盟规定的市场经济条件。中国认为欧盟的做法违反了WTO《反倾销协定》要求对具体供应商分别确定反倾销税率的规定；同时，欧盟对“非市场经济”国家产品的征税方法是歧视性的，违反了WTO最惠国待遇原则。

（2）欧盟2006年的裁决，没有按照WTO《反倾销协定》和《中国入世议定书》的要求，对某些中国供应商要求给予市场经济待遇的申请进行核实；在确定倾销的存在和倾销幅度时，计算方法错误；在确定欧盟鞋企所受的损害时，没有进行客观公正的评价；在反倾销调查期间，没有给中国合理的举证机会，透明度不够，以及取样方法不合理；裁决结果没有充分陈述事实和引用的法律。

欧盟2009年的期满复审启动程序不合法，取样不合法，没有客观地核实证据，重复了2006年的错误做法。

[案例评析] 按照WTO《反倾销协定》，如果被调查的产品来自“非市场经济”国家，

在计算生产成本时，不是根据生产国的实际数据，而是采用与该国相近的“替代国”（市场经济国家）的数据。这次，欧盟就是根据巴西的生产成本来计算中国的制鞋成本的。

但由于国情不同，巴西的单位成本高于中国，加上也在对华鞋反倾销，结果是人为地抬高了中国的生产成本，并相应地抬高了倾销幅度。这对中国非常不公平。我国在多哈回合谈判期间已多次建议取消这项规则，但是从 WTO 最近下发的修改草案来看，这个规则依然存在。

又比如，商业活动是允许“零利润销售”和次品销售的，但是 WTO《反倾销协定》对此没有规定，调查国在计算生产成本时，不考虑次品，把所有的产品都视为优质品，并且都加上一个利润空间，同样人为地抬高生产成本和倾销幅度。另外，协定在确定调查国的相似产业是否遭受损害时，没有计算“损害幅度”的规定；在调查程序方面，给予调查国很大的自由裁量权等等。

这些漏洞和瑕疵，使反倾销案件数量大、问题多，成了最难啃的“硬骨头”。而漏洞和瑕疵之所以存在，不是因为成员国不知道如何规范，而是因为以美国为首的发达国家不愿意改变现状，想利用这些漏洞及时对国内有关产业提供保护。因为美国在 WTO 谈判中起着主导作用，加上美国国会的强硬态度，所以现有的反倾销体制还会持续很长一段时期。

上述原因的存在使中国鞋类产品在多国遭遇反倾销。继欧盟之后，巴西于 2008 年 12 月 31 日决定对中国鞋进行反倾销调查，2009 年 9 月 16 日决定征收 12.47 美元/双的临时反倾销税，2010 年 3 月 4 日决定征收 13.85 美元/双的反倾销税，有效期 5 年。阿根廷政府也于 2009 年 2 月对中国鞋进行反倾销调查，同年 7 月开始征收临时反倾销税，规定进口华鞋的价格不应低于 15.5 美元/双。而加拿大早在 2000 年就对中国塑胶防水鞋及鞋底征收 33% 的反倾销税；2009 年 10 月 21 日，决定对该类产品再次进行反倾销调查，除 6 家中国企业幸免外，其他企业均被征收 49% 的反倾销税。

据中国轻工进出口商会统计，2009 年我国鞋类产品累计出口金额为 280.1 亿美元，同比下降了 5.54%，其中皮鞋下降幅度最大，达 14.83%。据中国鞋网统计，欧盟对华鞋采取反倾销措施之后，华鞋输欧总金额下降了 15%；3 年来收入从高峰时期的 20.8 亿欧元降至 17.8 亿欧元。中国皮革工业协会的统计显示，反倾销税导致中国输欧皮鞋产量降低 20%，减少约 4000 万双，仅此一项造成中国约两万名工人失去工作。

案例三：

无缝钢管案：反倾销实践中的罕见案例

[案例简介] 2009 年 9 月 24 日欧盟决定，对产自中国的无缝钢管和铝箔征收为期 5 年的正式反倾销税，税率分别高达 39.2% 和 30%。正式反倾销税适用于圆截面和外部直径不超过 406.4 毫米的无缝钢管，此外还涉及铝箔产品。正式反倾销税是在为期 6 个月的临时关税到期后实施的。

反倾销是欧盟对华采取的最主要的贸易救济手段，自 1979 年欧盟对华发起第一起反倾销调查至今，欧盟共对华发起一百四十余起反倾销调查，是对中国发起反倾销调查最多的 WTO 成员之一。

商务部公平贸易局有关负责人指出，WTO反倾销协议对损害威胁的规定十分严格，要基于事实，而不是仅依据指控、推测和极小的可能性，造成的损害也必须是能够明显预见和迫近的。无缝钢管案中随意使用损害威胁标准进行贸易救济调查并最终实施，在欧盟以及各WTO成员方的反倾销实践中都极为罕见。

[案例评析] 据欧盟委员会公布的数据，2009年上半年，欧盟只发起了两项新的反倾销调查，全部针对中国产品。

2009年8月后，欧盟已经接连对中国输欧的葡萄糖酸钠、铝合金轮毂、聚酯高强力纱产品发起3起反倾销调查。相关预警信息表明，欧盟业界还酝酿对户外服装、三聚氰胺以及太阳能电池板等中国产品发起贸易救济措施调查，中国产品面临着严峻挑战。特别值得关注的是，由于欧盟拥有完整、复杂的反倾销复审制度，对中国产品频繁发起以日落复审为代表的各种形式的反倾销复审。例如2010年以来陆续对中国金属硅、甜蜜素产品发起了复审调查，并准备对草甘膦产品进行日落复审。

据初步统计，欧盟目前对华仍在执行的反倾销措施有五十余起，其中有十余起是经过日落复审程序而不断延续，比如1984年的碳化硅案件通过复审程序至今仍在执行。

油井管案、轮胎特保案硝烟未尽，欧盟对中国的无缝钢管和铝箔征收高额正式反倾销税的决定已然出炉，这些案件还只是中国遭遇贸易摩擦的冰山一角。从欧盟、美国等发达国家到印度、巴西、阿根廷等发展中国家，从禽肉产品到玩具、钢铁制品、橡胶制品、汽车零部件……近期全球贸易保护主义暗流涌动，中国频频受到损害。

商务部的统计显示，2009年1至8月共有17个国家和地区对中国发起79起贸易救济调查，涉案金额突破百亿美元。据世贸组织7月中旬公布的预测情况，由于全球GDP的下降会造成反倾销措施增加，2009年全球发起反倾销数量将较2008年增长1倍，可能成为历史上发起反倾销数量最多的一年。

面对来势汹汹的贸易保护措施，商务部有关负责人日前介绍说，包括中国商务部、地方政府、商协会以及涉案企业在内的“四体联动”协调应对机制正在形成，将相互配合、各负其责，采用“多管齐下”的应对战略：涉案企业积极做好法律抗辩，政府对于歧视性规则和不公正做法做好交涉、磋商，行业组织积极游说进口商等利益攸关者，在贸易限制措施的使用国寻找“同盟军”，争取发出更多对我有利的声音。

案例四：

美国对华钢钉反倾销案例分析

[核心提示] 2014年4月8日，美国商务部对华钢钉做出第4次反倾销行政复审终裁，裁定倾销幅度为3.92%～118.04%。

1. 案件基本情况

2007年7月9日，美国商务部对原产于中国和阿联酋的进口钢钉启动反倾销立案调查，涉案产品海关编码为73170055、73170065和73170075。

2008年1月16日，美国商务部发布通知，对原产于中国和阿联酋的钢钉作出反倾销初裁，裁定中国涉案产品的倾销幅度为20.77%～118.04%；2008年6月9日，美国商务部发布通知，对原产于中国和阿联酋的钢钉做出反倾销终裁，裁定中国涉案产品的倾销幅度为0.00%～118.04%（见表7－1、表7－2）。

2009年3月20日，美国商务部对该案进行反倾销新出口商复审。

2010年1月15日，美国商务部发布公告，对原产于中国的钢钉做出新出口商复审初裁，裁定青岛众和机械制造有限公司的倾销幅度为38.13%；2010年6月17日，美国商务部发布公告，对原产于中国的钢钉做出反倾销新出口商复审终裁，裁定青岛众和机械制造有限公司的倾销幅度为34.14%；2010年7月23日，美国商务部发布公告，应申诉方的撤诉申请，决定取消对31家中国钢钉企业的反倾销行政复审。

2. 本案的裁决要点

（1）初裁和初裁修改之后的变更。

根据美国商务部在调查记录中对相关信息的分析和从各利害关系方收到的相关评论，美国商务部已经对兴亚集团的倾销幅度计算结果做出修改，并且对最初裁决中所使用的几个替代价格进行了重新评估，修改过的估值包括替代纸板箱、盐酸、不锈钢盘条和工资比率的估值。

此外，初裁做出后，美国商务部具体针对各公司做出了很多变更，在合适的范围内采纳了初裁后所发生的并且已经核实的种种澄清和变化，并且对兴亚集团的笔误做出了更正。

（2）涉案产品

本次调查所涵盖的产品为钉长不超过12英寸的钢钉，包括但不限于由圆盘条制作的钢钉；上述钢钉可以由任何类型的钢材生产，并且具有多种外观加工、钉头、钉身、顶尖类型、钉长和钉身直径；外表处理包括但不限于乙烯基涂层、锌涂层（镀锌，无论是电镀还是一次或多次热浸）、磷酸盐涂层和喷色；钉头样式包括但不限于平头、尖头、凹头、椭圆形头、曲头、无头、双头、沉头、涂料钉；钉身样式包括但不限于光滑、带侧刺、带螺纹、带环纹、带凹槽的钉身；钉尖样式包括但不限于菱形、钝头、针形、凿子形和无尖。外表经处理过的钢钉可以散装出售，也可以使用塑料、纸张或金属丝等材料整理成钉条或盘卷出售。涉案产品海关编码（HTSUS）为73170055、73170065和73170075。

（3）兴亚集团

《关税法》第776（b）条规定，如果商务部"发现利害关系方未能尽其最大努力配合调查以提供符合行政主管机关或委员会所要求的信息，行政主管机关或委员会……在运用'可获得事实'规则做出适当的裁决时，在从众多可获得事实中进行选择时，可以做出对该利害关系方不利的推断"。

对于兴亚集团，根据《关税法》第773（c）（3）（B）条和第776（a）（2）（A）、（B）和（D）条的规定，美国商务部发现对包装生产要素部分适用"可获得的不利事实"（AFA）是恰当的，因为该集团此前并未向商务部报告这一包装成本。对于锯末，虽然该原料已经在兴亚集团有关生产流程的描述中被提及，但美国商务部发现就该材料部分适用"可获得的不利事实"也是恰当的，因为该集团此前从未将此材料作为生产要素向商务部报告，并且该集团已经提交的有关锯末的信息也未经核实。作为对包装和锯末部分适用“可获得的不利事实”的事项，美国商务部将使用在调查期所获得的最高月使用量以及实地核查时所获得的信息。

(4) 核查。

根据《关税法》第782 (i) 条的规定，美国商务部对兴亚集团和一家适用单独税率的公司——上海森傲进出口有限公司（Suntec Industries Co.，Ltd，以下简称“森傲公司”）所提交的信息进行了核实。对于上述两家公司，美国商务部均使用了标准核查程序，包括审查其会计和生产记录，以及答辩方所提交的原始文件资料。

(5) 替代国。

在最初裁决中，美国商务部已经宣告基于以下理由，选择印度作为本次调查中的替代国：(1) 印度是同类产品的主要生产国；(2) 根据《关税法》第773 (c) (4) 条的规定，印度与涉案国（地区）的经济发展水平相当；(3) 美国商务部拥有来自印度的可靠数据，且可以使用上述数据对相关生产要素进行评估。对于最终裁决，美国商务部未收到有关替代国选择问题的任何评论，因此在终裁中未做出任何变更。

(6) 单独税率

在初裁中，美国商务部发现兴亚集团以及被赋予单独税率的申请方都证明了其有资格享受单独税率。在终裁中，美国商务部再次发现，在调查记录中由ITW、兴亚集团和单独税率申请方提供的证据均表明其在涉案产品的出口中不存在政府控制，因而具备了被赋予单独税率的资格。

此外，根据某些单独税率申请方的评论、经过核实的更正事项以及对相关记录的审查，美国商务部发现，合并税率或某些出口商的名称并未出现在初裁和/或初裁修订案中。因为这些错误与调查中享受单独税率的申请方存在关联，因此这些更正已在初裁之日，即2008年1月23日生效。任何关于临时反倾销措施的指示均体现了这些更正信息。

(7) 中国涉案企业的税率

在初裁中，商务部发现某些中国涉案企业并未就美国商务部所要求提供的信息做出答复。在初裁中，美国商务部将这些中国生产商/出口商作为中国范围内企业实体的一部分，因为这些企业并未证明其出口活动未受政府控制。因此，根据《关税法》第776 (a) (2) (A) 和 (C) 条的规定，美国商务部认为，使用“可获得事实”确定适用于全国范围的税率的做法是适当的。《关税法》第776 (b) 条规定，在进行“可获得事实”选择之时，如果利害关系方未能尽其最大努力配合调查，商务部可以做出对其不利的推理。美国商务部认定，因为中国范围内的企业实体未能提供相关信息，没有尽其最大努力配合调查，因此商务部认为，在进行可获得事实选择之时，针对中国范围内的企业实体进行不利推理的做法是适当的。

美国商务部一开始就假设一个非市场经济国家中的所有企业都受政府控制，因此美国商务部对中国境内所有出口涉案产品的其他企业都适用了统一的反倾销税率。这些企业并未证明其有资格被赋予单独税率。

(8) 紧急情况

在初裁中，美国商务部发现，兴亚集团和其他中国企业在短期内都有大量进口至美国的涉案产品。此外，为了确定涉案产品的进口数量是否巨大，美国商务部进行了比对，进行比对的期间为5个月，这是当时美国商务部可以获得相关信息的最长期间。

但在终裁中，美国商务部又收集到兴亚集团额外3个月的数据。在分析了上述数据之后，美国商务部再次发现中国企业在短期内将大量钢钉出口至美国。此外，美国商务部再次发现单独税率申请方在短期内并未向美国大量出口钢钉。

（9）核实

在初裁中，根据《关税法》第776（c）条的规定，通过将申诉方提供的美国价格和正常价值与应诉方提供的美国价格和正常价值相比较，美国商务部最终核实了可获得的不利事实（AFA）。由于没有任何利害关系方针对中国涉案企业的税率计算问题提出质疑，因此，美国商务部认为，118.04%的倾销幅度具有证明效力。

表7-1　美国自中国和阿联酋进口钢钉情况统计

国家		2004年	2005年	2006年	2007年
中国	进口额（美元）	264561048	379485025	452219379	454347280
	进口量（千克）	346176016	494151472	619231412	555654474
阿联酋	进口额（美元）	69187673	70601490	70308326	43029686
	进口量（千克）	67123895	74050986	75401311	45502948

数据来源：美国国际贸易委员会。

表7-2　美国商务部对原产于中国的钢钉做出的反倾销终裁结果

<table>
<tr><th>国家</th><th>生产商</th><th>出口商</th><th>倾销幅度（%）</th></tr>
<tr><td rowspan="5">中国</td><td>保思乐紧固件（上海）有限公司（Paslode Fasteners（Shanghai）Co., Ltd.）</td><td>保思乐紧固件（上海）有限公司（Paslode Fasteners（Shanghai）Co., Ltd.）</td><td>0.00</td></tr>
<tr><td rowspan="3">兴亚集团（Xingya Group）：苏州兴亚钉业有限公司（Suzhou Xingya Nail Co., Ltd.）、顺固兴亚金属制品（太仓）有限公司（Senco - Xingya Metal Products（Taicang）Co., Ltd.）、香港yuxi有限公司（Hong Kong Yu Xi Co., Ltd.）</td><td>苏州兴亚钉业有限公司（Suzhou Xingya Nail Co., Ltd.）</td><td rowspan="3">21.24</td></tr>
<tr><td>顺固兴亚金属制品（太仓）有限公司（Senco - Xingya Metal Products（Taicang）Co., Ltd.）</td></tr>
<tr><td>无锡诚业金属制品有限公司（Wuxi Chengye Metal Products Co., Ltd.）</td></tr>
<tr><td colspan="2">普遍</td><td>118.04</td></tr>
</table>

新闻链接：

美国对华钢钉做出第4次反倾销行政复审终裁

2014年4月8日，美国商务部对华钢钉做出第4次反倾销行政复审终裁，裁定倾销幅度为3.92%～118.04%，涉案企业包括史丹利集团（Stanley）、迦拿（天津）五金制品有限公司（Cana（Tianjin）Hardware Industrial Co., Ltd.）、德州华鲁德五金制品有限公司（Dezhou Hualude Hardware Products Co.，Ltd.）、天津市中联五金制品有限公司（Tianjin Zhonglian Metals Ware Co.，Ltd.）等30家。

2012年9月26日，美国商务部对华钢钉进行反倾销行政复审立案调查，调查期为2011年8月1日—2012年7月31日，涉案产品海关编码为7317.0、0.65、7317.0、0.75等。

复习思考题

1. 根据WTO反倾销协议，倾销价格如何确定？
2. 根据WTO反倾销协议，如何确定工业损害是否存在？
3. 什么是价格承诺？
4. 反倾销调查中采取临时措施的条件有哪些？
5. 我国《反倾销和反补贴条例》规定在什么情况下可溯及征收反倾销税？
6. 我国《反倾销和反补贴条例》规定在什么情况下可终止反倾销调查？

第八章

国际民事诉讼与国际商事仲裁

内容提要

从20世纪80年代以来，经济的全球化，跨国经济活动的频繁和形式的多样化使得国际间的商事争议日益复杂，这就使国际间的商事争议解决机制显得越来越重要。国际商事争议的解决方法主要有两种，即国际民事诉讼程序和国际商事仲裁程序。由于国际民事诉讼程序自身所存在的缺陷，各国的商人更倾向于采用仲裁方式来解决国际商事争议。本章在简单介绍国际民事诉讼程序及国际商事仲裁程序基本理论的基础上，着重通过案例介绍了国际商事仲裁的提出、受理、承认及执行等实践中的操作性问题。

第一节　国际民事诉讼程序

国际民事诉讼程序，也称涉外民事诉讼程序，是指含有国际因素或者从某个主权国家的角度来说，含有涉外因素的民事诉讼。也就是说，在有关的民事诉讼中涉及两个或两个以上国家的人和事。

一、涉外民事案件的管辖权

（一）涉外民事案件管辖权的概念和意义

涉外民事案件管辖权是指一国法院或具有审判权的其他司法机关受理、审判具有国际因素或涉外因素的民事案件的权限，它所涉及和要解决的是就某一特定的国际民商事案件究竟哪一个国家的法院具有管辖权的问题。

确定涉外民事案件管辖权的意义在于：首先，涉外民事案件管辖权的存在是一国法院受理并审理有关涉外民事案件的前提条件。如果一国法院对某一国际民事案件没有管辖权，它就无权受理这一案件，它就不可能有效地向国外的有关当事人送达诉讼文书或非诉讼文书，不可能得到外国法院的司法协助，特别是它基于这种不适当管辖所做出的判决也无法得到有关国家法院的承认和执行。其次，涉外民事案件管辖权的确定常常关系到实体法的适用，从而直接影响到有关案件的审判结果。由于各国的立法不同，对同一涉外民事案件适用不同国家的法律会得到不同的结果，管辖权的确定直接决定着法律的适用问题。最后，涉外民事案件管辖权的确定能直接影响到诉讼当事人合法权益的取得和保护。有关当事人要想获得或保护其合法权益，就必须向在涉外民事诉讼中具有管辖权的国家法院起诉。有关当事人也只有向有管辖权的国家法院提起诉讼，他所获得的有利判决才能在其他有关国家得到承认和执行，从而最终达到获取或保护其合法权益的目的。

（二）确定涉外民事案件管辖权的原则

从世界各国的立法来看，确定涉外民事案件管辖权的原则主要有以下四种：

1. 属地管辖原则

属地管辖原则又称地域管辖原则，是指一国对该国领土范围内的一切人、物、法律行为都具有管辖权，但享有司法豁免者除外。这个原则是以领土为标志来确定管辖权，但各国对这一标志的具体确认则有所不同，主要有以下四种情况：（1）以当事人居住地为依据；（2）以被告财产所在地为依据；（3）以契约成立地或履行地为依据；（4）以侵权行为地为依据。

2. 属人管辖原则

属人管辖原则是根据当事人的国籍来确定管辖权，只要诉讼当事人一方为具有某国国籍，该国法院就可能主张对案件有管辖权。在国际经济贸易争议案件中，以国籍为标准行使管辖的国家不多。

3. 专属管辖原则

专属管辖原则又称特殊管辖原则，是指一国主张它的法院对一定范围的案件具有独占的管辖权，不承认其他国家的法院对这类案件的管辖。根据各国立法情况，专属管辖一般限于本国境内的不动产、继承与租赁、案件的重新审理、破产等案件。凡是专属管辖的案件，国际经济贸易争议当事人不得以其协议管辖方式改由它国法院管辖。

4. 协议管辖原则

协议管辖原则又称约定管辖原则，是指当事人在法律允许的范围内可以约定将争议提交由他们所选择的某国法院审理。依照各国法律规定，凡属专属管辖的案件，不适用协议管辖。

（三）我国法律关于涉外民事案件管辖权的规定

根据我国现行的有关立法及最高人民法院的司法解释，对涉外民事案件管辖权的规定主要包括以下几个方面：

1. 一般管辖

按照《民事诉讼法》第22条和1992年发布的《最高人民法院关于适用〈中华人民共和国民事诉讼法〉若干问题的意见》（以下简称《意见》）中有关条款的规定，涉外民事案件中一般管辖权的确定以地域管辖为原则；而且，一般都是以被告住所地作为确定管辖权的标准。被告为自然人时，只要在我国设有住所或经常居所，不管其国籍如何，其住所地或经常居住地的人民法院具有管辖权。被告为法人时，该法人的住所地人民法院具有管辖权。自然人的住所地是指其户籍所在地，其经常居住地是指其离开住所地至起诉时已连续居住1年以上的地方。而法人的住所地是指法人的主要营业地或者主要办事机构所在地。涉外民事案件中被告一方的住所地或经常居所所在地在我国境内时，我国该所在地的人民法院就有权管辖该有关的涉外民事案件。

2. 特殊管辖

除了上述以被告住所地作为标准确定的一般管辖权以外，在被告不在我国境内的情况下，我国诉讼立法还根据有关涉外民事案件的不同性质规定了一些特殊的管辖原则。如《民事诉讼法》规定，因合同纠纷或者其他财产权益纠纷，对在中华人民共和国领域内没有住所的被告提起的诉讼，如果合同在中华人民共和国领域内签订或者履行，或者诉讼标的物在中华人民共和国领域内，或者被告在中华人民共和国领域内有可供扣押的财产，或者被告在中华人民共和国领域内设有代表机构，可以由合同签订地、合同履行地、诉讼标的物所在地、可供扣押财产所在地、侵权行为地或者代表机构住所地人民法院管辖。此外，《民事诉讼法》还规定了一些特殊的民事案件可以由被告住所地或者其他有关地方的人民法院管辖，即如果该有关民事案件中含有涉外因素，而且有关被告方当事人也不在我国境内，该有关地方的人民法院同样应该对有关的涉外民事案件具有管辖权。

3. 专属管辖

为了切实保护我国国家和国民的根本利益，《民事诉讼法》规定了应由我国人民法院专属管辖的案件。其内容主要包括：（1）因不动产纠纷提起的诉讼，应由不动产所在地的人民法院专属管辖；（2）因港口作业中发生纠纷提起的诉讼，应由港口所在地的人民法院专属管辖；（3）因继承遗产纠纷提起的诉讼，应由被继承人死亡时住所地或者主要遗产所在地的人民法院专属管辖；（4）因在中华人民共和国履行中外合资经营企业合同、中外合作经营企业合同、中外合作勘探开发自然资源合同发生纠纷提起的诉讼，应由我国人民法院专属管辖。

4. 协议管辖

《民事诉讼法》规定，涉外合同或者涉外财产权益纠纷的当事人，可以用书面协议选择与争议有实际联系的地点的法院管辖。选择中华人民共和国人民法院管辖的，不得违反关于级别管辖和专属管辖的规定。

5. 推定管辖

《民事诉讼法》规定，涉外民事诉讼的被告对人民法院管辖不提出异议，并应诉答辩的，视为承认该人民法院为有管辖权的法院。这一管辖的依据是有关涉外民事法律关系中的一方当事人向我国人民法院提起诉讼，而另一方当事人进行了实体答辩，并且没有就法院的管辖权问题提出任何异议，从而推定当事人双方都承认，特别是被告方承认我国人民法院的管辖权，进而推定我国人民法院对有关涉外民事案件具有管辖权。

二、外国人的民事诉讼地位

亦称“国际私法”保护，即外国人的民事诉讼地位是指外国个人（包括外国自然人和法人）在某一国境内享有什么样的诉讼权利，承担什么样的诉讼义务，并能在多大程度上通过自己的行为行使诉讼权利、承担诉讼义务。外国人在一国境内具有一定的民事诉讼地位是开始和进行国际民事诉讼程序的前提条件，规范外国人的民事诉讼地位问题是国际民事诉讼法的主要内容。在有关的民事诉讼立法中，世界各国一般都基于一定的条件给予外国人以一定的民事诉讼地位，其内容主要包括如下方面：

（一）一般都原则上给予外国人以国民待遇

世界各国的民事诉讼立法和各有关的国际条约在规范外国人的民事诉讼地位时都原则上

给予外国人以国民待遇，即规定外国人享有与本国国民同等的民事诉讼权利，承担同等的民事诉讼义务。不过，由于世界各国的文化传统、政治制度以及社会经济利益不同，诉讼法律制度也存在差异，各国的诉讼立法为了保证本国国民在国外也能得到所在国的国民待遇，一般都在给予外国人以国民待遇的同时，要求以对等互惠为条件。

（二）一般都要求依国籍国法或住所地法确定外国人的民事诉讼行为能力

依国籍国法或住所地法来确定外国人的民事诉讼行为能力的主张已经为国际社会所公认。诉讼行为能力是决定一个人的诉讼地位的重要因素，它直接影响着诉讼权利的行使。对于外国人能否或能在多大程度上以自己的行为有效地行使诉讼权利和承担诉讼义务的问题，各国的诉讼立法都作了明确的规定，而且都普遍承认外国人的诉讼行为能力依其国籍国法或住所地法。

但是为了求得民商事法律关系的稳定，保护善意的对方当事人，特别是本国国民的合法权益，各国在规定以依国籍国法或住所地法决定外国人民事诉讼行为能力为原则的同时，作为补充，都规定如果依法院地法外国人具有民事诉讼行为能力，即视为有能力。

虽然我国现行的民事诉讼立法没有对外国人的民事诉讼地位问题做出明确的规定，但我们认为，根据我国有关立法的精神，原则上应该依外国人的国籍国法或住所地法来确定其诉讼行为能力。而且，如果有关外国人依其国籍国法或住所地法没有诉讼行为能力，而依我国民事诉讼法具有该项能力时，则其在我国境内所为的诉讼行为应该视为有能力的行为，该有关外国人不能以其本国法或住所地法的相反规定来对抗其对方当事人。

（三）一般都对外国人的诉讼代理问题作了特别规定

诉讼代理是指诉讼代理人基于当事人或其法定代理人的授权以当事人的名义代为实施诉讼行为，而直接对当事人发生法律效力的行为。综观世界各国的诉讼立法，诉讼代理制度已为国际社会所普遍接受，各国立法都允许国际民事诉讼程序中的外国当事人委托诉讼代理人代为进行诉讼活动。法国和奥地利等大陆法系国家的立法甚至把代理诉讼作为一种义务加以规定，即民事诉讼程序中的外国当事人不仅有权，而且有义务委托诉讼代理人代为实施诉讼行为。至于外国当事人可以委托什么样的人作为诉讼代理人以及诉讼代理人的法定权限如何的问题，各国立法的规定都各不相同。但一般都规定应由律师，而且是由内国律师担任诉讼代理人，这一方面是考虑到律师较其他人更为熟悉法律和司法程序，内国律师较外国律师更为精通法院国的法律，从而能更好地保护当事人的合法权益，也能使司法程序得到更为顺利的实施；另一方面是考虑到允许外国律师出席内国法院参与诉讼，将有损内国的司法主权。

我国《民事诉讼法》规定，外国人在我国人民法院参与诉讼可以亲自进行，也有权通过一定的程序而委托律师或其他公民代为进行。而《意见》也规定，国际民事诉讼中的外籍当事人，可以委托中国人为诉讼代理人，也可以委托中国律师以非律师身份担任诉讼代理人。也就是说，根据这两个条款的规定，考虑到我国的诉讼主权，外国人不能委托外国律师以律师身份在我国人民法院代为进行诉讼活动。

（四）一般都为外国人规定了诉讼费用担保制度

国际民事诉讼法中的诉讼费用担保制度是指审理国际民事案件的法院依据其国内诉讼立法的规定，要求作为原告的外国人在起诉时提供以后可能判决由他负担的诉讼费用的担保。需要明确的是这里所指的诉讼费用不包括案件受理费，只包括当事人、证人、鉴定人、翻译人员的旅差费、出庭费及其他的诉讼费用。在现代国际社会的各法律体系中除俄罗斯、保加利亚、埃及、智利、芬兰、利比亚、葡萄牙等少数国家不要求原告提供诉讼费用担保以外，其他各国的法律都在不同程度上对外国原告规定了该项义务。

我国《民事诉讼收费办法（试行）》规定，外国人、无国籍人、外国企业和组织在人民法院进行诉讼，应当对诉讼费用提供担保。作为例外，在1987年我国同法国、波兰和比利时签订的司法协助协定以及在以后同其他有关国家签订的双边司法协助协定中都明确规定，缔约一方的法院，对于另一方的国民，不得因为他们是外国人而令其提供诉讼费用保证金，从而免除了这些国家的国民在我国人民法院进行民事诉讼时提供诉讼费用担保的义务。而且这一规定适用于根据缔约任何一方的法律、规章成立，其主要事务所设在该国领域内的法人。后来，最高人民法院审判委员会通过的《人民法院诉讼收费办法》，开始采用新的诉讼费用收缴方式，规定不再区分内外国人，而一律由有关当事人凭人民法院的通知书预交诉讼费用，从而使外国当事人的诉讼费用担保问题得到了彻底的解决。

三、司法协助

（一）司法协助的概念和意义

司法协助是指一国法院应另一国法院的请求代为履行一定的诉讼行为。提出请求的法院的行为，叫做法院委托，履行他国法院委托的行为叫司法协助。

司法协助依其范围大小，有狭义的司法协助和广义的司法协助之分。狭义的司法协助仅包括协助进行诉讼文书的送达、传询证人、搜集证据等，英美等国家采用这种狭义的概念。广义的司法协助除上述内容外，还包括外国法院判决和仲裁裁决的承认与执行，法国、意大利采用这种广义的概念。我国《民事诉讼法》第二十九章有关司法协助的规定，以及最近我国同法国、波兰订立的关于民事、商事司法协助的规定，采用广义的司法协助概念。

（二）司法协助的依据

国际司法协助的实施一般都是基于各国民事诉讼法和有关国际条约的规定以及互惠关系的存在而进行的。

国际社会的司法实践表明，只有当有关国家之间存在国际条约规定的权利义务关系或实质性互惠关系时，该有关国家之间才会相互给予司法协助。世界各国为了加强国际司法合作的要求，签订了一系列有关司法协助的条约。我国已经加入的国际公约有1958年的《关于承认及执行外国仲裁裁决公约》、1965年的《关于向国外送达民事或商事司法和司法外文书公约》和1970年的《关于从国外获取民事或商事证据公约》。此外，我国为了加强在国际民事诉讼领域的国际合作，从1987年至今，已先后同20多个国家签订了司法协助协定。

进行司法协助的另外一个重要依据是互惠关系的存在。如我国《民事诉讼法》第262条规定，按照互惠原则，人民法院和外国法院可以互相委托，代为履行一定的诉讼行为。根据这一条款的规定，即使我国与有关外国之间并不存在条约关系，但如果能够证明在我国与该有关外国之间存在互惠关系，我国人民法院也可以与该有关外国的法院相互进行司法协助。

（三）司法协助的提出和履行

司法协助实质上是一国法院协助外国法院在本国领域内实施具有主权性质的司法行为，

因此，需要以有关国家立法、双边的司法互助协定和有关国际公约的规定，或实际存在的互惠关系为前提。司法协助必须有法院的正式委托，并注明具体的委托事项。法院委托的提出，一般有三种途径可供利用：（1）外交途径；（2）领事途径；（3）双方国家法院间直接交往。

关于执行外国法院的委托，其程序和方式，根据一些国家国内法的规定和国际上的司法实践，一般不适用外国的民事诉讼程序，而是只根据本国的诉讼法的规定执行。但是，如果委托国要求以特殊方式送达或通知的，只要不违反受托国的法律或公共秩序，受托国也可以照此执行。

四、外国法院判决的承认和执行

（一）承认与执行外国法院判决的意义

承认与执行外国法院判决，是指一国法院依据其国内立法或有关的国际条约承认有关外国法院的民商事判决在内国的域外效力，并在必要时依法予以强制执行。一般说来，任何国家法院的判决都是一国司法机关代表其主权国家针对特定的法律争议而做出的，原则上只能在判决国境内生效，而没有域外效力，这早已为国际社会所公认。只是作为例外，世界各国才基于各种各样的考虑，在一定的条件下相互承认外国法院判决在内国具有与内国法院判决同等的法律效力，并在必要时按内国的有关规定予以强制执行。因此，如果没有有关国家的明确承认，外国法院的判决在该国领域内就没有任何法律效力。外国的任何机关或个人都不能在该国领域内强制执行其所属国法院所作出的任何判决，否则，就构成对该国国家主权的侵犯，而且，法院判决的承认与执行作为一国司法机关代表其国家行使司法主权的一种重要形式，只能由有关国家的法院来实施，所以，根据各国立法的普遍规定，外国法院判决的承认与执行一律由承认与执行地国家的法院来协助进行。

承认与执行外国法院判决是一种重要的司法行为，是外国的国际民事诉讼程序在内国的继续，是整个国际民事诉讼程序的归宿，是有关司法程序的实质所在。如果某一外国法院判决得不到内国法院的承认与执行，不仅诉讼各方当事人以前的民商事法律争议没有获得最终解决，有关当事人的合法权益得不到切实保护，还给各方当事人带来了诉讼费用方面的损失。所以，承认与执行外国法院判决在国际民事诉讼法中具有极为重要的意义。

（二）承认与执行外国法院判决的具体程序

外国法院的判决需要在内国境内发生法律效力时，必须向内国有关法院提出承认与执行该有关外国法院判决的请求，这是世界各国立法和司法实践的普遍要求。至于提出请求的行为应由谁来实施的问题，各国的立法并不统一，多数国家的法律规定应由利害关系人来实施；也有一些国家的法律规定外国法院和有关的利害关系人都可以向内国法院提出请求；此外，个别国家的诉讼立法要求承认与执行外国法院判决时应该由有关的外国法院提出请求书。在这一问题上，我国《民事诉讼法》规定，外国法院作出的发生法律效力的判决、裁定，需要中华人民共和国法院承认和执行的，可以由当事人直接向中华人民共和国有管辖权的中级人民法院申请承认和执行，也可以由外国法院依照该国与中华人民共和国缔结或者参加的国际条约的规定，或者按照互惠原则，请求人民法院承认和执行。根据各国立法和各有关国际条约的规定以及国际社会的司法实践，请求承认与执行外国法院判决时必须附上与此有关的各种文件或它们的副本，否则，其请求就很难得到有关国家法院的执行。而且，各国立法和各有关的国际条约以及国际社会的司法实践都要求，请求人所提出的请求书及有关文件一般需要用被请求国的官方文字写成，或附上用该国文字翻译的经核证无误的译本，甚至还有一些国家的立法要求上述请求书及有关文书必须经过公证和认证。

请求承认与执行外国法院判决的一方当事人或其他利害关系人根据各有关国家的国内立法或根据有关的国际条约向内国有管辖权的法院提出承认与执行请求以后，有关的内国法院应按照什么样的程序来承认和执行该有关的外国法院判决的问题完全是一个国内法上的问题。各个国家的法院是完全按照内国诉讼法所规定的程序来承认与执行有关的外国法院判决的。至于一国法院在承认与执行外国法院判决时，具体应遵循什么样的程序，各国诉讼立法的规定不尽相同，大致可以分为如下几种：

1. 以法国、德国和俄罗斯为代表所采用的执行令程序

在这种程序中，有关的内国法院受理了当事人或其他利害关系人提出的承认与执行某一外国法院判决的请求以后，先对该有关外国法院判决进行审查，如果符合内国法所规定的有关条件，即由该内国法院做出一个裁定，并发给执行令。从而赋予该外国法院判决与内国法院判决同等的效力，并按照执行本国法院判决的同样程序予以执行。

2. 以英、美为代表所采用的登记程序和重新审理程序

英国法院目前主要是视原判决法院所属国的不同而分别采用登记程序或重新审理程序来决定是否承认与执行有关的外国法院判决。根据英国的法律规定，有管辖权的英国法院对于英联邦国家和欧共体各国法院所作出的判决适用登记程序。即英国法院在收到有关利害关系人提交的执行申请书以后，一般只要查明有关外国法院判决符合英国法院所规定的条件，就可以予以登记并交付执行。而对于其他不属于上述法律规定的国家的法院判决，英国法院都是适用判例法所确定的重新审理有关案件的程序。即英国法院不直接执行这些国家的法院所作出的民商事判决，而只是把它作为可以向英国法院重新起诉的根据，英国法院经过对有关案件的重新审理，确定有关外国法院判决与英国的有关立法不相抵触时，做出一个与该外国法院判决内容相同的判决，然后由英国法院按照英国法所规定的执行程序予以执行。这样，根据英国法官的理解，英国法院所执行的就是本国法院的判决，而不再是外国法院的判决。

在美国法院，一般都是区分金钱判决和非金钱判决而采取不同的态度。对于金钱判决，大多数州的立法和司法实践都遵循英国法中的重新审理程序。要求有关利害关系人在美国法院提起一个新的诉讼，由有关的美国法院做出一个新的判决，然后才能由该美国法院按法院所在地法律所规定的程序予以执行。请求承认与执行外国法院判决的当事人或其他利害关系人既可以以有关的外国法院判决为依据提起一个要求偿付债务的诉讼，也可以以原来诉讼中的诉因为依据重新提起诉讼。在前一种情况下，请求人应向法院提供所有能证实有关判决的相关文件，美国法院在审查了所有文件及有关的情况以后，认为不违反美国现行法律规定时，即作出一个责令债务人偿付有关债务的判决，并交付执行。在后一种情况下，则完全由美国法院重新审理有关案件，并做出判决，交付执行。

3. 我国关于承认与执行外国法院判决的程序

根据我国《民事诉讼法》的规定，在承认与执行外国法院判决的具体程序方面，我国人民法院目前所采用的是类似于上述法、德等国所采用的执行令程序。我国人民法院在收到有关承认与执行外国法院判决的书面请求以后，应当依据我国现行的民事诉讼立法的有关规

定进行审查，认为不违反我国法律的基本原则或者国家主权、安全、社会公共利益的，裁定承认其效力，需要执行的，发给执行令，由执行机关依照我国民事诉讼立法的有关规定予以强制执行。

第二节 国际商事仲裁规则

一、国际商事仲裁的概念及特征

（一）国际商事仲裁的概念

国际商事仲裁，是指国际商事交易中的当事人，按照协议的方式自愿地将他们之间商事方面的权利与义务的争议交给他们选定的第三人（称仲裁人或仲裁员）审议，并由该第三人作出对争议各方皆有约束力裁决的活动。

（二）国际商事仲裁的特征

1. 与协商、调解等其他非诉讼解决纠纷的手段相比，国际商事仲裁具有一定的强制性

无论是协商还是调解，其过程和结果皆以各方当事人一致同意为基础。在协商或调解过程中，当事人中的任何一方不愿继续协商或调解的，协商或调解过程只好终止，即使协商和调解取得了各方一致同意的争议解决方案，但事后任何一方反悔了，其他当事人仍不能根据该解决方案直接请求法院强制执行。而仲裁程序一经开始，当事人中的任何一方皆无权单方面终止仲裁程序，即便有当事方不参加或拒绝参加仲裁程序，仲裁庭（或独任仲裁员）仍有权作出缺席审理和裁决。除少数仲裁程序或裁决存在违反法律的强制性规定或严重不当等情形外，世界上绝大多数国家在绝大多数场合皆承认或直接强制执行国际商事仲裁裁决。

2. 与诉讼相比，国际商事仲裁具有很大的自愿性

国际商事仲裁的自愿性主要体现在仲裁机构对争议的审理和裁决必须以当事人在商事争议发生之前或之后达成的仲裁协议为基础，否则，任何当事人都无权强迫另一方当事人接受商事仲裁，任何仲裁机构也无权管辖该争议。国际商事仲裁的自愿性还体现在国际商事纠纷的当事人可按自己的意愿选择仲裁地点、仲裁机构、仲裁员、仲裁规则等。国际民事诉讼则无上述特点。在无仲裁协议或诉讼管辖协议的情况下，任何当事人都可不经对方当事人同意，将有关商事争议提交有管辖权的法院审理和判决。该法院管辖权的依据并不是当事人的自愿协议，而是法律的强制规定。此外，在国际商事诉讼中，任何当事人都无权按自己的意愿越过级别管辖原则选择审判机构，也无权指定审判员、审判地点和审判程序等。

3. 国际商事仲裁还具有快速、简单、灵活等特征

由于仲裁员具有裁决权，因此国际商事仲裁可以避免协商调解中经常出现的久商不决或久调不决的弊病。另一方面，由于国际商事仲裁中的仲裁员大多不仅谙熟法律，而且还精通与案件相关的专业知识，因此，他们所做出的裁判有时要比诉讼判决更合情理而易为当事各方所接受。国际商事仲裁一般都不公开审理。因此，尽管很多国家规定，仲裁员得依法裁决，但仲裁员在具体案件的处理过程中仍然可以运用各种手段快速、简单、灵活地处理问题。而国际民事诉讼大多公开审理，并且依法定程序按部就班地进行。此外，世界上大多数

国家都承认国际商事仲裁的一裁终裁制，而国际民事诉讼在很多国家至少得两审终审。因此，国际商事仲裁不仅省时，而且在很多场合下也省钱。

（三）仲裁协议

1. 仲裁协议的含义、种类及形式

仲裁协议是指合同当事人通过在合同中订明仲裁条款、签订独立仲裁协议或采用其他方式达成的就有关争议提交仲裁的书面协议，表明当事人承认仲裁裁决的拘束力，将自觉履行其义务。它是涉外仲裁得以进行的法定前提。

根据仲裁协议形成的具体方式，仲裁协议可以分为三种类型：一种是当事人在争议发生之前订立的，表示愿意将他们之间今后可能发生的争议提交仲裁解决的协议。这种协议通常在合同中写明，是合同的一个组成部分，称作仲裁条款。另一种是当事人在争议发生之前或之后达成的同意将争议提交仲裁解决的独立协议，是狭义的仲裁协议。第三种是当事人通过往来函电及其他有记录的通讯方式达成的一致同意进行仲裁的协议，也属于书面仲裁协议的范畴，是一种有效的仲裁协议。我国《仲裁法》第18条规定，仲裁协议包括合同中订立的仲裁条款和以其他书面方式在纠纷发生前或纠纷发生后达成的请求仲裁的协议。

对于仲裁尤其是国际经济贸易争议仲裁，各国仲裁法律普遍要求以书面形式达成仲裁协议。1958年《纽约公约》要求仲裁协议为书面形式并以此作为缔约国承认和执行仲裁协议的主要条件之一。按照我国仲裁法律，仲裁协议必须是书面的。

2. 仲裁协议的作用和效力

仲裁协议是仲裁的基础，它的效力具体表现为仲裁协议对于仲裁当事人、仲裁机构以及仲裁裁决本身的作用和影响。主要包含以下几个方面：

（1）赋予并限制当事人的程序权利，排除法院的管辖权。当事人签订有仲裁协议的，当争议发生时，任何一方都有权提请仲裁，若一方当事人在无仲裁协议情况下提请仲裁的，仲裁机构不能受理。仲裁协议也限制了当事人选择诉讼的手段解决纠纷，订有仲裁协议的，当事人只能进行仲裁，不能在法院提起诉讼。

（2）赋予仲裁机构及仲裁庭对争议案件的仲裁管辖权。只有存在有效仲裁协议，并且在仲裁协议规定的争议范围内，仲裁庭才有权进行审理并做出裁决。仲裁协议作为仲裁庭拥有管辖权的法律依据和前提，具有程序及实体两方面的意义：程序上，仲裁庭基于仲裁协议赋予的仲裁管辖权，有权主持并决定仲裁程序的进行；实体上，仲裁庭有权审理的争议内容必须符合于仲裁协议规定的仲裁范围。

（3）强制执行仲裁裁决的依据。当事人在仲裁协议中一般都会规定双方承认仲裁裁决的效力，承诺主动履行仲裁裁决。对于一方当事人不履行仲裁裁决的，另一方当事人可以向有关法院申请强制执行。申请强制执行时，除提交裁决书外，通常还必须提供仲裁协议的正本或经正式证明的副本。

二、国际商事仲裁机构及其程序规则

仲裁是提交仲裁机构依一定的仲裁程序规则进行。仲裁程序规则主要可分三种：一是常设仲裁机构本身制订的规则；二是某些非仲裁机构的国际组织制订的示范规则；三是当事人或临时仲裁庭设计的临时规则。此外，还有一些有关国际商事仲裁的国际条约及国内法含有仲裁程序的规定。

（一）临时仲裁庭与仲裁规则

国际商事仲裁机构从组织形式上看，分临时仲裁庭和常设仲裁机构两种。临时仲裁庭是根据双方当事人的仲裁协议，在争议发生后，由双方临时推举仲裁人自行组成的仲裁庭。临时仲裁庭的仲裁程序规则由双方当事人自己制订或选择，也可委托仲裁人制订或选择。临时仲裁庭的主要特点是它无固定的组织、地点和规则，案件处理后，即自行解散。

（二）常设仲裁机构与仲裁规则

常设仲裁机构是具有固定的组织、固定的地点和固定的仲裁程序规则的永久性机构，一般都备有仲裁人员名册，供当事人选择以组成仲裁庭。常设机构仲裁，确切地讲，是由在常设机构中组成的仲裁庭进行的仲裁，而非由机构本身进行。常设仲裁机构都有较健全的行政管理制度和较齐全的设施，能为当事人提供方便。在常设仲裁机构仲裁，原则适用本机构的仲裁规则，但也有一些例外。有些学者认为，常设仲裁机构的最大优越性在于它们拥有一整套能保证仲裁条款的效力并确保其执行的高度发达的规则。现时，国际经济贸易争议仲裁大多都提交常设仲裁机构进行。

常设仲裁机构依其成立的依据不同可分为国内的、地区性的及国际性的三种。

1. 国内常设仲裁机构及其仲裁规则

国内常设仲裁机构是根据本国法律设立的，或称仲裁法院或称仲裁委员会等。既可受理本国人之间的，也可受理本国人与外国人之间或外国人之间的经济贸易争议。下面介绍几个在国际上影响较大的外国的仲裁机构及我国的常设仲裁机构。

（1）瑞典斯德哥尔摩商会仲裁院（SCC）。该院成立于1917年。由于瑞典在政治上的中立地位，仲裁制度较为完善，仲裁规则较为灵活，仲裁具有国际特点，所以该院已逐渐发展成为东西方贸易仲裁中心。前苏联和美国之间的贸易合同中多规定在瑞典仲裁。我国同西方发达国家的经济贸易技术合同及有关投资保护协定，也有相当部分指定在瑞典仲裁。

（2）英国伦敦仲裁院（LCA）。该院成立于1892年，是英国最重要的常设仲裁机构。仲裁院由伦敦商会和伦敦市指定的委员组成，其行政权操纵在伦敦商会之手。该院尤以审理国际海事案件在国际上享有声望。

（3）美国仲裁协会（AAA）。该会成立于1926年，总部设在纽约，在美国其他城市设有分会。该会仲裁庭每年约处理19000多仲裁案件，可说是世界上处理争议最多的民间仲裁机构，其中有少部分是国际经济争议案件。

（4）我国的常设仲裁机构。我国受理国际经济贸易争议的常设仲裁机构有两个：一是“中国国际经济贸易仲裁委员会”，一是“中国海事仲裁委员会”，两者都隶属于中国国际贸易促进委员会，均订有自己的仲裁规则。中国国际经济贸易仲裁委员会最初名为对外贸易仲裁委员会，根据1954年中央人民政府政务院通过的《关于在中国国际贸易促进委员会内设立对外贸易仲裁委员会的决定》而成立；为了适应我国对外开放的新形势，1980年2月26日国务院又作出通知改为对外经济贸易仲裁委员会，并扩大其受案范围；后又于1988年6月批准改为现在的名称。1988年9月12日中国国际贸易促进委员会通过了正式的《中国国际经济贸易仲裁委员会仲裁规则》（1989年1月1日生效）。现在，该机构对有关外国投资、国际信贷、国际补偿贸易、来料来样加工装配、合作生产、技术转让、货物买卖等各种国际经济贸易活动中的争议，都可以受理。

2. 地区性常设仲裁机构和规则

地区性常设仲裁机构是依一定地域内各国间多边条约或组织决议而设立的，主要用以自理各缔约国间的经济贸易争议。主要有以下几个：

（1）美洲国家商事仲裁委员会。该仲裁委员会根据1933年美洲国家第7次国际会议第41号决议，于1939年成立，负责自理北美、中、南美洲国家间的商事仲裁案件，订有自己的仲裁规则。

（2）亚洲及远东经济委员会商事仲裁中心。该仲裁中心是根据联合国亚洲及远东经济委员会的安排设立的，位于泰国的曼谷，适用委员会订立的商事仲裁规则，用以自理该地区的国际经济贸易争议案件，受到发展中国家的欢迎。

（3）亚非法律咨询委员会地区仲裁中心。是指由亚非法律咨询委员会在亚非地区设立的若干常设仲裁机构。主要由发展中国家所管理。这一思想产生于该委员会在1974年东京会议上的一项决议，该决议决定发展亚非地区的机构仲裁。现已在马来西亚的吉隆坡和埃及的开罗设立了两个仲裁中心，第三个中心打算设在尼日利亚的拉各斯。

3. 国际性常设仲裁机构和规则

国际性常设仲裁机构从广义上讲包括由国际性民间商会所设立的仲裁机构和由多边公约所设立的仲裁机构。目前主要有两个：一个是设在巴黎的国际商会仲裁院（ICC）；该院成立于1932年，是一个处理国际商务争议的仲裁机构，现行的规则是1975年修订后生效的《国际商会调解与仲裁规则》。由于政治上的原因，我国仲裁机构暂时还未与之建立关系。在建立关系前，我国当事人不宜选择该仲裁机构。另一个是根据1965年的《解决国家与他国国民间投资争议公约》设立的“解决投资争议国际中心”（ICSID）。

（三）国际商事仲裁示范规则及有关国际公约

1. 联合国国际贸易法委员会仲裁规则

联合国国际贸易法委员会于1976年制定了一套供世界各国采用的商事仲裁规则，并在同年为联合国大会一致决议所通过。决议“建议在解决产生于国际商事关系的争议中使用联合国国际贸易法律委员会仲裁规则，尤其是在商事合同中规定使用该仲裁规则。”联合国大会确信“在具有不同法律制度、社会制度和经济制度的各国之间确立可接受的规则，能够为国际商事关系的协调发展作出重要贡献。”该仲裁规则的性质是示范性的，它在任何国家都不当然具有法律拘束力，而主要是供双方当事人自愿选择使用，尤其是适用于临时仲裁。但是为了便于仲裁的进行，双方当事人也可以在仲裁协议中指定一个常设仲裁机构，委托其负责仲裁的行政管理工作。该仲裁规则产生的特点在于它是在国际组织中，经过不同国家的代表讨论后起草而定。一些国外学者认为，它尤其适宜于东西方国家当事人之间的商业合同所采用，因为这套规则协调了资本主义国家和社会主义国家的法律实践和程序，对任何一方都较少损害。我国未对该规则表示反对意见，但在实践中是否适宜我国当事人选用，有待进一步研究。

2. 有关国际商事仲裁的公约

有些国家签订了有关国际商事仲裁的公约，但并不成立常设性仲裁机构，而只是通过条约规定来处理有关国际商事仲裁中的问题。这些公约包括有：1958年的《联合国承认及执行外国仲裁裁决公约》，以及专门处理区域性国际商事仲裁问题的公约，如1961年《欧洲商事仲裁公约》、1975年《美洲国家国际商事仲裁公约》等。

三、仲裁裁决的承认和执行

（一）关于承认与执行外国仲裁裁决的国际公约

仲裁机构本身没有强制执行裁决的能力，仲裁裁决主要靠当事人即败诉方自觉地执行。一旦败诉方不愿执行裁决，胜诉方就需要经过有关的国内法院强制执行。一般是在败诉方财产所在地国请求予以执行。国内法院执行裁决有两种情况，一是执行本国仲裁机构的裁决，即本国裁决，一是执行外国仲裁机构的裁决，即外国裁决，根据各国法律，执行本国裁决手续比较简单；执行外国裁决，往往有某些限制，其手续也比较复杂，各国规定不一。为了解决各国在承认和执行外国仲裁裁决中的问题，国际上曾先后缔结了三个有关承认和执行外国仲裁裁决的国际公约：第一个是1923年《仲裁条款议定书》，第二个是1927年《关于执行外国仲裁裁决的公约》，第三个是1958年《联合国承认和执行外国仲裁裁决的公约》（又称《纽约公约》）。现在，《纽约公约》实际上已取代前两个公约，成为当前国际上关于承认和执行外国仲裁裁决的最主要的公约。我国也已于1986年12月正式加入《纽约公约》。公约明确规定，缔约国相互承认仲裁裁决具有约束力，并应依照执行地的程序规则予以执行。在承认和执行其他缔约国的仲裁裁决时，不应该在实质上比承认和执行本国的仲裁裁决规定更繁琐的条件或更高的费用。申请承认和执行裁决的一方当事人，应该提供原裁决的正本或经过适当证明的副本，以及仲裁协议的正本或经过适当证明的副本，必要时应附具译本。公约第5条还规定了拒绝承认和执行外国仲裁裁决的条件。

（二）拒绝承认和执行外国仲裁裁决的理由

按照1958年《纽约公约》的规定，应由被申请执行人证实的拒绝承认和执行裁决的理由有：

（1）仲裁协议无效。仲裁协议的双方当事人，根据对他们适用的法律，在签订仲裁协议时，是处于某种无行为能力的情况下；或者根据双方当事人选定适用的法律，或在没有这种选定的时候，根据做出裁决的国家的法律，仲裁协议无效。在上述任一情况下，被申请承认和执行裁决地国法院可根据作为执行对象的当事人提出的请求，拒绝承认和执行该裁决。

（2）违反正当程序。违反正当程序的理由主要是指，对作为裁决执行对象的当事人未曾给予有关指定仲裁员或者进行仲裁程序的适当通知，或者作为裁决执行对象的当事人由于其他情况未能申辩。

（3）仲裁员超越权限。所谓仲裁员超越权限是指，仲裁员所作的裁决涉及仲裁协议所未曾提到或者不包括在仲裁协议规定之内的争议或者裁决内容含有在仲裁协议范围以外事项的决定。因仲裁协议无效而导致的仲裁不具管辖权的问题不属仲裁员超越权限范畴。

（4）仲裁庭的组成或仲裁程序不当。仲裁庭的组成或仲裁程序不当是指，一仲裁庭的组成或仲裁程序同当事人间的协议不符，或者当事人之间未约定此种协议时，仲裁庭的组成或仲裁程序不符仲裁地国的法律。

（5）裁决对当事人尚未发生约束力或已被撤销或停止执行。

（6）争议事项不可用仲裁方式解决。如果按照被申请承认和执行裁决地国的法律，裁决中的争议事项属于不可以用仲裁方式解决的争议事项，被申请承认和执行裁决地国的法院可以拒绝承认和执行该裁决。

（7）违反公共政策或公共秩序。

（三）外国仲裁裁决在我国的承认和执行

根据我国1991年《民事诉讼法》和1994年《仲裁法》，外国仲裁裁决的承认和执行可以依据我国国内法的有关规定或我国缔结参加的国际条约或国际协定进行。

我国在加入1958年《纽约公约》以前，一直没有在法律中明确订立关于外国仲裁裁决承认和执行的条款。1991年，我国颁布了《民事诉讼法》。该法第269条明确规定了当事人可以直接向我国管辖法院申请承认和执行外国仲裁裁决。根据该条规定，当事人可以直接向被执行人财产所在地或法定住所地的中级人民法院申请承认和执行国外机构作出的裁决，人民法院依照我国缔结或者参加的国际条约或协议办理；在没有可适用的国际条约或协议的情况下，人民法院也可根据互惠原则决定执行申请。因此，外国仲裁裁决在中国的承认和执行已具备充分的法律基础。即：

（1）根据互惠原则承认和执行外国仲裁裁决。根据我国《民事诉讼法》的规定，申请承认和执行裁决的当事人本国或裁决作出地国没有同我国订立有关承认和执行仲裁裁决的协定，也没有加入我国业已参加的国际公约，未能通过这类协定或公约承担承认和执行我国仲裁裁决的义务，我国人民法院则应该根据互惠原则决定是否执行该裁决。

（2）根据国际条约或协议承认和执行外国仲裁裁决。我国已经参加了国际商事仲裁领域中两个最重要的国际公约，即1958年《纽约公约》和1965年在华盛顿制定的《关于解决国家与他国国民间投资争端的公约》（简称1965年《华盛顿公约》）。就承认和执行外国仲裁裁决问题而言，前者适用于自然人或法人间的争执而引起的仲裁裁决，后者则适用于缔约国（或缔约国指派到中心的该国的任何组成部分或机构）与另一缔约国国民之间直接因投资而产生的任何法律争端而引起的裁决。当事人向我国申请执行外国仲裁裁决，如果符合适用该两项公约规定的条件，我国法院将根据这两项公约的有关规定办理。

1958年《纽约公约》是我国参加的关于承认和执行外国仲裁裁决的最为重要最具有实际意义的一项公约。由于世界上大多数发达国家和具有一定经济发展水平的国家都已加入该公约，可以说，外国仲裁裁决在中国的承认和执行将主要根据该公约的规定办理。我国在参加1958年《纽约公约》时作了互惠保留声明和商事保留声明。所谓“互惠保留”是指我国只承认和执行在缔约国领土内作成的仲裁裁决。所谓“商事保留”是指我国只承认和执行属于契约和非契约性商事法律关系争议作成的仲裁裁决。我国最高人民法院于1987年4月10日发布的《关于执行我国加入的〈承认和执行外国仲裁裁决公约〉的通知》中，除进一步明确了我国所作的互惠保留和商事保留声明外，还作了如下规定：

（1）根据1958年《纽约公约》第4条规定，申请我国法院承认和执行在另一缔约国领土内做出的仲裁裁决，是由仲裁裁决的一方当事人提出的，对于当事人的申请，应由我国下列地点的中级人民法院受理：被执行人为自然人的，为其户籍所在地或者居所地；被执行人为法人的，为其主要办事机构所在地；被执行人在我国无住所、居所或者主要办事机构，但有财产在中国境内的，为其财产所在地。

（2）我国有管辖权的人民法院接到一方当事人的申请后，应对申请承认和执行的仲裁裁决进行审查，如果认为不具有1958年《纽约公约》第5条第1、2两项所列的情形，应当裁定承认其效力，并且依照我国的民事诉讼法规定的程序执行；如果认定具有第5条第2项所列的情形之一，或者根据被执行人提供的证据证明具有第5条第1项所列的情形之一，应当裁定驳回申请，拒绝承认和执行。

(3) 申请我国法院承认和执行的仲裁裁决，仅限于1958年《纽约公约》对我国生效后在另一缔约国领土内作出的仲裁裁决。该项申请必须在我国法律规定的申请执行期限内提出。

（四）我国内地与香港、澳门和台湾地区仲裁裁决的相互承认和执行

为了解决香港、澳门和台湾地区问题，统一祖国，我国政府提出了“一国两制”的构想。1990年《香港特别行政区基本法》和1993年《澳门特别行政区基本法》的颁布，把“一国两制”的基本构想用法律的形式固定下来。中国统一前后，如何有效地解决中国内地与香港、澳门和台湾地区之间相互承认和执行仲裁裁决的问题，是中国司法协助领域中的重要内容。

1. 我国内地与香港地区之间仲裁裁决的承认和执行

在1997年7月1日香港回归祖国以前，我国内地与香港之间在相互承认和执行仲裁裁决方面并不存在实质性障碍。由于英国是1958年《纽约公约》缔约国，1977年1月该公约被推广适用于香港，中国内地仲裁机构作出的裁决可根据1958年《纽约公约》在香港申请承认和执行。根据《中英联合声明》和《中华人民共和国香港特别行政区基本法》的规定，1997年7月1日香港回归祖国后，1958年《纽约公约》在香港继续适用。但香港执行中国内地的仲裁裁决在形式上是否还受制于1958年《纽约公约》是一个值得探讨的问题。如何处理这一问题，大体有两种模式可供参照选择：一是按照《基本法》，1997年7月1日后的香港是一个拥有行政管理权、立法权、独立司法权和终审权的高度自治的法域。香港原有法律，即普通法、衡平法、条例、附属立法和习惯法，除同《基本法》相抵触或经香港特别行政区的立法机关做出修改者外，予以保留。由于中国香港地区法律与中国内地法律分属不同的法域，而自中国1986年加入1958年《纽约公约》至1997年7月1日中国对香港地区恢复行使主权，中国内地和香港地区在相互承认和执行仲裁裁决方面，一直是统一于1958年《纽约公约》的机制。因此，香港地区的主权回归中国后，中国内地和香港地区可以通过立法和司法解释，在相互承认仲裁裁决问题上，仍然适用1958年《纽约公约》的机制，保持原有的相互承认和执行仲裁裁决的模式。这样能较好地体现“一国两制”，保持和提高外商在中国内地和香港地区的投资信心。二是由中国内地和香港地区的有关机关拟定关于相互承认和执行仲裁裁决的协议。这样做不失为处理中国内地与香港两地相互承认和执行仲裁裁决的一种较好方式。1999年6月21日，最高人民法院与香港特别行政区律政司在深圳正式签署了《关于内地与香港特别行政区相互执行仲裁裁决的安排》（以下简称《安排》），明确规定了两地法院互相执行仲裁机关依法做出的仲裁裁决，即无论是内地仲裁机关还是香港特别行政区仲裁机关做出的仲裁裁决，如果一方当事人不履行，另一方当事人可以向被申请人住所地或者财产所在地的有关法院申请执行。《安排》还对两地法院如何受理和执行仲裁裁决的具体事项，作了详细的规定。双方还商定，《安排》在内地由最高人民法院发布司法解释，在香港特别行政区由特区政府对原有的仲裁条例进行相应的修改并公布执行。这个《安排》是香港回归后，内地与香港特别行政区在司法协助领域签署的一个重要文件，是两地区司法协助的重要组成部分，也是一个主权国家内不同法律区域间的一种可取的司法安排。这对于切实维护两地当事人的合法权益，及时、公正地执行

对方的仲裁裁决具有十分重要的意义。

2. 我国内地与澳门地区之间仲裁裁决的承认和执行

澳门地区作为葡萄牙的殖民地，长期处于葡萄牙的统治和管理之下。1996年以前，澳门地区自己没有颁布仲裁法规。1996年5月29日经澳门总督核准，于同年6月11日公布了第29/96/M号法令，在澳门建立了新的本地仲裁制度。1998年11月13日经澳门总督批准，澳门又公布了第55/98/M号法令，在澳门建立了涉外仲裁制度。第55/98/M号法令几乎完全参照了1985年联合国国际贸易法委员会拟定的《国际商事仲裁示范法》。除了关于当事人就仲裁协议项下的争议提起的诉讼、请求法院采取临时措施以及关于承认和执行仲裁裁决事宜外，第55/98/M号法令的适用范围限于仲裁地点在澳门的涉外仲裁。第55/98/M号法令在立法上采取了国际上仲裁立法的许多通用作法，应该说是先进的。这种先进性表现在：充分尊重当事人的意思自治，当事人可以约定仲裁员人数并指定仲裁员，可以约定仲裁程序法和实体法，还可以约定依公允及善良原则进行友好仲裁等；承认临时仲裁的有效性；将仲裁管辖权的决定权赋予仲裁庭；无论在申请撤销裁决程序中，还是在申请执行裁决程序中，法院对仲裁裁决不进行实质性的审查等。第55/98/M号法令规定：无论仲裁裁决在任何国家或地区做出，均应承认其具有约束力，经当事人向管辖法院提出书面申请，应当得到执行。从澳门关于涉外仲裁的第55/98/M号法令的规定看，在承认和执行任何国家或地区做出的仲裁裁决方面，其条件与1958年《纽约公约》规定的条件是一致的，同时明确规定了对等原则。应该说，在承认和执行涉外仲裁裁决问题上，包括承认和执行中国内地做出的仲裁裁决，澳门通过立法已较好地解决了这一问题。在任何国家或地区，包括中国内地做出的仲裁裁决，如需在澳门地区申请承认和执行，澳门地区有关法院将适用第55/98/M号法令，根据其中的规定予以处理。相形之下，在澳门地区做出的仲裁裁决如需到中国内地申请承认和执行，尚缺少明确的法律依据。中国内地立法机关应及早通过立法解决这一问题，以减少和避免今后承认和执行在澳门地区作出的裁决所可能产生的障碍。

3. 我国内地与台湾地区之间仲裁裁决的承认和执行

为了适应中国内地与台湾地区之间经济贸易的发展的需要，妥善解决海峡两岸的经贸争议，1980年我国国务院颁布了《关于鼓励台湾同胞投资的规定》。该规定中明确规定，台湾投资者在中国内地投资因履行合同发生与合同有关的争议，协商调解不成的，可以依据合同中的仲裁条款或事后达成的书面仲裁协议，提交中国内地或香港的仲裁机构仲裁。台湾1992年的《台湾地区与大陆地区人民关系条例》第74条规定：“在大陆地区作成之民事裁决或民事仲裁判断，不违背台湾地区公共秩序或善良风俗者，得请法院裁定认可。”上述规定表明两岸都愿意以仲裁方式解决两岸之间的经贸争议。1998年5月26日最高人民法院公布了《关于人民法院认可台湾地区有关法院民事判决的规定》。该规定第19条和第17条分别规定：“申请认可……台湾地区仲裁机构裁决的，适用本规定。”“被认可的台湾地区有关民事判决需要执行的，依照《中华人民共和国民事诉讼法》规定的程序办理。”据此，台湾地区仲裁机构做出的仲裁裁决，当事人可以向中国内地人民法院申请认可，并适用该认可台湾地区法院民事判决的有关规定。经人民法院认可的仲裁裁决需要执行的，则应依照《中华人民共和国民事诉讼法》规定的程序办理。最高人民法院公布的这一《规定》，为承认和执行台湾地区仲裁机构做出的裁决提供了具有法律依据的运作机制，有利于保护海峡两岸当事人在民商事交往中的合法权益。

第三节 国际商事仲裁案例分析

案例一：

当事人同意诉讼，是否表明放弃仲裁条款？

[案例简介] 上诉人货主美国A公司于2007年10月26日与香港的B公司签订租船合同，将一批钢材运往美国，2008年1月31日交付。而后香港B公司与C承运公司又签订了运输合同，由马可斯货船承运，船东是被上诉人D船运公司。2008年1月23日和1月24日C承运公司的代理人向货主A公司签发了两套提单，并入租船合同。作为运输首要条件，两套提单都规定租船合同的所有条款包括法律适用与仲裁均与并入。这批钢材运到美国后发现受潮生锈。尽管有货损，货主A公司还是支付了运费。现在，货主与船东、船舶经营人就货损问题发生争议。

[案例评析] 2008年8月所有当事人同意将争议提交纽约南区法院。2009年3月11日，距货损事发一年多一点时间，船东D船运公司代表本公司和船舶应诉。答辩书提出很多抗辩意见，包括依据美国海上运输法承运人享有每件500美元的责任限制，但该诉讼文件未提及仲裁条款。2009年11月，货主对船东答辩提出反答辩，要求法院做出部分中间裁决。船东对此抗辩，认为并入提单的条款规定在伦敦仲裁解决争议，要求根据美国仲裁法中止诉讼程序。纽约南区法院经调查发现提单确实有合并仲裁的条款，法院认为租船合同的仲裁具有广泛性，对提单持有人具有拘束力，对物诉讼是可以仲裁的，船东允许诉讼程序并不意味放弃仲裁权利，货主的请求是否过时效应通过仲裁解决。该法院中止了联邦法院的诉讼程序。

在伦敦仲裁中，仲裁庭根据伦敦的商事法庭对时效问题的意见做出裁决。认为货主的请求已过时效，因为英国关于货损赔偿请求的时效与美国一样是一年，因此驳回申请人货主的请求。

本案又回到美国联邦法院，纽约南区法院确认伦敦仲裁裁决有效，驳回原告货主的所有请求。货主A公司不服南区法院的判决提起上诉，其中认为：船东在仲裁前很长时间等待诉讼判决，因此放弃了仲裁权；货主对合并的仲裁条款未签字，也未意识到有仲裁内容。

美国联邦上诉法院第二巡回庭认为：根据判例，由于参加诉讼可能给对方当事人造成不公才构成放弃仲裁权。所谓不公，即实质性影响对方合法权利的行使，过度费用和时间的拖延。而本案未有证据表明出现这些情况。被上诉人从未放弃过仲裁；上诉人A公司对合并入提单的租约仲裁条款从未提出过异议，而且上诉人在租约上签字，因此，提单的仲裁条款约束双方当事人。美国联邦上诉法院第二巡回庭驳回了上诉人货主A公司的上诉理由，维持纽约南区法院关于船东D船运公司胜诉的原判。

案例二：

在仲裁协议中约定两个仲裁机构为有效仲裁协议

[案例简介] 原审原告与原审被告因履行双方签订的《关于成立“××生物技术有限责任公司”的合同》发生纠纷；原审被告依该合同中的仲裁条款向北京仲裁委员会申请仲裁。原审原告以“该仲裁条款只约定了北京或武汉两仲裁地点，而对具体的仲裁机构约定不明”为由，请求法院依法确认关于成立“武汉思康达生物技术有限责任公司”的合同中的仲裁协议无效。

[案例评析] 法院经再审认为，双方当事人于2008年12月28日签订的关于成立“××生物技术有限责任公司”的合同中仲裁条款约定：“凡因执行本合同所发生的或与本合同有关的一切争议，双方通过友好协商解决。若协商不能解决，应提交北京或武汉市仲裁委员会解决”。该合同中虽未写明仲裁委员会的名称，仅约定仲裁机构为北京或武汉市仲裁委员会，但鉴于北京或武汉均只有一个仲裁委员会，即北京仲裁委员会或武汉仲裁委员会，故该约定认定是明确的，该仲裁条款合法有效。

案例三：

裁决结果是否超出仲裁请求的范围

[案例简介] 申请人（原仲裁申请人）北京市A汽车修理有限责任公司。

被申请人（原仲裁被申请人）北京B企业管理顾问有限责任公司。

被申请人（原仲裁被申请人）北京市C科技总公司。

申请人A公司诉称：(一）北京B企业管理顾问有限责任公司（以下简称B公司）隐瞒了足以影响公正裁决的证据。2008年3月27日，B公司与A公司签订《委托协议书》，后又于2008年8月12日签订《补充协议》。双方约定，自2008年4月2日起，以每年25万元人民币的价格将A公司的经营权承包给B公司行使三年，B公司每季度支付承包费62500元。协议生效后，B公司未经A公司允许，于2008年9月25日，以每年360000元人民币的价格将A公司的经营承包权转包给赵××、肖××二人行使三年。对此，A公司在提出仲裁申请之前并不知晓B公司与赵、肖二人签订的转包合同之事。B公司私自转包A公司的经营权，并从中赚取承包费差价的行为，是对A公司合法权益的侵害。A公司向北京仲裁委员会提供转包合同的有关证据是为了仲裁庭能够追加赵××、肖××二人为本案第三人共同参与仲裁，彻底解决合同纠纷，而决非证明A公司对转包侵权的事实予以认可。B公司向北京仲裁委员会隐瞒了其非法转包A公司经营权，特别是与二次承包方发生纠纷至今未能解决的事实，影响了仲裁机关所作裁决的公正性，致使A公司经过仲裁程序后，依然不能收回公司的经营权（赵××、肖××二人拒绝交还企业法人营业执照、经营许可证、法人代码证书、税务登记证等文件）。人民法院应当依照法定程序追加赵××、肖××二人为本案第三人后对本案重新审理。(二）仲裁庭对本案的裁决程序违法。按照《委托协议书》及其《补充协议》的约定，因B公司逾期支付承包费而解除合同应同时具备四个条件。第一，B公司逾期支付承包费超过十日；第二，B公司全部撤出经营场地并向A公司办理移交手续；第三，B公司交还全部经营手续及原属A公司的汽修设备及办公用品；第四，B公司支付A公司直至交还全部经营手续、经营场地、汽修设备及办公用品之日的承包费及滞纳金。而原裁决书在只具备四个解约条件其中一个条件时即确认合同解除，且拒绝将同一合同引起的全部纠纷在仲裁程序中彻底解决的作法，违反一裁终局制应当彻底解决同一合同引起的全部纠纷的法定仲裁程序（因当事人就同一合同引起的纠纷再申请仲裁或提起诉讼，仲裁委员会或人民法院依法不予受理），由此导致A公司告状无门的不公正结果。（三）仲裁庭在仲裁本案时有枉法裁决行为。第一，对合同自行解除的确认违反《中华人民共和国民法通则》第六十二条关于“民事法律行为可以附条件，附条件的民事法律行为在符合所附条件时生效”的规定。第二，对于合同约定的内容未能全部履行而引起的纠纷不予裁决的做法违反关于《中华人民共和国涉外经济合同法》第三十六条规定“合同约定的结算和清理条款，不因合同的解除或终止而失去效力”的规定。第三，对于合同约定的违约金计算方式予以否定的确认违反关于合同法的有关规定；第四，对仲裁费承担问题的裁决违反《北京仲裁委员会仲裁规则》第五十六条规定“仲裁费用原则上由败诉的当事人承担；当事人部分胜诉，部分败诉的，由仲裁庭根据当事人各方责任大小确定其各自应当承担的仲裁费用比例”，而本案A公司全部胜诉，仲裁费应当依照上述法律规定全部由B公司承担。原裁决书裁定A公司承担三分之一仲裁费属于枉法裁决。综上，依照《中华人民共和国仲裁法》第五十八条第三项、第五项、第六项之规定，请求依法撤销原裁决书。

[案例评析] 北京市二中院认为，北京仲裁委员会作出的《裁决书》系按照A公司的仲裁请求范围作出的，A公司如变更仲裁请求应当在仲裁庭首次开庭之日起三十日内提出，逾期提出或未提出，仲裁庭有权拒绝。而A公司在仲裁期间并未向仲裁庭提出变更仲裁请求，即追加B公司转包企业后的现承包人作为第三人参加仲裁，故北京仲裁委员会作出的《裁决书》的程序符合《北京仲裁委员会仲裁规则》。另A公司在仲裁期间向仲裁庭提交了B公司转包企业时与他方签订合同的证据，且有关转包的事实仲裁庭在《裁决书》中已作认定，因此，B公司庭审缺席不属隐瞒证据的情形。对于A公司所提其他撤销仲裁裁决的理由，因不符合《中华人民共和国仲裁法》第五十八条规定的撤销仲裁裁决的条件，故法院不予支持。综上，依照《中华人民共和国仲裁法》第六十条之规定，裁定驳回北京市A汽车修理有限责任公司要求撤销北京仲裁委员会《裁决书》的申请。

复习思考题

1. 简述国际商事仲裁的特点。
2. 简述仲裁协议的法律效力。
3. 确定涉外民事案件管辖权有哪些基本原则？
4. 我国民事诉讼法对涉外民事案件的管辖权作了哪些规定？
5. 什么是司法协助？